Kleine Krautologie, 1

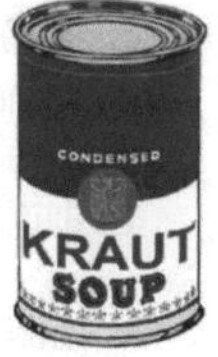

Originalausgabe, Hamburg 2021

Gestaltung: Vandam, Berlin;
Herstellung: BoD, Norderstedt
Vertrieb: libri, Hamburg;
Kontakt: info@nachttischbuch.de

Printed in Germany

Bibliografische Informationen

Die Deutsche Bibliothek verzeichnet diese Publikation in der Deutschen Nationalbibliografie.
Detaillierte bibliografische Daten sind im Internet über http://dnb.ddb.de abrufbar.
Bibliographic information published by Deutsche Bibliothek.
Die Deutsche Bibliothek lists this publication in the Deutsche Nationalbibliografie.
Detailed bibliographic data are available at http://dnb.ddb.de.

ISBN: 978-3-937550-32-9

Rainer Jogschies

Einige

Erinnerungen

an eine vergangene Zukunft,
Harburg, Joachim und Horst

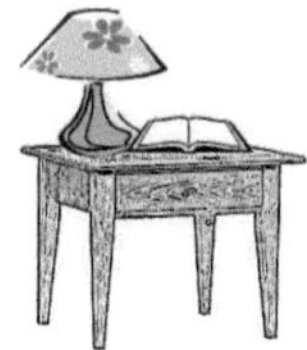

"I can walk down the street,/ there´s no one there/
though the pavements are one huge crowd./
I can drive down the road/ my eyes don´t see/
though my mind wants to cry out loud!"

Jack Bruce,
The Cream: "I feel free",
1. Dezember 1966

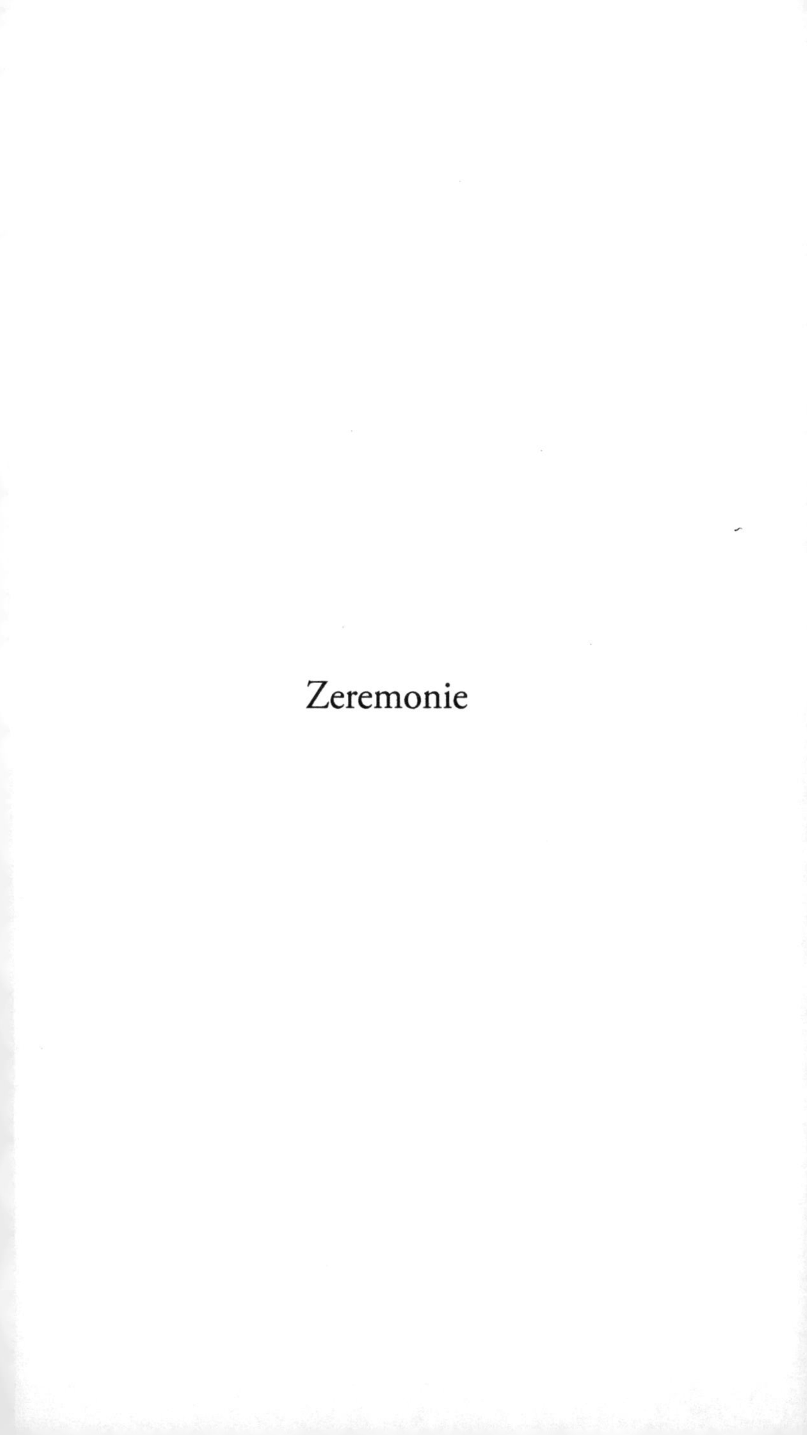

Zeremonie

Ich weiß nicht mehr, wann genau ich jene Pop-Musik verlor, mit der ich zum Ende der Sechzigerjahre aufwuchs. Vielleicht, als ich mich irgendwann zu alt fühlte, etwas darin zu hören, was um mich herum ohnehin niemand mehr kannte.

Das war „früher“ nie ein Problem gewesen. Am Anfang. Falls es so einen Beginn jemals gab. Da ging es zumindest mir nicht um Kennen oder Erkennen – schon gar nicht von Pop-Songs oder Bands.

Oder „erkannt“ zu werden: Bloß weil ich bestimmte Sounds lieber hörte, beispielsweise gern himmelhoch singende oder krachend bassige, notfalls runtergestimmte Gitarren – und anderes nicht, was mir „too sweet“ erschien.

Zumal ich lange Haare „trug“, bis weit über die Ohren und Schulterblättern, zeitweise sogar fast bis Gürtel. Zudem immer nur Kariertes und verwaschene Jeans. „Man“ erkannte mich.

Glaubten die anderen.

Aber die kannte ich nicht. Wozu denn auch?

Ich hörte inzwischen wohl einfach nicht mehr hin.
Vielleicht gehörte ich auch nicht mehr dazu?
Zu wem denn auch? Darin war ich wohl nicht anders als die, die immer hatten „dazugehören" wollen. Zu wem bloß? Zu mir jedenfalls nicht. Und inzwischen erst recht nicht.
Zu alt „inzwischen", um „jung" genug zu bleiben, von da an nie älter werden zu wollen.

Im Kopf klang einige Jahrzehnte allerdings noch etwas nach von dem, was vorher so präsent in meinem Leben und so prägend für mich war: Note für Note. Und viel beigegebenes Schwirren, das abhob in all jene Sphären, die mir davor unbekannt waren. Jene merkwürdige Spielart des Pop wurde international „progressive" genannt. Im Deutschen klang die Übersetzung „progressiv" dagegen nach einem Staubsauger- oder einem Theorie-Modell.
Ausgerechnet dies wenig „populäre" Genre hatte etwas in mir berührt, zumindest in den Siebzigerjahren. Obwohl ich nicht mal wusste, was eigentlich.
Das Wörtchen „progressive" klang nach mehr als nur einer musikalischen Kategorie oder einem banalen Markenzeichen. Manchmal wurde es auch – ganz verschworen – „Underground" genannt.
Kein Wunder, wenn da drumherum viel von „Gegen-Kultur", von „Rebellion", dem Unangepassten, den „Alternativen" und vom Abschied geredet wurde...
Aber wieso sollte ausgerechnet eine so abseitige Benennung für „populäre" Musik sprechen, die „die Massen" bewegte?
Das Wörtchen „Underground" traf doch wohl eher das Gegenteil: Wer kannte schon Frank Zappa and his *Mothers of Inventions*, Tuli Kupferberg, *Country Joe and the Fish* oder *MC5*? Verkörperten sie zu jener Zeit die amerikanische „Gegen-Kultur"?
Wurden sie dort etwa als „counter culture" benannt, oder sowas ähnlich Denglisches? Was hatte Deutschland denn nach deren internationalem Erscheinen wenig später und dann noch später zu bieten?

Zuerst, schon von 1966 an, *Floh de Cologne*? Da war schon der Name niedlich und gleich vergessen, obwohl er bei der Bandauflösung 1983 prima zur aufkommenden „neuen deutschen Welle“ gepasst hätte.

Danach beispielsweise *Lokomotive Kreuzberg*? Das hätte 1972 auch gut und gerne ein Ost-Berliner Fußballverein sein können. Daraus formierte sich 1980 die Band *Spliff*. Auch nicht vielsagender. Klang wie eine Eissorte; sie sangen aber von „Spaghetti Carbonara“. Ihr Sound klang allerdings weit „professioneller“, fast „international“.

Zwischendurch „coverten“ sie 1978 beispielsweise einen vertrackten Song der *Tubes* mit dem schönen Titel „White Punks on Dope“. Die damals als „Ostgöre“ promotete Nina Hagen kreischte, knödelte und quiekte dazu, dass es eine kindische Freude war. Aber ansonsten klang die Übersetzung „Ich glotz' TV“ irgendwie dämlich harmlos.

Und wieso bloß klang 1970 der Bandname *Ton Steine Scherben* ausgerechnet nach der seinerzeit erz-konservativen Gewerkschaft *Bau Steine Erden*? Sollten Beton-Köppe mit dem Refrain „Macht kaputt, was Euch kaputt macht“ zum Einstimmen oder Einstürzen gebracht werden?

Meistenteils blieb es in den kleinen, deutschen Städten „politisch“ und auch musikalisch eher beschaulich, fast verschlafen. Welche mitgeraunte Bedeutung steckte denn schon hinter den Namen Hamburg, München, Berlin, Köln oder Harburg, Haindling, Sendling, Kreuzberg? Gegenüber dem erhofften, „weltstädtischen“ Flair von London, Memphis oder San Francisco?

Doch wurde die weithin unbekannte Welt mit „Pop-Musik“, die im verstockten, provinziellen Deutschland hin und wieder sogar im öffentlichen Radio zu hören war, nach und nach kleiner – und damit zugleich größer. Die Texte der deutschen Kapellen waren teils tendenziell verstehbar, aber meist völlig unverständlich, weil hölzern, eindimensional und unwichtig. Was waren englische oder amerikanische Songtexte demgegenüber: voller Geheimnisse, voller Fragen und selten mit allzu blöden Antworten.

Aber vielleicht hörte ich dazu auch die wenigen inhaltlich interessanteren Bands, aus einem Meer voll Mist. Doch selbst diese Wenigen bargen etwas Besonderes, das sich in der Einfachheit des Songs mitunter erst viel später erschloss.
Ich erinnerte beispielsweise bis in die Neunzigerjahre genau das beiläufige Kindergejuchze wie von einem Strand, als die *Bonzo Dog „Doo-Dah" Band* 1968 eine Ansichtskarte zu beschwingter Musik konkretisierte.
So als läse ich gerade am Küchentisch die stille Post aus Brighton oder Es Pujols.
Nichts Besonderes vielleicht. Unwichtig der Inhalt. Womöglich sogar ohne Bedeutung. Aber ewig erinnerlich wie der Duft einer Madeleine.
Eines war überdies bemerkenswert: Wer war das denn bloß! Absender: Die *Bonzos*? O Gott, kannte ich die? Musste „man" die kennen? Die waren doch nicht „populär"!

Ein anderes Mal, am Teetischchen sitzend, mit den Fingern nervös über die bereits zerkratzten Intarsien streichelnd: Da hämmerte irgendwo in der Ferne des Platten-Weltraumes der Komponist Pierre Henry auf einen Nagel – ein furchtbar irdischer Ton. Dieses fiese Geräusch hatte er 1970 ausgerechnet *Spooky Tooth* untergemischt, die gerade mit der Single „Waiting for the wind" gezeigt hatten, wie sie mit ein wenig Hall riesige Räume schufen.
Zugegeben, ihr damaliges Album „Ceremony" handelte von der Kreuzigung. Die ohnehin weltweit wenigen „Fans" der Band waren entsetzt. Nicht wegen des Sakrilegs, dass die Songs so den Karriereweg Jesu mit Mitteln eines Hörspiels profanisierten. Nein, Pierre Henry habe die heilige Pop-Musik entweiht, mit Hammerschlägen und seinem Gezirpe!
Sonst hatten *Spooky Tooth* stets himmlisch harmonisch geklungen, manchmal mit Gospelanklängen geradezu flehentlich. Vielleicht gerade weil die Sänger Gary Wright und Mike Harrison so erheblich in der Stimmlage und im Klang voneinander abwichen und diese vermeintliche Disharmonie ein eigenartiges „Wir" ergab.

Wenn sie auftraten, ruhte zudem je eine gottesmächtige Hammond-Orgel außen, an den Bühnenrändern, wie damit die Wände bloß nicht einstürzten...
Ach, als wollten sie die heilige Stereophonie daselbst predigen. Mein scheinbar grenzenloses Universum inmitten all des Kleinen und Schäbigen um mich.
Was war das denn! Wer war das? „Gegen-Kultur"? Oder bloß Eklektizismus? War da überhaupt was – außer Gehämmere?

Oder ich dachte in der rumpelnden Untergrund-Bahn beim Jungfernstieg an das nahende Tageslicht, so vertraut, doch so fern noch. Es gab keine *Walkmen* oder *iPods*. Die Firma *Apple* hatte ihren Namen noch nicht mal grob von der Paradies-Episode oder von den *Beatles* entliehen. Es gab kein Internet, um kabellose Verbindungen zu ermöglichen. Bloß im Ohr zirrten einfach so *Pink Floyd*.
Sie erkundeten „Astronomy Domine", musikalisch. Merkwürdigerweise allerdings nur in Dur und ansonsten eigentlich kompositorisch nicht viel Aufhebens, sondern bloß: E – Es – G – A – E6 – F – E6 – G.
Das All, zu dem ich als Kind unter der Dachschräge von meinem Bett aufgeschaut hatte, war plötzlich in meinem Kopf. Doch ich entfernte mich komischerweise immer mehr.
Einerseits wurde ich sehnsüchtiger. Andererseits resignierte ich. „It´s so very lonely, when you' re 2000 lightyears from home", funkten die *Rolling Stones* dazwischen, während der Waggon Richtung Hamburger Hauptbahnhof die alten Gleise unter mir blank zu schleifen schien.
Unterirdisch war die Strecke von der Universität an der Moorweide in die Außenbezirke schneller. Die Straßenbahn sollte gerade von sozialdemokratischen „Stadtvätern" abgeschafft werden: nach ihrer vorgeblichen Mehrheitsmeinung zu „unmodern" für die „mobilen" Siebzigerjahre, die bereits im dauernden Stau und an Smog zu erstinken drohten.
Wenn ich mir mal „die Zeit nahm", gondelte ich lieber durch den Harburger Hafen.

Dann über die alten Elbbrücken und die Insel Wilhelmsburg hin zur stinkenden Veddel, sodann durch die weniger pittoresken Reste der alten Speicherstadt zu den feineren Stadtteilen. Ein langer, geschlängelter Weg, der nach bald zwei Stunden Fahrt durch die halbe Stadt mit ihren wenigen „alten" Vierteln wie Grindel oder Hoheluft, unversehens vor *Hagenbecks Tierpark* endete.
Es war kaum länger als ein halbes Jahrhundert her, da war der Park bei Lokstedt ein „Museum" für noch nicht vollständig massakrierte „Eingeborene" wie die deutsch-südwestlichen Hereros. Neben eingefangenen Herden wurden hier Horden in „Völkerschauen" ausgestellt, so genannte „wilde" Völker, möglichst „authentisch", angeblich ganz so wie sie noch in den Fang-Gebieten der Tiere lebten.
Nun wurde ich als „Wilder" bezeichnet, der „Hottentotten"-Musik hörte, obwohl diese Klänge nicht aus deutschen Kolonien kamen, sondern – schlimmer noch – von den ehemaligen Kriegsgegnern, die Deutschland nicht nur Frieden, sondern angeblich auch noch ihre „Kultur aufzwingen" wollten.

Dann, in den Achtzigerjahren, hatten andere in meinem Alter bereits Tinnitus. Besser als andauerndes Pfeifen ohne Anlass waren meine kaum kontrollierbaren Sounds im Sinn allemal. Es gab jedenfalls keinen Anlass oder Grund, allmählich den Boden ganz zu verlassen, der mir so lange sicheren Stand gewährt hatte. Der „meiner" zu sein schien. Das Universum, zumindest das musikalische, dehnte sich aus, gewiss! Wenn auch vielleicht: von mir weg.
Aber womöglich hatte ich zu oft bloß zu wenig zugehört. Oder war zu abgelenkt, um mich umzuschauen. War jemand hinter mir her? War ich „voraus"?
Wem? Den „kommenden Generation" etwa? Obwohl „wir" doch angeblich so enorm „tonangebend" waren?
Was war das nun wieder? Dieses andauernde, lähmende „Relativieren" sich selbst und gegenüber anderen: Zu? Zu? Zu? Ein „zu" machte nichts präziser, sondern alles beliebiger.

Die Relation wurde sowieso nie, ob ver- oder wörtlich umständlich benannt. Von einem konkreten Bezugs- oder Zielpunkt ganz zu schweigen.
Mit diesem Verblassen der frischen Radikalität fing es an: Weg mit dem Unentschiedenen – und sei diese Entscheidung „gegen“ etwas, nur plötzlich so dahergekommen – und auch nicht von Dauer.
Aber dann war es auf einmal „zu spät“.
Tag für Tag kam wohl etwas „weg“, ohne dass auch nur ein klitzekleiner Bezug zu Verbliebenem sinnvoll war. Zu unbemerkt, zu vergessen, zu verloren. Zu zu.
Es ließ mich fremd werden in meiner klanglich bis in die letzten Winkel vermessenen, aber in das schwarze Loch des Alltags schwindenden Welt. Was aber? Wann denn? Wo bloß? Zuzu.
Ich merkte manchmal, was hie und da verschwand. Einzelne Bands, die anscheinend bloß ich mochte. So wie *Family*.
Oder eine kratzende und doch warme Stimme wie die des Sängers Chris Farlowe. Und das sind nur die Beiden, die mir aus dem FF einfielen.
Oder meine beiden Lieblingsgitarristen, Syd Barrett von *Pink Floyd* und Brian Jones von *Rolling Stones*. Nicht unbedingt Virtuosen. Aber sie klangen irgendwie „genial“. Unterhalb dieser Kategorie gab es für „uns“ nichts. Ohne sie waren es nicht mehr die selben Bands – trotz deren beibehaltenen Namen.
Oder was war mit Stücken, die den Jahren trotzten. So wie beispielsweise „I feel free“ von *The Cream*“. Die hatten sich längst „aufgelöst“ in alle Winde oder eine damals so genannte „Superband“ wie *Blind Faith* formiert oder eine „Solokarriere“ gestartet. Als wäre sowas – selbst bei blindem Vertrauen – „was Besseres“, wie in Deutschland schnell verächtlich geurteilt wurde!
Vielmehr verlor ich, bei aller vermeintlich gewonnenen Weitsicht, im entropischen Fortschreiten eben dieses eine kleine Universum von allen aus dem Blick, in dem ich mich „frei“ fühlte:

"I can walk down the street,/ there's no one there/
though the pavements are one huge crowd./
I can drive down the road/ my eyes don't see/
though my mind wants to cry out loud!"

Seit den Neunzigerjahren kribbelte es einfach nicht mehr. Härchen wuchsen in den Ohrmuscheln. Meine Finger versprödeten, wo vorher an den Kuppen sowas wie Hornhaut vor den metallenen Gitarrensaiten schützte.
Schlimmer noch: die „Heimanlage" verstaubte. Jener kleine Turm aus Tuner, Tapedeck und Verstärker. Ich wirbelte zwar gern Staub auf. Aber Wischen war nicht „mein Ding".
Die Röhren der alten Geräte blieben fortan meist kalt. Schon beim Anstellen krächzten nun oxidierende Potentiometer. Das tat weh. Üble Geschichte!
Manchmal glaubte ich sogar beim flüchtigen Anschalten von innen ein bläuliches Leuchten zu sehen, das sich dann auf der Rauputzwand blass fing wie das knisternde Licht eines Mückengitters über einer Bar im Süden. Dort allerdings würde zur Orchestrierung in der Nähe das Meer rauschen ohne zu verebben. Sterne funkelten dort früh und lange.
Bei mir verloschen nach und nach Stars. Nicht einmal Himmel war über Harburg noch zu sehen. Egal, wie und von wo ich Ausschau hielt. Der Horizont war planiert mit Industrie, die nach den Träumen von Sozialdemokraten wie dem Wirtschaftssenator Helmuth Kern die Elbe entlang bis weit ins Wattenmeer reichen sollte.
Oder weil ich kaum mehr hinsah, müde, als würde ich nicht bereits schlafen.
So hörte ich in mancher Woche allenfalls mal einige sphärische Melodiebögen von *Soft Machine*. Das hatte ein wenig von stiller Aurora Borealis. „Genial" – auch ohne Heimanlage.
Ich „hörte" die *Soft Machine* nämlich ganz ohne eine meiner feinen alten *Sony*-Gerätschaften angeschaltet zu haben. Auf den abgestoßenen *Canton*-Boxen, in Nussbaum, machte sich ein Weihnachtskaktus breit.

Das machte allerdings keinen Spaß mehr. Ich hörte innen, ohne selber dabei leichter zu werden und gar zu schweben. Schwerkraft konnte mit den Jahren richtig unangenehm werden! Jedenfalls sobald man sich trendgerecht mehr teilzeit-kosmologisch verstand, also irgendwie mittendrin in Allem – und doch nicht mehr so richtig „dabei". „Abgehoben", wie manche das empfanden. Und noch nicht „geerdet", wie all die späteren Post-Elektriker, Energetiker und Prä-Heil-Praktiker*innen das nannten.

Oft war es sogar noch weniger als das: nämlich Hochmut gemischt mit Hohn.

An einem Tag stieg beispielsweise ein Stückchen von *King Crimson* in mir auf, wie zuviel Brokkoli in einer feisten Sahnesoße. Wie ein vergessener, nicht mehr aufhebbarer Fluch. Meinen Lehrer Heribert G. hätte es fast umgebracht. Er prüfte vorm Abhören noch mal, ob die Schul-Lautsprecher im „Musiksaal" auch wirklich angeschlossen waren. Alle Schüler hörten das kurze Nadelknistern nach dem Aufsetzen und ein verdächtiges, durchaus erwartetes Rauschen – nur er nicht. Dann donnerte schlagartig das erste Riff auf sein Ohr und piekte sofort ins gerutschte Herz hinab. Das war, wenn man bis zum Schlagzeug-Break mit kreischender Megaphonstimme überlebt hatte, wie pulsierendes Gift.

Zumal nach der vorangegangenen plätschernden Unterrichtung in Komposition, am Beispiel der „Moldau" von Smetana, angesetzt mit eindreiviertel „Stunden".

Immerhin der Strom der tschechischen „National-Kultur". Länge in Musik: zwölf Minuten – samt der Kapitel zu den Fluss-Quellen sowie der „Waldjagd", der „Bauernhochzeit" sowie „Mondschein; Nymphenreigen". Ein Puzzle-Stück im damit abgeschlossenen Zyklus „Mein Vaterland".

Und so kreischte es in der vom Unterricht verbliebenen, „offenen" Viertelstunde, obwohl nur von 7:20 min Dauer:

"Blood rack, barbed wire,/
politicians funeral pyre./
Innocents raped/ with napalm fire.
Twenty first century/ schizoid man."

Dies Stück, „21st Century Schizoid Man“, klang im 21. Jahrhundert demgegenüber in meinen Ohren geradezu geschmeidig und bedeutungslos.
2020 wurde es „neu“ eingefasst in abgeschliffenem Sound. Zudem zu einem grellen Werbe-Clip für *Paco Rabanne* abgespult, gesäumt mit bizarren Bildern wie aus dem Endzeit-Road-Movie „Mad Max“ zitiert.
Und doch völlig belanglos, mit stumpf dreinblickenden Models. Alles andere als „genial“.
Irgendwie änderten sich meine Reisen in vormals unbesetzte Räume, mit den bekannten und gleichwohl immer weniger vertrauten Routen.
Früher hatte ich sie vom ersten Moment an genossen. Nun stanken sie billig süßlich.
Während ich probehalber und um die Wirbelsäule zu stärken, mitten im Zimmer auf einem Bein still stand, das andere bis übers Knie zu einer Raute angezogen, kam kein Ton mehr aus der erinnerten, nachgespielten Querflöte.
Kein „Thick as a brick“, kein „Ruckzuck“.
Kein Pfiff, kein Atem.
Gar nichts mehr. Luftquerflöte ist das Letzte. Wer denkt sich sowas bloß aus?
Meine vertraute „Magical Mystery Tour” mit den *Beatles* endete schon beim „Fool on the Hill“ jämmerlich mit einem eigenartig bruchlosen, aber im Kopf sehr lautem Scratchen auf „Their Satanic Majesties Request“ von den *Rolling Stones*.
Ohne dass die Nachbarn über meiner Wohnung überhaupt bemerkten, dass ich im Erdgeschoss spukte. Mit dem Rumpelstilzchen Jagger deutlich vor meinen Augen.
Furchtbar, zu spät, die Tür vor seiner Nase zuzuschlagen:

> “Pleased to meet you,/
> hope you guess/ my name.
> But what‘s puzzling you,
> is the nature of my game.”

Ach, „wie gut, dass niemand weiß“: Ich fühlte mich verlassen.
Und wusste nicht einmal, von wem.

Die Wohngemeinschaft war nach kürzester Zeit an Abwasch- und Einkaufsplänen zerrieben. Wir wohnten für nicht einmal ein Jahr über einer Bäckerei, die uns nachts ab halb Drei mit Wärme und bald darauf mit dem Duft frischer Brötchen wachhielt. Bäckermeister Helmut K. kam ab und zu die Stiegen hinauf, um nachzusehen, was „abging".
Jürgen „Jay" war von der Wattenbergstraße gleich zurück zu seinen Eltern gezogen, in sein seither unberührtes Kinderzimmer. Auf dem inzwischen zu kurz, zu schmal gewordenen Hochbett studierte er bretthart Jura.
Vielleicht wollte er „die Alten" später auf Eigenbedarf rausklagen?
„Grauer", der Maurerlehrling, war Geselle statt Genosse geworden. Er verdiente nun „ordentlich". Bärbel, die bei offenem Fenster feinste Zigarren rauchte, sobald es schneite, jobbte an einer Supermarktkasse statt ihr Geografiestudium oder ihre geheimnisvollen Erzählungen voranzubringen.
Vielleicht war ich ausgestoßen? Fortan allein. In meiner „neuen" Wohnung – aus den Zwanzigerjahren, ohne Warmwasser und mit Kohleöfen. Immerhin hatte sie so viele Quadratmeter Fläche, wie wir sie uns als WG gewünscht hatten, bevor wir das erste Mal „auszogen".
Jeden Morgen schleppte ich Briketts und Eierkohlen aus dem Keller und streute Asche in die Stahlmülltonnen im Hof. Auch für „Oma Diedrichkeit" aus dem Dritten.
Aber ich war kaum noch in „meiner" neuen „Heimat". Wozu auch? Anderthalb Zimmer standen anfangs leer. Die kombinierbaren Kiefern-Möbel und Regale aus meinem alten Jugendzimmer, die meine Wohngemeinschaftsausstattung gewesen waren, hatte ich meinen Eltern zurückgebracht, die damit die Laube in ihrem gerade gepachteten Schrebergarten einrichteten.
Nach meinem Fortgang hatten sie „sich verkleinert" und wohnten im nahen Eißendorf – hauptsache fernab der Bundesstraße *B 73*, auf der nachts auch mal Panzergrenadiere auf dem Weg von ihrer Kaserne in Neu-Wulmstorf zum „Verlade-Bahnhof Harburg-Unterelbe" mit ihren Ketten rollten.

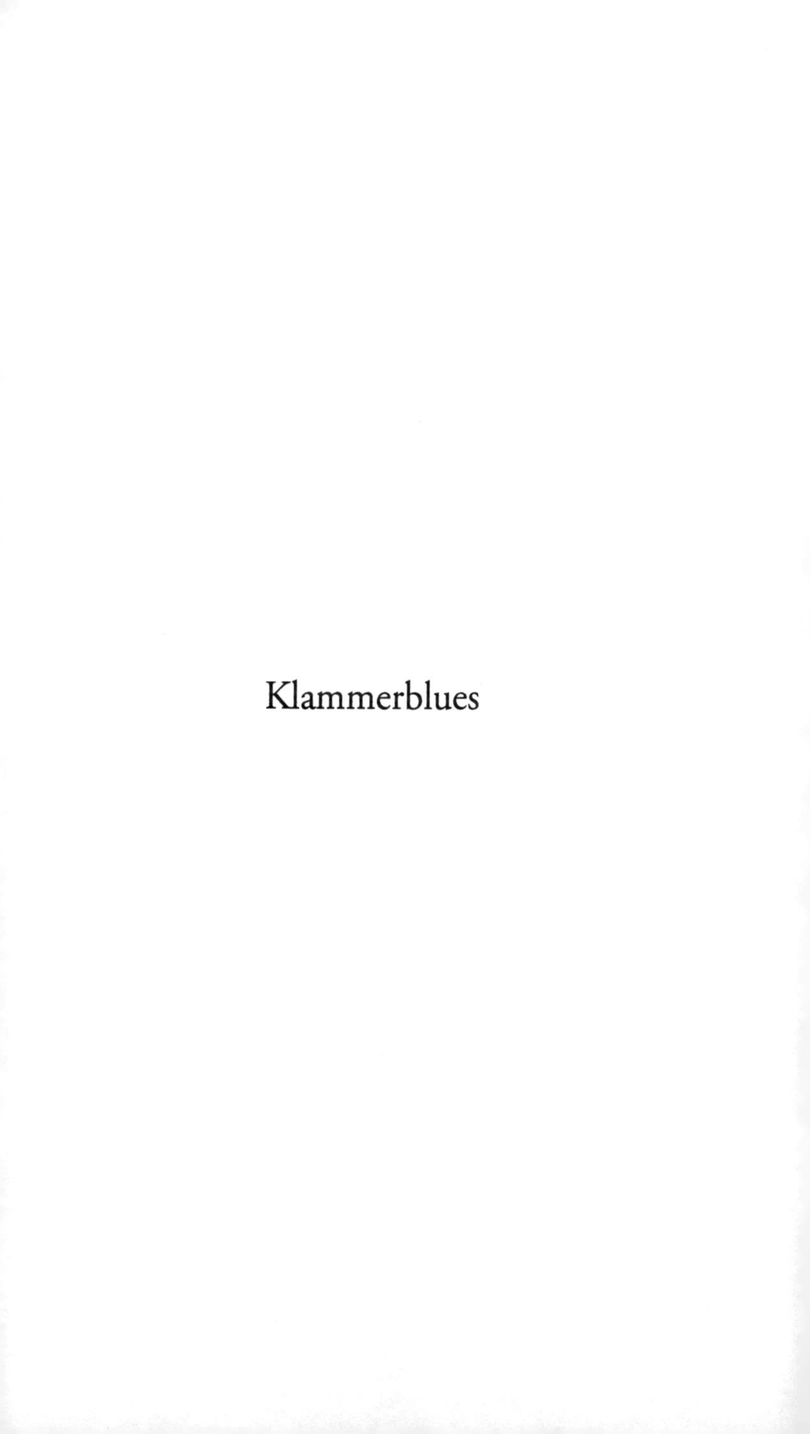

Klammerblues

Alles kein Thema von Bedeutung. Eben nur Episoden. Zu belanglos, um überhaupt erwähnt zu werden. Und doch ein Teil des Weges.

Nur wohin? „Da muss man durch", hieß es in Deutschland jedenfalls oft. Und zwar schnell. Am besten noch: „geräuschlos".

Wichtiger war das „Ziel". Wenn das erst „erreicht" schien, dann war der Weg plötzlich allerdings berichtenswert, so als läge am Straßenrand statt Gewöhnlichem plötzlich Gold.

Als würde „Hans im Glück" sich nicht immer weiter von seinem Verdientem und Getauschten trennen und so erst glücklich werden.

So war das Leben nicht.

Im Gegenteil. Nach und nach erreichte ich all das, was mir noch viel wert gewesen war, als ich es erst nur gewollt, aber noch nicht bekommen hatte. War es da nicht besser und einfacher, von vornherein und nicht im Nachhinein glücklich zu sein – so wie ein dummer Hans? Was hatte der denn verloren auf seinem Weg?

Mein Leben spielte sich ab wie eine Single: Auf der A-Seite das Studium. Neues konnte ich mir immer wieder anhören. Und lesen. Und in dem Hafenarbeiterhaus, in dem ich wohnte, galt Studieren noch was, weil keiner je „so weit gekommen“ war.
Schnell rumgedreht: Auf der B-Seite weitere noch unbekannte Ideen, abseitiges Wissen und unerwartete Möglichkeiten. Die meisten Angebote überraschten mich: „nebenher“ in vielen Zeitungen und Zeitschriften zu schreiben, sowie Sachbücher abzufassen und sogar an Drehbüchern mitzuarbeiten. Was war das denn? Es fühlte sich komischerweise nicht wie ein weiterer Schritt an. Obwohl endlich ein „Leben“ ohne Geldsorgen absehbar wurde. Trotz der wachsenden Schulden für Studienkredite.
War das „das“ Leben, nach dem ich suchte? Man ist ja so blauäugig, wenn man noch glaubt, „jung“ zu sein. Und nicht weiß, dass man nur „ein“ Leben hat. Eines, das sich bloß nach „Weg“ und nicht mehr nach „weg“ anfühlte.
Alles lief bestens, irgendwie. Kein Grund zu klagen, eigentlich. „Aber irgendwas war ja immer“, wie eine andere Volksweisheit hieß. Das Leben lief irgendwann vor mir weg.
Es war wohl folgendermaßen auf dem „Weg“, der nicht wirkliche Stationen hatte, so wie Hagenbeck, sondern lediglich ein Verweilen versprach wie von einer Ansichtskarte: Während ich suchte, verlor ich, was ich längst gewonnen hatte. Unterdessen verblassten nämlich die CDs auf den Borden unterm Staub. Diese ohnehin miniaturisierten, notgedrungenen Nachkäufe einst geliebter, üppig ausgestatteter Veröffentlichungen. Deshalb sah ich sie kaum noch durch, auf der Suche nach einem gerade erst vermissten Song.
Die gesammelten Tonbänder waren in einem Karton auf dem Dachboden sowieso aus dem Blick. All die *Doors*-Songs darauf, mit denen ich über Stürme am verschwefelten Himmel Harburgs geritten war.
Ganz weit oben noch im Regal neben Büchern aus der Kindheit nur noch ein paar Raritäten oder Reliquien, die an wunderliche Augenblicke erinnerten.

Beispielsweise das weniger bekannte Album „Bark" von *Jefferson Airplane.* Aus San Francisco riet 1972 Grace Slick im „European Song" mit gebrochener Stimme, man solle nicht mit einem Deutschen „ssprekken", wenn „Szie müden sind". Eine unschätzbare Lebensweisheit:

„Mine Audo färrtt szärr snell,/
Aberrr/ es rassst/ gegen Mauen.
Ja,/ das bin mein. Ja,/ das bin Du.
Du,/ das bin ich./ Versssuch essss!"

Wieso waren „meine" Schätze eigentlich weggekommen? Alles, bis auf wenige Erinnerungsstückchen an internationale Bands. Ich war „danach" doch nicht wieder umgezogen? Wieso hatte ich einige Aufnahmen von Bands aus Bayern oder Nordrhein-Westfalen allenfalls kurzzeitig und meist bloß von Kassetten gehört? Wo kriegte ich das Material, in welcher Form oder welchem Zustand auch immer, wieder her?
Müsste ich mir ein eigenes „Museum" mit „meiner" Musik in Heimfeld einrichten? „Mein" Musen-Tempel, so wie ihn sich schon andere Größenwahnsinnige eingerichtet hatten, nur eben vielviel bescheidener?
Auch wenn ich nochmals so viel Geld dafür aufwenden würde wie meine ganze Jugend lang? Für etwas, was ich bereits einmal mehr oder weniger weggeworfen hatte?
War das nicht mit jedem Museum so? Ich hatte zuvor nie darüber nachgedacht. Aber wenn ich mich umsah, war meine Welt bereits voller Museen, die ich kaum kannte.
Erst musste anscheinend etwas so gründlich übersehen, verschwendet werden oder verschwunden sein, bis es „reif fürs Museum" war, nur um dort „im neuen Glanz" zu strahlen?
Müsste für meine Re-Möblierung mit Musik erst wieder Raum geschaffen werden?
Besser, alles stünde leer. Viel Platz für Hall oder Echo. So hätte ich noch mehr Luft für Gedanken über Gewesenes und gerade erst Entdecktes.
Oder für schöne Erinnerungen.

Leerräume zeigten wohl am besten, was ich in der „progressive music" gesucht hatte. Es war doch vielmehr so: Die wenige erinnerte, internationale Pop-Musik war zwar nach der Jahrtausendwende wieder allgemein abhörbar. In Bruchstücken zwar, beispielsweise in illegalen Uploads, auf „Tausch-Börsen" oder später teils auch auf Download-Portalen. Darunter hörte ich sogar einige im Radio kaum gesendete Bands wieder, die nur wenige kannten und noch weniger gar „tauschen" wollten, wie beispielsweise die *Liverpool Scene* mit ihren poppigen Poems.
Aber was sollte ich im „worldwide web" suchen, was ich nicht längst dorthin verloren hatte? Denn ein Download oder ein Stream hatte nichts mehr mit dem Song oder gar einem Album gemein.
Es waren Leichname, mit Registernummer am Grab, einem Pflegevertrag und einem nach der Friedhofsordnung genormten Stein, der den Tod besiegelte. Da war schon keine Pop-Musik mehr.
Wie könnte ich darüber hinaus, hinterm von Versprechungen vernebelten Horizont der Betriebssysteme, denn das finden, was sowieso nie jemand anderes digitalisiert hatte und das sogar hochgeladen wurde, aus dem guten Vorsatz, dass es nicht verschwände? *Progressive Music 2.0.*
Von jener Pop-Musik aus feuchten Kellern in Eißendorf und Marmstorf gab es so gut wie keine Aufnahmen. Glaubte ich jedenfalls. Verschollen in Dorf und Torf? In ihrer Unbekanntheit als sowieso bedeutungslos verschwunden?

Warum dann nicht wenigstens einmal diesen verstreuten oder unbekannten Anderen einige Erinnerungen an eine vergangene „Zukunft" erzählen, auch wenn es mal ein paar Seiten zu beschreiben galt?
Mit all dem Zurück und wieder Vor. Mit dem Dazwischen und Daneben, dem Damals und dem Dann, dem Davor und „Danach". Von mir aus auch mit dem Schein und dem Sein. Aber immer mit dem Verstehen und Missverstehen, dem Wandel, aber nicht dem Wandeln.

Dann würde in Momentaufnahmen, in kleinen Bildern ohne Bilanz, klarer erkennbar, ob und was in ein noch so kleines „privates" oder ein großes öffentliches „Museum" gehörte. Damit am Ende alle zusammen in ihre Dachkämmerchen oder Oberstübchen stiegen und suchten, um vergessenes Glück durch wiederentdeckte Pop-Musik zu spenden. All together now! Egal, was gängige „Kriterien", wie komponiert oder wie „populär" oder wissenschaftlich akzeptiert, dazu sagten (oder lieber schweigen mochten).

Womit und wann damit anfangen? Keiner kriegte seine „Jugend" wieder, so oft er sich zu erinnern anschickte. So oft er sich wie Dorian Gray vor den Spiegel stellte, um die Erinnerung durch bloßes Ansehen zu verdrängen. Keiner behielt das Gesicht von alten Fotos, auf denen manche zumindest jünger aussahen. Zumal ohne jene Musik, die geheimnisvoll nie alterte und ihre Hörer „jung" scheinen ließ.
Aber was geschah, wenn vielmehr das Publikum rascher alterte, welches jenen auf der Bühne spiegelte?
War ich jemand, der am Ende im Schnürboden spukte, ein Beleuchter des Alltags oder ein Requisiteur der Fiktionen – oder auch so einer im „Publikum", am besten „mit freier Platzwahl" oder so wie es die Geburt gerade hergab?
Lohnte es darüber nachzudenken?
Ich hatte doch vor Augen, wohin das führte: Das Wenige, was „die Alten" aufgehoben hatten, als sie „jung" waren, blieb scheinbar zeitlos. Es war über jede Aktualität erhaben. Leblos und lieblos wie immer. Jene merkwürdigen Lieder voller Schmalz und Schmerz. Sie standen an ihrem bereits zugewiesenen, wohl beleuchteten Platz, in einer Wohnzimmer-Vitrine. Bereit für „Sentiment" und „Emotionen".
Ich hatte jahrelang das Gefühl gehabt, meine Eltern mochten sich ohnehin nicht mehr im Spiegel sehn. Mich erst recht nicht. Mitunter schlich ich mich an und fotografierte meine Mutter von hinten, während sie beim Streichen durch ihre festen, lockigen Haare überlegte, was und wie sie ihr Äußeres verändern könne.

Warum hatte ich meinen Fehler also nicht kommen gesehen: Mich von dem zu trennen, was mir einmal am meisten bedeutet hatte – statt es, umgekehrt, so zu machen wie meine Eltern: und „vorbreitet“ zu sein auf die „Krise“?
War es denn überhaupt nur „meine“ oder sogar „die“ Musik, die bloß „mir“ oder „uns“ oder gar „der Jugend“ nach und nach verschwand?
Eine, die wie eine geheime Medizin oder ein billiges Waschmittel, sowie ein teures Parfüm zu jeder Stunde, „unendliche Frische“ (oder die „Mad Max“-Hölle?) versprach.

Manchmal in der Nacht – schon im „neuen“ Jahrtausend – lauerte im schwitzigen Schlaf vor abgezählten Schafen ein kleines Zucken. Wadenkrämpfe kündigten sich an. Auch wenn sich da ausgerechnet einige unbelastete Muskeln meldeten, die eigentlich entspannt ruhen wollten. Was wollte das Gehirn, wenn es schon nicht schlafen mochte: Warum nachts immerzu plötzlich loslaufen sollen, so wie der „Forrest Gump“?
Und wohin nur?
Wo ich wohnte, hatten alle Straßen so komische Namen. Entweder sie „ehrten“ die Schlotbarone, die Giftqualm und Dreck als Segen der heiligen „Arbeitsplätze“ verkauften. Oder sie heuchelten gerade erst zerstörte Heimeligkeit vor. Sie suggerierten einen „Pferdeweg“, den „Heuweg“, die „Elfenwiese“, den „Milchgrund“.
Wohin noch rennen, auf der Suche nach bereits verlorener Zeit? Keine Pferde mehr, kein Heu, keine Kuh, keine einzige Elfe, nicht mal eine Muse. Wohin laufen?
Dorthin, wo einst auf Partys *Canned Heat* mit ihren weißen „Refried Boogie“ zu hören waren, der schwerfüßiger als der Boogie eines John Lee Hookers war, den diese hässlichen Jungs verehrten?
Es war ein bisschen wie mit der Tomatensuppe in Dosen, condensed and canned: Ob Andy Warhol die heimlich gemocht hatte? Oder waren seine Siebdruck-Serien davon geschmacksfrei?

Wir erlebten oft dasselbe, immer wieder, auf fast jeder „Party“: Die Leiber zuckten zum „Refried Boogie“ im Stroboskop. Aber alle fürchteten schon den Augenblick nach zwanzig Minuten und zehn Sekunden. Dann ging unweigerlich das Wohnzimmerlicht an, dreimal sechzig Watt. Irgendjemand musste die LP auf die Rückseite drehen. Und neu den Plattenspieler starten!
Im Grunde war dann alle Magie dahin. Kein Boogie-Wackeln so schön wie zu Anfang. Kein Blitzen- Kein Ritt mehr über den Himmel. Als hätte eine Hexe ihren Besen verschluckt.
Aber die letzten Gäste taten immer so, als hätten sie gar nichts davon bemerkt. Sie standen in der Umdrehpause wie eingefroren herum oder wurden vom Unterdruck einer Bierflasche auf den Lippen eingesogen.
Wer hatte mich überhaupt eingeladen?

Mitunter im Traum knarzte auch mir John Lee Hooker. Bloß zwölfdreizehn Takte. Ein Blues in offener Gitarrenstimmung, der elektrischer war als alles, was ich Ende der Sechzigerjahre in der „Clubdiskothek“ der Tanzschule Hädrich je gehört hatte.
Dort übten einst Jungen von niederem Stand unter der gestrengen Aufsicht des unglücklichen „Weltmeisterpaares“ Hädrich die Standardtänze wie Walzer und Foxtrott, vor allem aber den „Klammerblues“. Das war so eine deutsche Art Wiedererweckungswalzer für Frankensteins Monsterchen: Das linke Bein immer schön nachziehen, das Kinn fallen und dabei knacken lassen. Die Hände hübsch bei den Hüften der Dame behalten!
Ich war zum „Club“ als „Gastherr“ verdammt worden, welcher wegen des traditionellen „Mädelüberschusses“ keine Gebühren zahlen musste. What can a poor boy do? Erst kaum Geld haben und dann noch sowas! Von wegen *Moody Blues* und „Nights in white satin“.
Aber es war „Ehrensache“ unter drei Rittern von trauriger Gestalt: Otto, der Dachdeckersohn, wollte dort mit seinem Schlapphut unbedingt für „locker“ gehalten werden – und

nicht, wie sonst, für einen Witz. „Roger“ wollte einfach nur einen Abend ohne seinen kleinen Bruder Jochi verbringen, für den er verantwortlich war, seit Vater, Mutter und Schwester bei einem „Autounglück“ ums Leben gekommen waren. Die Bundeswehr, der sein Vater „gedient“ hatte, kam für seine Sozialwohnung in der Konsul-Francke-Straße und die Verpflegung auf. Er musste sich für ein paar Jahre „verpflichten“, abzuleisten.
Und dann auch noch „der Langhaarige“ mit Kroko-Imitat-Stiefel auf Plateausohlen...

Manchmal weinte ich ohne eine Träne und ohne Grund. Manchmal auch, weil jemand „viel zu früh“, wie Freunde und Verwandten adressierten, „von uns“ gegangen war. Wohin bloß? Woher?
Ein Song brachte mich zurück in vergessene Momente.
Der „Roger“ war schon lange nicht mehr Rüdiger und längst Rechtsanwalt geworden. Seine Kanzlei ernährte ihn ein paar Jahre. Es reichte für häufige Urlaube auf Korçula, oft nur gerade so für die Büro- und Wohnungsmieten.
Nach dem hinausgezögerten Konkurs landete er kurzzeitig wieder in einer Sozialwohnung, dann für ein paar Wochen im Krankenhaus. Dort starb er rasch an Krebs.
Seither konnte ich die *Doors* nur noch selten hören, die er mir immer wieder vorgespielt hatte, wenn ich ihn noch in der Thörlstraße besuchte, deren Namen an den Palmkernölfabrikanten Friedrich Thörl erinnerte. Sein Gestank haftete den Harburgern über hundert Jahre an.
Namen redeten. Manche in diesem Manuskript klingen nicht nach „Eigen-Namen“, sondern ausgedacht. Welch ein Irrtum. Ich sagte oft: Vorsicht bei der Wahl der Namen – sie könnten wahrer als ihr Schein sein!
Roger bügelte derweil all seine weißen Hemden für eine Woche oder länger, wenn er nicht gerade „zwischendurch“ rauchen oder ein Glas Rotwein „holte“.
Manchmal reichten die sechs *Doors*-Alben nicht – und „Strange days“ musste ein zweites Mal gehört werden.

„Strange days/ have found us.
Strange days/ have tracked us down.
They´re going to destroy/
our casual joys.
We shall go on playing or find a new town."

Selten sang er ein paar Zeilen mit.
Wenn ich beschwingt die paar Meter zurück nach Hause ging, wusste ich nicht mehr, ob er überhaupt je anderes gehört hatte.
Es war nicht wichtig. Nur für ihn.

Neben meinem Schreibtisch verwuchsen die vom unachtsamem Einordnen angeknitterten Covers der letzten bewahrten Langspielplatten miteinander und hinein in den vom bollernden Kachelofen aufweichenden Firniss des Vorkriegseichenbüffets.
Ein Klavier hätte aus einer Wohnungsauflösung auch mitgenommen werden können. Aber was sollte ich damit? Ich konnte ja noch nicht mal Gitarre spielen.
Das leere Zimmer war plötzlich vollgestellt.
Ich zog die Alben nicht mehr heraus, um sie nicht noch mehr zu verletzen. Musste ich zu pletten anfangen?
Was war mit der gerade erst gesammelten internationalen Pop-Musik geschehen? Und wohin war andere, womöglich bloß deutsche, „verschwunden"?
Ich habe es wohl nicht mehr erlebt, sonst würde ich es noch erinnern.

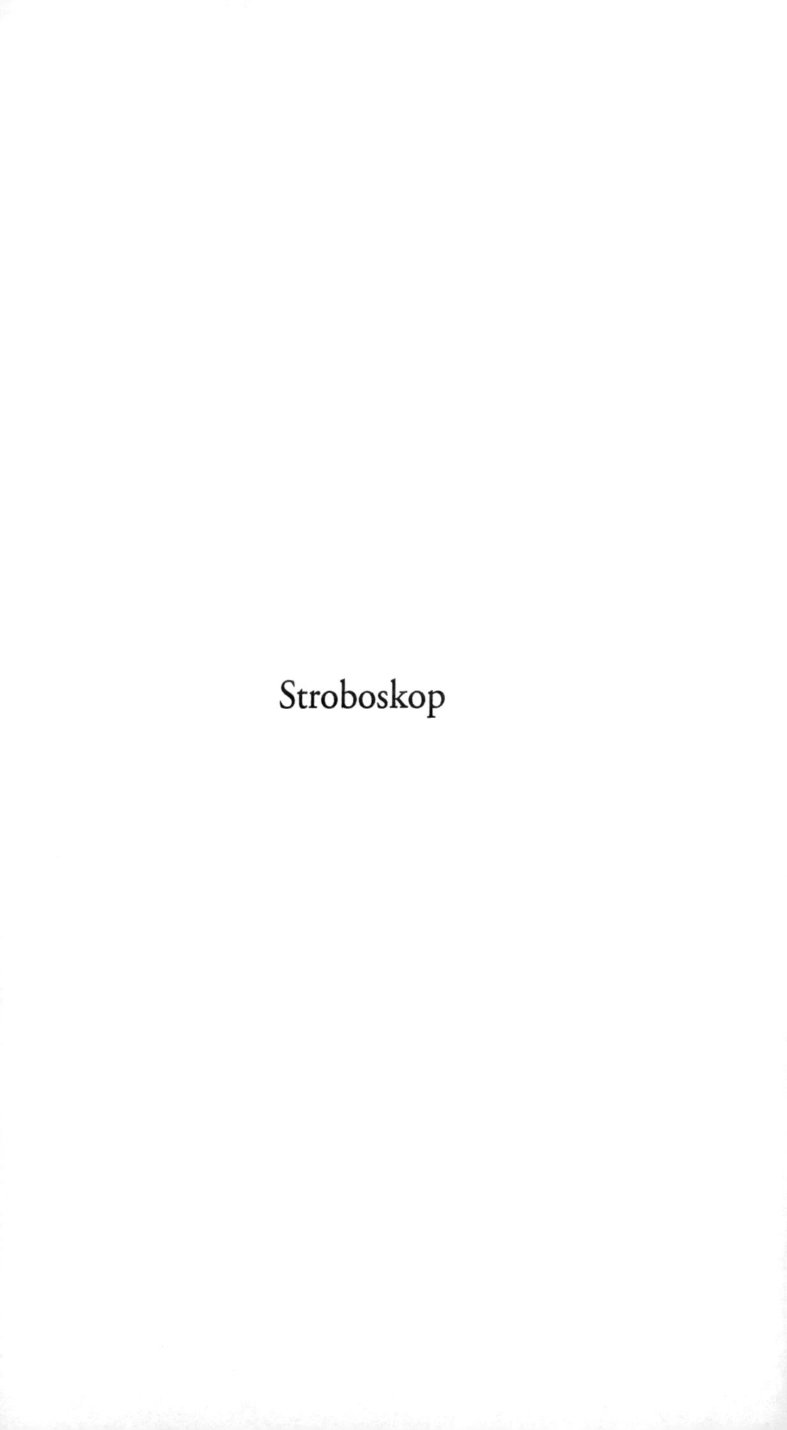

Stroboskop

Ich weiß doch andererseits auch noch, wie mir in den Siebzigerjahren jene „Umgebung" um mich nach und nach abhanden kam, obwohl ich kaum hundert Meter von meiner „Wohngemeinschaft" und keine fünfundzwanzig von der Volksschule weggezogen war.
Oder war es gerade, weil ich die Nähe zu früheren Freunden aus der Schule wie „Roger" und später die von den zahlreichen Kellerbands am wenigsten verlieren wollte?
Ältere, so wie beispielsweise Horst, nannten diesen Dunstkreis plötzlich, aber fast beiläufig „Subkultur". So wie ihnen später scheinbar weltläufig „due cappuccini" flüssig über die Lippen perlte.
Horst hatte 1970 beim NDR eine Anstellung bekommen. Er verstand es, Gewichtiges korrekt anzusprechen bevor es andere ließen. Genial.
Damals sammelte ich noch panisch Platten. Wie ein Eichhörnchen kurz vorm Winter. Oft vergaß ich, woher ich sie hatte oder wo ich sie vor mir versteckte, damit ich mich nicht voreilig von ihnen trennte.

Manche glaubten seinerzeit, ich wohne nicht im Hermesweg in Bostelbek, sondern an der Hauptstraße direkt in Harburg bei *Radio Marquardt*. Die Nachmittage verbrachte ich auf den Tresen des kleinen Geschäfts gekauert. Das war von der Straßenbahn oder dem Bus aus durchs Schaufenster gut zu sehen.
Meine Mutter Elly putzte noch irgendwo Villen, in „Meyers Park" oder „auf der Veddel", wo noch residierte, wer „den Sprung" über die Elbe nach Blankenese nicht geschafft hatte. Was für ein nahes „Glück" für uns, dass auch andere „keine großen Sprünge" machen konnten!
Mein Vater Bruno hatte Journalist werden wollen. Nun hatte er nach schweißnassen Nächten die Umschulung zum Busfahrer geschafft. Eine „neue" Zeit brach angeblich an. Das Netz aus elektrischen Straßenbahnen und Oberleitungsbussen schafften weitsichtige „Verkehrspolitiker" gerade ab. Staus und Gestank gehörten „die Zukunft".
Manchmal traf ich ihn nach einer seiner roulierenden Schichten in der Küche an, während er aufgewärmte Rote-Bete-Suppe aß und gedankenversunken *Ernte 23* rauchte. Vor ihm kleine Türmchen Groschen und Fünfziger-Silberlingen, Fahrscheineinnahmen, die er noch nicht abgerechnet hatte.

Meine Tage aber waren so „frei" wie nur möglich. Ich genoss das Entrücktsein in ferne und doch nahe liegende Räume. Unter Kopfhörern versteckt, hörte ich in neu erschienene Alben „rein". Ließ selbstverständlich auch die B-Seite „anspielen". Manchmal sogar ein kritisch prüfendes, zweites Mal. Und lauschte mich fort.
So lange bis ich vom angestellten Plattenwechsler – er mit Fliege und weißen Stoffhandschuhen – ermahnt wurde, mich bitte „endlich" zu einem Kauf zu entschließen. Endlich. Irgendwann kramte ich Groschen und Mark-Stücke aus allen Taschen zusammen.
Sie hätten mir für zwei Monate ein gelegentliches Imbiss-Naschen *bei Annelie* erlauben sollen. Einen ihrer mit floralen Motiven bedruckten Kuchenteller voll krosser Pommes, mit

ihrer „Spezialsoße“ oder eine der scharf bis schwarz angebratenen Frikadellen.
Wenigstens sah ich auf dem Weg nach Hause bei ihr in der Heimfelder Straße vorbei. Joachim saß gleich rechts hinter der klebrig verdunsteten Eingangstür und lugte, wer käme.
Ich winkte von draußen. Versteckte die Einkaufspapptüte hinterm Rücken vor seinem fragenden Blick und ging sogleich stolz dorthin, wo das aufgetaute „Balkan-Gemüse“ seit dem Mittag am vom Kochbeutel befreiten Reis klumpte.
Ich „hatte Gesellschaft“ für den Nachmittag, mal mit „We‘re only in it for the Money“ von Frank Zappa, mal mit „Electric Ladyland“ von Jimi Hendrix.

Ich konnte im „Wohnzimmer“ noch für ein paar Stunden zwischen einem cognac-farbenen und einem zinnoberroten Cocktail-Sessel hocken.
Vorsichtig lockerte ich mit der Nagelfeile meiner Schwester Brigitte, die am Freitag nach dem Büro erst mit dem Nachtbus von den Clubs an der Großen Freiheit nach Harburg zurück fand, die Umtauschsiegel vom Inlay ab – bis ich die Platte mit einem Samttuch um gespitzte Finger herausziehen konnte.
Dann hockte ich im Schneidersitz unter der Dachschräge vor der „Musiktruhe“ und atmete tief durch.
Sobald der Stecker in die wacklige Dose in der pappigen Wand glitt, leuchtete die „Hausbar“ hinter grünlichem Glas warm auf und illuminierte tief eingeschliffene „Römergläser“, die sich bunt zu Fläschchen mit Brandy, Schwarze-Johannisbeer-Aufgesetztem und selbstgemachtem Eierlikör gesellten.
Beim Aufziehen einer Schiebetür von rechts, erlosch die Lampe wie von Zauberhand. Die Pause vor dem großen Akt.
Über einem Zehn-Platten-Wechsler sprang eine kleine Neon-Röhre an, welche die sorgsam aufgereihte Schlagersammlung erhellte. Sie war mit buntem Draht eingefassten Haltegestellen abgestützt gegen Erschütterungen und Unordnung aller Art, möglicherweise auch gegen Plattenfraß.

Alphabetisch aufgereiht waren die „internationalen" Stars wie Billy Mo, unter anderem mit seiner Erfolgs-Single „Ich trage lieber einen Tirolerhut", gut für jedes Familienfest im Norden. Der Amerikaner Gus Backus radebrechte von „Bohnen in die Ohrn". Außerdem stand „Der Mann im Mond" zur Verfügung und „Da sprach der alte Häuptling der Indianer". Auch die „Sauerkraut-Polka" war sofort greifbar.
Und nur für Mutter wartete schon der Holländerjunge Heintje mit „Mama", ein Song wie ihre aufgewärmten Fischstäbchen, die häufige „Not-Ration".

„Mama,/ Du wirst doch nicht/ um deinen Jungen weinen.
Mama,/ bald wird das wieder uns vereinen.
Ich werd es nie vergessen,/
was ich an dir hab´ besessen.
Das es auf Erden/ nur Eine gibt,/
die mich so heiß hat/ geliebt."

Mit einem dürftig zusammengelöteten Fünfpol-Kabel zweigte ich vom *Landgraf*-Stereo-Empfänger ab, was ich mir über den eingebauten Verstärker auf Magnet-Tonband „überspielen" wollte. Solange mein knapper Vorrat reichte. Ich kaufte nur bereits bespielte Spulen vom Kaufhaus *Karstadt*, das mit diesen Bändern voll eigens produzierter „Functional Music" streunende Kunden in den Fahrstühlen solange beschallte bis neues „easy listening" aus der Konzernzentrale angeliefert wurde.
Wenn ich bei meinen „Aufnahmen" die genauen Anschlüsse zwischen zwei LPs trotz vorsichtigen Zurück- und Vor-Drehens der Bänder verpasste, rauschten angelöschte Reste dieses Klang-Fahrstuhls quer durch meine „Underground"-Schätze.
Danach versiegelte ich die Hüllen, so als seien sie noch „unberührt wie Mädchenhöschen", wie auf dem Pausenhof immer kennerisch geflüstert wurde. Anderentags verkaufte ich die Alben nämlich im „Gymnasiums für Jungen" an aufgeschossene Picklige, die sich wenigstens mit dem Besitz des garantiert „Neuestem" und Abgefahrensten schmückten.

Sie wollten sich „auskennen", falls beim Tanzkurs, zu dem uns eine Abordnung des benachbarten „Mädchengymnasiums" (mit Irene an der Spitze) aufgefordert hatte, etwas Schlimmeres auf sie zukäme als Blütenbestäubung.
Dies war übrigens der Grund, weshalb in diesen Erinnerungsnotizen so wenige Frauen eine Rolle spielten – die Geschlechtertrennung war zu der Zeit noch durchgängig, mit fatalen Folgen nicht bloß für die Betroffenen.
Viele Jugendliche der Siebzigerjahre ahnten ja nicht einmal, was ihnen durch den institutionellen Chauvinismus entging. Sie wollten bloß „vorbereitet" sein falls als „Höhepunkt" in der Tanzschule des Lebens noch etwas anderes als „Paranoid" von *Black Sabbath* gespielt würde.
Mit dem androgynen Bryan Ferry oder David Bowie hätten sie sowieso nie gerechnet.
Aber dort wurde nie gespielt, was ich ihnen verkauft hatte. Noch Jahre später lächelte mich Martin, der inzwischen eine Augen-Klinik in Tübingen leitete, gequält an, was ich ihm denn da für „Mist" von diesem Zappa „angedreht" habe.
Ich aber bekam durch Verkäufe „mein" Taschengeld von ihm und anderen wieder, für neue Entdeckungen. Der skeptisch äugende Verkäufer bei *Radio Marquardt* hielt mich inzwischen für reich, wenn ich schon wieder zum Hören und sogar Kaufen kam. Und er vermutete verächtlich, dass ich wohl Englisch spräche.

Gewiss, ich teilte dann meine bewahrten Bänderschätze später mit denen, die ich nachmittags zu Schularbeiten traf, weil ich Mathe nicht konnte, aber Rechnen schon.
Es wurde meist spät. Sobald sie mit dem Zeitungsaustragen für den Tag fertig waren. Und nicht auch noch in den Turnverein mussten.
Joachim hatte sich von den Pfennigen Trinkgeld und den Zehnmarkscheinen zur Konfirmation, die er unter den Einlagen seiner abgewetzten Cowboystiefeln plättete, ein *Grundig*-Aufnahmegerät für vier Spuren gekauft, mit unterschiedlich einstellbaren Geschwindigkeiten.

Er überspielte von meinem mitgeschleppten Zweispurgerät, das ich mir von meinen stinkigen Ferienjobs in einem der Harburger Gummiwerke gekauft hatte, was er „brauchte", also meist alles. Aus Ersparnis zwängte er zwar vieles auf nur eine Spur. Das war dann „zwar Mono". Aber dafür leierten die Aufnahmen auch oft so als würde jemand die Spulen mit dem Daumen abbremsen, um ungebetene Hörer zu quälen. Joachim war gleichwohl verzückt:

„Her weapons were her crystal eyes/
making every man/ mad./
Black as the dark night/ she was/
got/ what no one else had
She's got it,/
yeah baby, she's got it!/
Well, I'm your Venus,!
I'm your fire. I´m your desire."

Ab da verstand ich seinen „Geschmack" nicht mehr so ganz. Aber wir „probten" noch jahrelang miteinander in wechselnden Formationen und traten auf, fies laut und oft nur mit allzu leicht wiedererkennbaren Akkordfolgen. Es hatte selten etwas mit der teils komplizierten, technisch aufwändigen Pop-Musik zu tun, die wir in den vier Wänden hörten.
Unsere Unfähigkeit war noch die kleinste Ursache dafür. Ich konnte zwar nur Krach. Aber der Klang war unverwechselbar. Joachim jedoch – resigniert von meinen Rückkopplungen auf dem unabsehbaren Weg in ein Weißes Rauschen – wechselte seufzend seinen roten *Fender-Stratocaster*-Nachbau von der deutschen Firma *Höfner* bald gegen einen weißen *Höfner*-Bass aus.
Von da an gab es trocken gespielte Linien. Sie ließen sogar Luft für „Schnorchel", der von der Schule eine Trompete „gestellt bekommen" hatte. Irgendwann sattelte der auf einen Halbkorpus-Bass unbekannter Herkunft um; sein Auspusten bei jeder Phrasierung blieb. Dies Nebengeräusch erhöhte unsere Originalität hörbar – eine dröhnende Garagenband mit zwei Bassisten und ab und zu Trompete. Dies wird eines der ungelösten Rätsel der „Pop-Geschichte" bleiben.

Irgendwann kamen dann keine Freunde mehr zu mir (oder ich zu ihnen). „Keine Zeit!“ Wozu auch? Bloß, weil wir vor dem Plattenspieler zusammen ein neues „Werk“ wie „Dark side of the moon“ von *Pink Floyd* oder „Hoodoo Man“ von *Birth Control* anhören wollten?
Oder sobald sie ein weiteres Band mit Live-Aufnahmen aus dem monatlichen *Beat-Club* im „Ersten Programm“ zusammengestellt hatten? Per zitternd hoch gehaltenen Mikrophon vor dem *Körting*-Fernseher? Das war vorbei.
Ach, der „moderne“ *Körting* in Nussbaum, der auf den „ausgedienten“ *Landgraf* folgte! Aus „Ost-Produktion“ käme der *Körting*, wurde geraunt. Wahrscheinlich dort von den „Oppositionellen“ in der Haft zusammengeschraubt! Wie so vieles. Erhältlich im Versand „nur“ bei *Neckermann*, einem arisierten „Kaufhaus“. Zum Preis eines halben Autos.
Meine Eltern hatten sogar beides: TV mit drei Programmen und einen *Ford 12m*, sowie ein Rabattmarken-Heftchen des gewerkschaftseigenen *Konsumgenossenschaft Pro*. Das war was! „*Neckermann* macht´s möglich“, leierte mein Vater. Ich nölte was von sinnlosen „Status-Symbolen“ zurück.
Er war meist ohnehin zu müde, um zu antworten oder noch seine Schlager zu hören. Autofahrer hasste er, weil sie ihm beim Buslenken in die Quere kamen. Der hätte nie zur „Generation Manta“ gehört, wenn die überhaupt jemals erfunden worden wäre. Und zur „Generation Polo“ erst recht nicht. Er hatte kaum Freude an den „Anschaffungen“, die Mutter und er sich „absparten“.

Wo blieben denn nun die Freunde? Die Älteren waren schon „in der Lehre“. So wie beispielsweise Helmut, Sohn eines DDR-Übersiedlers. Der hatte ein Milchgeschäft passenderweise am Milchgrund eröffnet. Helmut half aus.
Einige waren sogar in andere Städte gezogen, um möglichst weit weg von „zuhause“ ein Leben „auf eigenen Füßen“ zu versuchen.
Joachim und ich vergaßen über Marc Bolan und *T. Rex* unsere Abi-Vorbereitungen.

Ach, wie gern hätte ich mir eine golden lackierte *Gibson Les Paul* „geholt", nur so, „ohne jeden Sinn und Verstand", wie mein Vater gern kommentierte. Und einen „ordentlichen" Amp dazu, als „Top" auf einem *Marshall*-„Turm".
Dabei mochte ich gar keinen „Glitter-Rock" wie den von *The Sweet*, *Slade* oder *Mud*, *T. Rex*, „zu poppig". Aber genial.
„Uns" bereitete der Tanz zwischen Schein und Sein immer wieder Bauchschmerzen. Die Gleichsetzung der beiden Ebenen galt als Inbegriff der „Pop-Szene", der andererseits absurderweise „Authentizität" und „Spontaneität" zugeschrieben wurden – und eben nicht billige Verkleidungen in Phantasie-Uniformen oder in „Frauenkleidern", ausgerechnet da, wo unübersehbar Chauvinisten auf der Bühne standen.
„Wir" hatten schlicht Probleme damit, „uns" zu verbiegen, dafür zu lügen oder vorzugeben, etwas zu sein, was „wir" nie würden. Wir blieben stur, was und wie „wir" waren, obwohl wir uns stetig änderten.
Das „Spiel" ging bei uns anders. Immerhin waren wir nicht umsonst am Milchgrund oder Pferdeweg aufgewachsen. Ein Cowboy wächst mit seiner Wiese, sonst zieht es ihn weiter.
Die Oberfläche interessierte „uns" nur, wenn sie andere in ihren Vorurteilen durcheinander brachte. Egal, ob man mit Bandnamen, Familiennamen oder Straßennamen spielte.
Zu meinem Glück mochten auch viele andere das szenische, fast theaterhafte Aufbegehren im „Glitter-Rock" so gar nicht, ohne überhaupt etwas davon zu verstehen.
Als ich beispielsweise vor der „Musterungskommission" im Hamburger *Kreiswehrersatzamt* in der Sophienterrasse, vis-a-vis der Pop-Musik-Redaktion des NDR, nur im winzigen Slip mit aufgedrucktem Tiger-Muster auf den Plateausohlen meiner Kroko-Imitatstiefel kippelig stand, weil ich die Nacht „durchgesumpft" hatte, und meine Henna-Rot gefärbten Haare über den blassen, unbehaarten Oberkörper fielen, musste ich kurz vorm Kotzen nur noch sagen, dass mir gewiss eine „Karriere als Offizier im deutschen Heer" zustünde, um unter Hohngelächter „ausgemustert" zu werden.
Vorsicht bei der Wahl der Truppen, sagte ich nur.

Aber dann – wie plötzlich – waren wir „erwachsen“, obwohl nur wenige Zentimeter größer.
Ich gab zuhause „Essensgeld“ von meinem mickrigen Lohn erst als Packer, dann als „Bandführer“ in der Instantkaffee-Fabrik bei den Süder-Elbbrücken ab. Mir blieb genug für *Annelie.*
Joachim half in der riesigen Raffinerie bei Moorburg aus, wo sein Vater Heinz irgendwas verwaltete, und stank zum Dank das ganze Wochenende wie geteert statt wie üblich kotzig nach Palmkernöl.
Er würde bald „eingezogen“ zur Infantrie. Den „Stress“ mit einer Kriegsdienstverweigerung wollte er sich „nicht antun“. Wir hatten Drummer-Manni, erlebt, nachdem er bei der „Anhörung“ und vor Gericht weinend zunächst scheiterte. Die Beratung in der *St. Johannis-Gemeinde* hatte er nicht verarbeitet, zu viele Worte, die ihm scheinheilig schienen.
1979 erlebten wir, wie Andreas sich nach einem Gottesdienst dort ans Kreuz kettete und einen Hungerstreik begann. Die Mädchen von den Konzerten brachten dem Hilfsarbeiter ohne Schulabschluss dennoch zu essen. Aber er weigerte sich, bis ihn die *Feldjäger* schließlich doch mitnahmen. Er wurde vorzeitig „ohne Bezüge“ von der *Bundeswehr* „entlassen“.
Ab und zu luden wir letzte Harburger zum gemeinsamen Kochen ein, brieten Dosen-Champignons, Handelsklasse 1 aus der Volksrepublik China, und Soja-Sprossen aus dem Glas, würzten den Basmati-Reis mit Shoyu. Damit war „unser“ Hunger auf Exotik gesättigt.
In der Hundesteuerabteilung des Ortsamtes Hausbruch, wo der Vater von „Fritz“ Hausmeister war, räumten wir für das Dinner eigens einen Schreibtisch leer. „Fritz“ wollte Kunst studieren oder eine Ausbildung als „Regierungsinspektoranwärter“ beginnen. Sein Abi war zu mies ausgefallen, um Träumen nachzuhängen.
Wo waren wir, diese struppige „Gegen-Kultur“ der Siebzigerjahre, abgeblieben?
Wir waren dann mal weg und hatten das nicht mitbekommen.

[illegible] wie plötzlich [illegible] ob-
[illegible] gaffen.
Ich gab [illegible] Lohn
[illegible]
[illegible]

[illegible]

[illegible] Die
Mädchen [illegible] dem Hilfsarbeiter
[illegible] sich
[illegible] doch [illegible]
[illegible] entlassen.
Als [illegible] letzte [illegible] gemeinsamen
[illegible] Mittelklasse
[illegible] dem
[illegible] Damit war un-
ser Hunger auf Exotik gestillt.
In der Hundesteuerabteilung des [illegible] wo
der Vater von [illegible] war, [illegible]
[illegible] einen Schreibtisch [illegible] Kunst
studieren oder eine Ausbildung als [illegible]
[illegible] ausgefallen, um
Träumen nachzuhängen.
[illegible]
[illegible]
[illegible] nicht mitbekom-

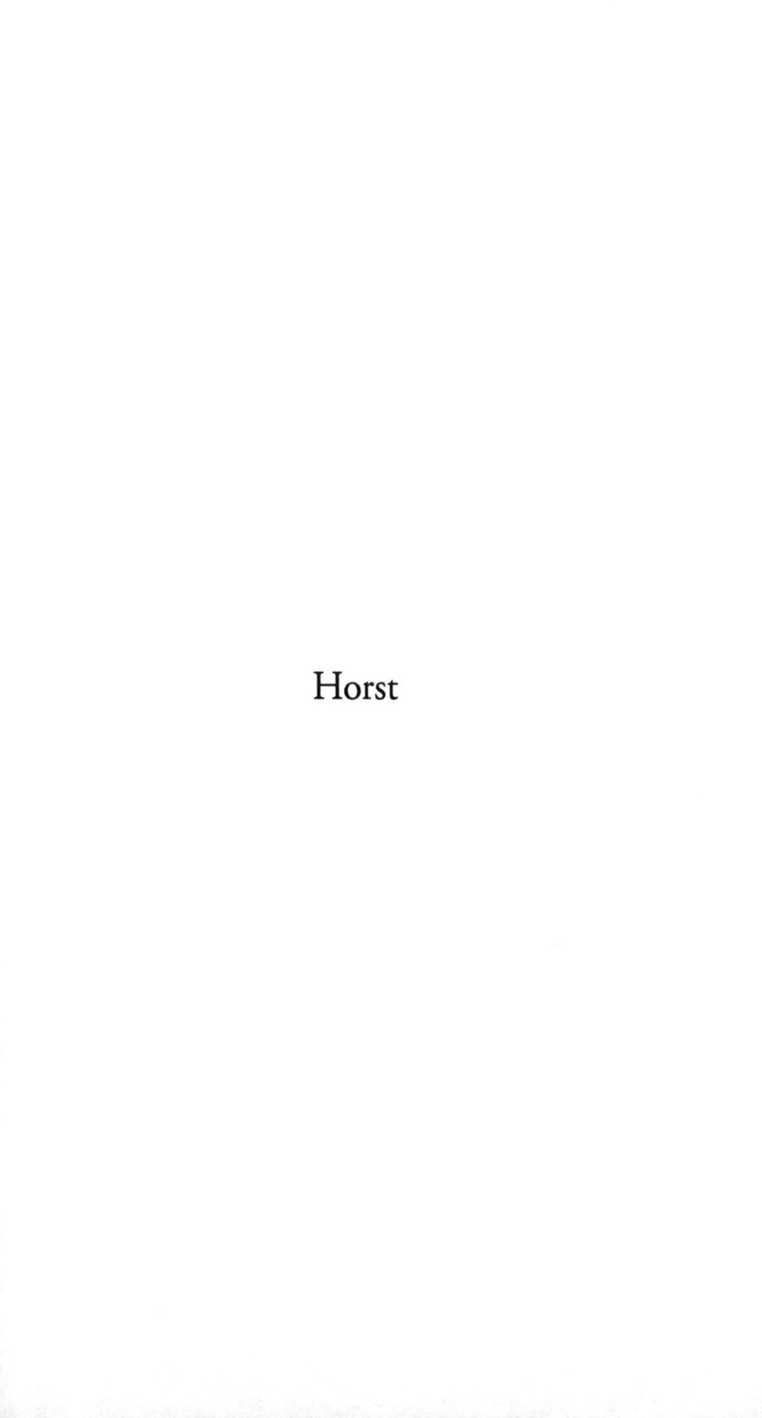

Horst

Ich müsste mich doch an mehr als nur solche belanglosen Details aus meiner ziemlich bedeutungslosen „Vergangenheit" erinnern können? Wer, wenn nicht ich?
Nur wozu? Die wüsste sowieso keiner außer mir zu deuten. Da waren vielleicht etwas mehr Schatten als eine spätere, reflektierende Belichtung der paar erwähnten Stellen, Erlebnisse und „Ereignisse" hergab?
Wen interessierte im Übrigen sowas Langweiliges? Unter anderen Verhältnissen könnten ambitionierte Journalisten das nicht mal als „Biographie" verbrämen wie sie so oft in Zeitungen und halbgaren Büchern zu lesen waren.
Wie sollte das hier bereits Erwähnte denn wohl aufgeschrieben werden? Vorschlag für eine erste Zusammenfassung:

> Armes Würstchen, anbei an einem Hauch von Annelies Soße. Wusste nicht so recht, was „mit sich anzufangen". Hat „Einiges gemacht", aber mit wechselhaftem „Erfolg". Blieb stets „der Rockmusik" verhaftet.

Oder so ähnlich. Probehalber dies Muster mal mit einem etwas anderem, „politischem" Schicksalseinschlag variiert:

> Früher armes Waldbesitzerkind, heute bloß Bundesminister. Lässt es aber manchmal „noch mal krachen“. Mag Fackeln und Zündeln. Manchmal sogar *Deep Purple*.

Sowas könnte jedenfalls durchgehen. Das klang nach „Pop“. Aber wen interessierte denn das? So ähnlich stand es in vielen renommierten Zeitungen über den Graf zu Guttenberg.
Wer würde jene eingangs erwähnten Kleinigkeiten oder die kauzigen Anekdoten verstehen, der zudem noch darüber reden mochte – vielleicht sogar mit mir?
Joachim war längst tot.
Lauter Puzzleteile, die überhaupt kein Bild mehr ergaben.

Horst vielleicht? Er hatte immer schon Antworten, bevor eine Frage gestellt wurde. Und er hatte noch mehr Fragen, wenn ihn die Antwort nicht interessierte.
Ich verstünde es vielleicht als Trost, was ich von ihm zu hören bekäme. Aber fürs Fragen war es „zu spät“.
Auch er war inzwischen „verstorben“, 2013. Drei Jahre nach seiner „Pensionierung“.
Seit seiner „Verabschiedung“ hatte ich ihn nicht mehr gesehen. Wie übrigens auch schon einige Jahre zuvor.
Er ließ „Prominente“ in den NDR einladen, darunter die ehemalige „Treuhand-Chefin“ Birgit Breuel (CDU), die er für ihren Abriss-Ost mehr als wohlwollend porträtiert hatte.
Obwohl ich – wohl fälschlich – meinte, ihn fast sein ganzes „Berufsleben“ begleitet zu haben. Noch so eine ungeschriebene „Biographie“, fast wie aus „Wikipedia“ zitiert:

> Viel über Pop-Musik geredet, keine gemacht. Erst in Bremen Lehramtsstudium für Englisch, später Redakteur/Professor. Auch Texte für Udo Lindenberg geschrieben. Zuletzt Parkinson.

Umgekehrt hatte ich Horst allerdings zu keiner „meiner“ Pop-Dekadentagungen eingeladen. Auf denen versuchten Musiker unterschiedlicher Genres und Wissenschaftler verschiedener Couleur, miteinander ins Gespräch zu kommen über das, was alles der „Pop-Kultur“ zugeschlagen oder abgesprochen wurde, gefördert oder unterlassen werden sollte – wenn man es nicht besser selbst in die Hand nahm.

Ihn nicht dazu zu bitten, entsprang keiner bösen Absicht oder Hochnäsigkeit, sondern war offenbar nur beiderseits fehlendes Verständnis füreinander.
Ganz andere „Generation" eben. Er 1945 geboren, ich 1954. Er Nachkriegskind der deutschen Entwaffnung, ich Vorkriegskind der NATO-„Nachrüstung". Er von alten Nazis befreit, ich von „neuen" Nazis umstanden.
Neun Lebensjahre machten viele Unterschiedchen. Das verband – genau so, wie es trennte.

Horst hatte mir selten von seiner Jugend in Bremen erzählt, ein wenig zwar von den muggeligen Mythen – beispielsweise wie Elvis leibhaftig nach Bremerhaven gekommen war, in Uniform. Einfach so von Bord gegangen, nicht mal ein Hüftschwung.
Elvis? Mich schauderte es. Den mochten „wir" nicht. Zu schmalzig. „Elvis" nannten Joachim und ich deshalb unseren Deutsch- und Englischlehrer Volker R., der, wenn er mit mit Verve den Klassenraum betrat und seine Mappe aufs Pult warf, damit überspielte, dass er kaum für den Unterricht vorbereitet war.
Der Elvis-Imitator hangelte sich auf dem Weg zu sich selbst von „Archipel Gulag" (Deutsch) zu „1984" (Englisch). Als würde ausgerechnet internationale, deshalb „unverdächtigt" genannte Literatur seine verzweifelte „politische" Ratlosigkeit noch besser spiegeln als das „Programm" seiner „konservativen" Partei, die er nachmittags in der *Hamburger Bürgerschaft* „mit Engagement" vertrat.
Der „Archipel Gulag" war „sein" literarisches Museum gegen einen menschenverachtenden Sozialismus, den er nicht kannte, aber fürchtete. Genau so anschaulich beschrieben wie in „Animal Farm" (1945). Mit nur etwas anderer Möblierung, aber kaum verschiedenem Personal, verrückte Hühner und Schweine. George Orwell habe 1949 auch in „1984" die Gefahr für die „Freiheit" eines Jeden durch Zensur und Hass-Botschaften aus einem „Ministerium für Wahrheit" (kurz: „Mini-Wahr") gezeigt. Ach?

Wir lernten bei ihm, dass jeder „Ismus" zum Totalitarismus führe, außer wohl irgendwie der Pluralismus, warum auch immer. Allerdings war die Mehrzahl „der Menschen" bloß der Plural der Einzahl „des Individuums", die einfache Mehrheit im Parlament also die hämische Schwester der Einfalt – zumal ein Abgeordneter nicht dem folgen „musste", was so gemeinhin „gewollt" wurde.
Ansonsten war Links sowieso gleich Rechts. Hinten war vorne. Vorne aber war „Führung". Demokratie war vor allem Führung und ein Segen für alle, irgendwie, notfalls auch wenn sie im Ehrenamt ausgeübt wurde.
Aber auch von ihm nie ein aufklärendes Wort zu Elvis und das Bewegende an „dessen" Hüftschwung. Volker R., Jahrgang ′42, schwieg.
Ganz andere Generation eben. Und doch genau wie all die merkwürdigen „Generationen" vor und nach „uns".

Horst, der nur dann schwieg, wenn er mitten „im Gespräch" erschöpft von sich einschlief, berichtete nichts zu all den kolportierten Legenden um den *Beat-Club*, der ausgerechnet aus Bremen kam. So wie er.
Manchmal in den Neunzigerjahren, wenn er am Restauranttisch hochschreckte, parodierte er – wie als eine Zugabe ohne Anlass Marcel Reich-Ranicki. Renato vom *Bixio* erschrak darüber sehr, obwohl er nichts von Literatur oder vom Feuilleton verstand. Die Bestellung von Tiramisu versandete.
Wie gern hätte ich irgendetwas „aus erster Hand" erfahren über den *Beat-Club*. Für „uns" war es „überirdisch", wie die Go-Go-Göttinnen an einem Sonnabendnachmittag verzückt tanzten, zu einem geheimnisvollen choralen Aaahaaahaahaahaa-Aaah-Jingle. Es gab hinter und vor Alpha Centauri nichts Bedeutenderes.
Wo lagen Bielefeld oder Bremen überhaupt, wenn Pop-Theoretiker doch seinerzeit von dort kamen? Welche Bands kamen noch gleich dorther?
Von meiner unaufregenden und unaufgeregten Jugend wusste Horst andererseits auch nichts.

Warum auch? Weshalb, wozu – wobei er eigentlich ständig nach einem „Warum“ fragte, so als würde die NDR-Produktion *Sesamstraße* die künftige Heimat „unser Generation“ werden.
Hätte das denn so sein können, sollen oder müssen?

Gewiss. Platten kamen weg. Allerdings gingen Menschen, die sie gehört hatten, nach meiner Erfahrung oft noch schneller als ihre geliebte Musik.
An den Gräber herrschte steife Ruhe. „Die Einschläge kommen immer näher“, raunte allenfalls ein blutiger Veteran der ersten Sezessionskriege um Schlager und „Subkultur“.
Ich schlich häufiger zu Begräbnissen als vorbei an Hebammenstationen. Nahe dem Kreißsaal warteten oft Freunde – überdreht von Kaffee und sich selbst – dass ihnen gratuliert würde, wozu auch immer.
Da wurde nicht das „Warum“ von Scheidungsraten ergründet. Keiner legte *Birth Control* auf.
Der Tod existierte sowieso nicht in „unserem“ Universum. Nur wir Überlebenden. Es gab kein „Danach“. Nirgends, schon gar nicht vorher.
Wer wäre nicht gern schon zu Lebzeiten „Star“ geworden. Aber manchmal war nur, wer früh starb, mal kurz ein „Star“. Danach war er – vor allem anderen Bedauerlichem – sofort vergessen. Oder er bekam Kinder.

Mir kam das lange nicht in den Sinn: Wer erzählte sich schon was von seiner „Jugend“, solange er noch so „jung“ war wie wir, als wir Horst und anderen Fernsehinterviews dazu gaben?
Mit ein wenig Glück konnte man es später in Fanzines nachlesen. Keinesfalls aber in Familienchroniken.
Wer wollte noch was von seiner „Jugend“ wissen, wenn er „alt genug“ war, sie hinter sich gelassen zu haben? Wer bloß?
Vor seiner Karriere in Hamburg hatte Horst mal Pete Townsend von *The Who* interviewt: ob, was, wieso und überhaupt denn „My Generation“ ausdrücke.

„Yes“, entgegnete Townsend (Jahrgang 1945) nach dem Fragenschwall sanft.
Genial. Einfach.
Worüber hätte ich „danach“ noch mit Horst reden wollen?
Es war zu spät, nur noch „jung“ zu sein.

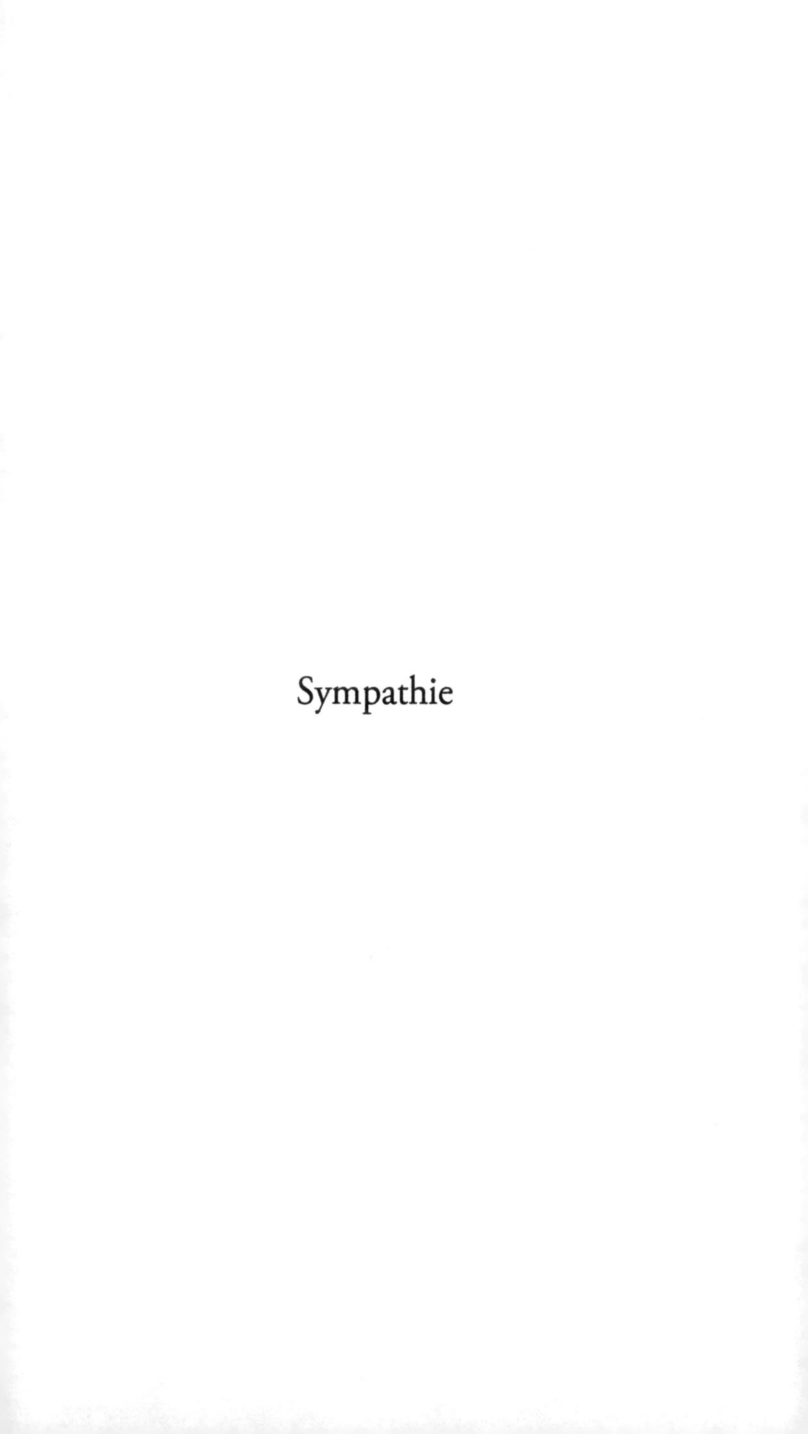

Sympathie

Da hatte Horst noch nicht mal seine Fernsehserie zur „Gegenkultur“ verwirklicht, die ihn bekannt machte: „Sympathy for the devil“, hieß sie ausgerechnet. Ich weiß bis heute nicht, warum bloß.

Wahrscheinlich war das so ein Ding wie der angeblich schon legendäre Streit zwischen Fans der *Beatles* und solchen der *Rolling Stones*. Bis ins Altersheim sollen sie einander nicht verziehen haben, malte seinerzeit ein Cartoon aus. „Typisch deutsch“ eigentlich.

Dabei lag eigentlich schon immer alles klar. Beide Bands nahmen sich nichts, was Lahmarschigkeit anging.

Die *Beatles* hatten sie sich spätestens mit „Revolution No. 1“ (und dem pseudo-avantgardistischen Musik-Ulk mit dem Titel „Revolution No. 9“) von der „Gegen-Kultur“ verabschiedet, ohne viel Aufhebens und ohne Nachfragen:

> „You say/ you want a revolution/
> Well, you know/
> we all want to change the world./
> You tell me/ that it‘s evolution.

Well,/ you know/
We all want/ to change the world.
But when you talk about/ destruction,
don't you know/ that you can/ count me out."

Die *Beatles* jedenfalls standen nicht (mehr) für einen „Bruch", im Gegenteil: „You can count me out".
Damit galten sie bei vielen deutschen Jugendlichen schon seinerzeit mehr oder weniger als „Verräter" und „Angepasste". Doch die statt ihrer oft favorisierten *Rolling Stones* konnten ausgerechnet seit „Street Fighting Man" auch nicht gerade zu einer „Gegen-Kultur" oder „Rock-Rebellion" gezählt werden. Der Chorus des Songs feierte nämlich gar nicht „die Revolution", sondern die selbstgefällige Resignation:

"Because in sleepy London Town/
there's just no place/ for Street Fighting Man! No!
Hey! Think the time is right/ for a Palace Revolution./
But where I live/ the game to play/ is compromise solution!
Well then/ what can a poor boy do/
except to sing/ for a Rock and Roll Band."

Was sollte man denn da bloß machen, wenn „die Verhältnisse" so waren, wie immer schon? Ach, huch aber auch.
Es war halt einfacher, in einer Rock-Band zu singen als ein armer Junge zu bleiben.

Warum also für eine Fernseh-Serie zur „Gegen-Kultur" den Song-Titel „Sympathy for the devil" entleihen und nicht – textlich näherliegend – „Streetfighting Man" oder beispielsweise „So you wanna be a Rock'n'Roll-Star" von den *Byrds*? Ein Medien-Mysterium.
Denn die Serie erzählte zunächst nichts mehr, aber auch nicht weniger als Geschichtchen irgendwie mit Pop-Musik, illustriert mit „Einspielern", in denen beispielsweise Joe Cocker „With a little help from my friends" und Rod Stewart „Gasoline Alley" krächzten. Die wie Konfetti flatternden Folgen zeigten neben solchen britischen Arbeiterkindern auch die Harburger Helmut, Joachim, Renken, mich und noch andere Picklige.

Wir hatten allerdings rein nichts mit dem *Stones*-Text am Hut, allenfalls den Songs mochten wir zum „Abtanzen".
Oder ging es bei dem Sendungskonzept mit einer Prise Kultur-Kritik von vornherein mehr um den Schein als das Sein? So wie es landläufig „dem Populären" zugeschrieben wurde: viele Oberflächlichkeiten und krasse Verkleidungen für Nichtigkeiten.
Wo steckte in der Fernseh-„Dokumentation" denn beispielsweise „unsere" Musik, die sich eben nicht nur auf dem Plattenteller drehte oder mit einem Cover über die Tapete gepinnt war? Die es nicht – trotz viel „performance" in Jugendzentren und Open-Air – zu karnevalesken Clips wie die *Mad Dogs and Englishmen* geschafft hatte, sondern teils noch im Verlies der Burg Waldeck angekettet war?

Allenfalls auf „Partys", zu denen wir nicht eingeladen waren, hoppelten „wir" ab dem einleitenden Congas zu „Sympathy for the devil" ab, spätestens zu den ersten Klavier-Akkorden von Nicky Hopkins, E, D, A und wieder E, genau so wie einst die Regie von Jean-Luc Godard in „One plus one" da erst in Fahrt kam:

"I stuck around St. Petersburg/
when I saw/ it was a time/ for a change.
Killed the czar and his ministers,/
Anastasia screamed in vain."

Der inspirierendste Regisseur der düsteren *Nouvelle Vague* (mit Filmen wie „Außer Atem" (1960), „Die Verachtung oder „Elf Uhr nachts") hatte mit seiner fast dokumentarischen Beharrlichkeit den Mythos von den rebellischen und kreativen *Stones* nahezu zerstört, indem er deren musikalischen Stillstand und den als Band offenbarte, ausgerechnet er, der bekannt wurde durch seine „jump cuts" in seinem Bildschnitt – die radikalen, auch zeitlichen Achsensprünge.
Aber in der Medienwirkung wurde der Hype um die Band sogar noch größer, ausgerechnet in deren stagnativer Phase, in der sie sich schon bald von der „progressive music" abwenden sollten und fortan nur noch soliden „Rock" abfeierten.

Der Song „Sympathy for the Devil“ war der Inbegriff all dessen, was „uns“ als Klischees immer wieder entgegengehalten wurde: Du bist Abschaum. Zum Teufel damit. Langhaarig war links. Und links war eben nicht rechts genug!
Horst notierte knapp anderthalb Jahrzehnte später, 1986, in der Anthologie „Heiß und kalt – die Jahre 1945 - 69“, der *Stones*-Song sei der

„bösartige Comic-Strip, wie verteufelt der Lauf der Welt ist.“

Aber warum traten dann in seiner Fernseh-Serie, die sich auf diesen Titel bezog, reale deutsche Jugendliche und keine internationalen Comic-Helden auf?
Da hatte Horst zugleich in dem Leseband mit seinem Ko-Autor Udo Lindenberg sich an einer neuen Erzählung der Jugend-Revolte versucht, die diesmal „We‘ve gotta get out of this place“ überschrieben war. Auch ein netter Song.
Doch schon „wir“ brauchten kein Verständnis und keine „Sympathie“. Nicht von denen, die sie „uns“ entgegenbrachten und erst recht nicht mit denen, die den Kaiser, König oder Zaren „zurück“ haben wollten.
Wir konnten ja nicht mal „tanzen“.
Überall um uns klabauterten ohnehin die komischsten Klischees im üblichen Stakkato, aber keineswegs als lustiger Comic-Strip, sondern als hohnlachende Botschaften aus einer vermeintlich schon untergegangen Welt, in deren Lauf man lieber nicht sah: Es war ja nicht alles schlecht in Deutschland, Hitler hatte „auch gute Seiten“, „nach dem Krieg“ musste Konrad Adenauer (CDU) „mit Nazis zusammenarbeiten“.
Nur „wir“ hätten die Arbeit wohl „nicht erfunden“, wüssten „die Freiheit nicht zu schätzen“ und wären im Übrigen „faul“ und „verlaust“.
Und dann noch „Sympathie“ mit dem Teufel haben? Ausgerechnet „wir“? Na gut: so einen, wie den Fritz Teufel, den hätte ich auch gern gekannt...
Ein paar Jahre später war von der „Sympathie“ für „Unruhestifter“ die weiter gehende Denunziation als „Sympathisant“ geworden, die Journalisten, Staatsanwälte und Spießbürger als Straftatbestand auch ohne Verfahren ahndeten.

Ich dachte immer wieder an Pete Townsend: Wie der auf der Bühne den rechten Arm wie eine Windmühle kreisen ließ! Um sodann auf der viel zu tief um den Hals gehängten, roten *Gibson SG Special* häufig auch einen Akkord mehr oder weniger mit Getöse zu treffen. Das war Glück!
Wo „gegen“ ruderte er da an?
Wie ein Don Quichotte!
Talkin‘ ‘bout my generation: Jenes Gerede und Geschwätz der Eltern setzte sich nun auch schon unter uns fast Gleichaltrigen fort.
Zum Teufel auch, sogar in einem Ton, so als hätten wir den rollenden Stein der Weißen entdeckt.

> “Please allow me/ to introduce myself
> – I‘m a man/ of wealth and taste.
> I‘ve been around/ for a long, long year,/
> stole many a man‘s soul to waste.”

Da passte im „Sympathy“-Song nichts zu „uns“. „Wir“ mochten das Gesabbel nicht. Keinem von „uns“, der sich wie selbstverständlich „anders“ als die Anderen fühlte. Jene Spießer, die Angepassten, die Langweiler eben.
Wir waren weder wohlhabend, noch hatten ausgerechnet „wir“ einen guten „Geschmack“.
Im Gegenteil: „Wir“ waren doch nicht mal „Mods“ gewesen, von denen *The Who* in ihrem Hörspiel „Quadrophenia“ erzählten.
Jedenfalls wollten wir nicht darüber reden, nie. Renken am wenigsten. Als könnten Worte sprechen! Der Brummler war von naserümpfenden Lehrern wegen „mangelnder Sprachbegabung“ vom Gymnasium vergrault worden, in eine Lehre bei *Airbus.*
Er landete von Finkenwerder bei Altenwerder aus in Toulouse, dann in Marseille, parlierte zwar immer noch nicht Lateinisch, aber auf Französisch und Englisch. Später lernte und unterrichtete er Aikido in Paris.
Immerhin: eine schöne Wendung! Deutsches Schulwesen, so elegant und sozial, als wäre Beckmann nicht in der Elbe, sondern in der Moldau fürs Vaterland ersoffen.

Love

Es blieb nichts so, wie es war, sondern wie es immer sein würde. Deutung trat hinzu. Verklärung. Die Löcher in meinen Jeans wurden jedenfalls nicht umständlich von indischen Hungerlöhnerinnen eigens eingenäht, so wie seit der Jahrhundertwende.
Es gab ja noch keine Kita-Kinder und Kackbratzen, denen es „mumpe" war, wenn sie ihre tägliche „Mode" für ein paar Euro „abgriffen" – und Flüsse vom Färben vergiftet wurden, Menschen im Schlaf in ihrer Fabrik verbrannten, Kinder einen Monat von dem hätten leben können, was hiesige bloß mal eben so bei *KiK* oder *H & M* ausgaben.
Was war gegenüber den Sechziger- und nachfolgenden Jahren der Fortschritt „unserer" un-modischen „Gegen-Kultur"? Keiner. Meine mit den Jahren ausgeblichenen *Wrangler* zeigten allenfalls kleine Risse in unserem schläfrigen Wohlstand. Hauptsache die Röhrenhose franste am Saum nicht aus, so dass sie an den Pedalen meines aufgeputzten *Kreidler*-Mofas hängen bliebe. Alles andere war „egal" – nach „genial" das zweite Lieblingswort „meiner" Zeit.

Egal. Batik war noch lange keine „Pop-Art“, aber der Umweltdreck blieb zuhause. Schlimmer noch: Mir offenbarte sich dadurch nichts. Denn ich litt nicht darunter, mir keine *Levi´s* aus dem *American Stock* in der Bremer Straße leisten zu können. Und „keine Mode tragen zu müssen“ – so wie beispielsweise eine Zeit lang taubenblaue Schlaghosen.
Vielmehr hätte ich mich geschämt, einen dunkelblauen Anzug zu dezenter Krawatte anzulegen, um wenigstens vom Lehrer als Mitglied der „Jungen Union“ respektiert zu werden. Lieber als Glitter-Rocker bei der Musterung.
Ach, Klassensprecher-Rolf, wie ging das schief für Dich, trotz Geigenunterrichts. Wie haben wir Dich bewundert, als Du den Mut hattest, uns vor den Osterferien mit einer Vorführung Deines Könnens zu verdutzen. Feiner Kerl.
„Wir“ hatten nur die Haare und unsere schlechte Haut. So wie Mathias, den seine hochnäsigen „Freunde“ stets „Dachpappe“ nannten.
Immerhin fanden Jahrzehnte später Leser die drastischen Erinnerungen an seine *Acne conglobata* so lustig, dass er sich aus seinem tristen Dasein als Dorfmusikant mit den *Tiffany´s* zwischen 1985 bis 1997 rausschreiben konnte, in seiner mit 42 Jahren etwas frühen Autobiographie „Fleisch ist mein Gemüse“ (2004).
Ich war schon froh, wenn meine „Matte“ nicht verklettete. Der „Rasta-Look“ war ja noch nicht erfunden! Der Fünf-Liter-Elektro-Boiler in der Küche durfte bloß einmal die Woche aufgeheizt werden, um Strom zu sparen.

Der „Minky“ hatte die Kinderlähmung kaum verwunden. Mitunter ahnten wir seine Kräfte, wenn er Band-Kram astete oder jemand uns „dumm anmachte“. Die schwere Gärtnerarbeit hatte ihn trainiert – und auch ein wenig „Jugend-Knast“. Der grummelnde Bär schleuderte Angreifer über Tische in die Ecken und beruhigte sich sogleich.
Sie hatten seinen einzigen Schmuck zu sehen bekommen. Die Finger der Rechten waren unterhalb der Knöchel L – O – V – E tätowiert. Die Linke zeigte H – A – T – E.

Nein, niemand aus „unserer“ Clique, die im Fernsehen als Verkörperung der „Subkultur“ zu besehen waren, hätte dabei gewesen sein wollen, als „der Zar“ erschossen wurde. Wer wollte gern Zeitzeuge sein, wenn es nicht mal seine Zeit war. Erst recht nicht, als der NS-Mann und spätere west-deutsche Arbeitgeberpräsident Hanns-Martin Schleyer nach 43-tägiger „Haft“ in einem Hochhaus von der *Roten Armee Fraktion* hingerichtet wurde.
So alt waren wir nicht, wir hörten lediglich im Radio im *Freizeitzentrum Nöldekestraße* davon. „Buback, Ponto, Schleyer – der Nächste ist ein Bayer“, murmelte „Tom“ und stellte „die Kiste“ ab.
Und so „jugendlich“ war der Gedanke an „Revolution“ nicht mehr, auch wenn Desperados sie auszuüben meinten.
Die „deutschen“ Adligen machten sich längst wieder überall „dicke“, sagte „Minky“. Er tobte, wenn er bloß den Namen „Graf Lambsdorff“ hörte. Dann sackte er in sich zusammen und wünschte, er hätte nun wenigstens „etwas saufen“ wollen. Aber er „vertrug“ nichts.

Na gut, vielleicht erscheint das im Nachhinein als „zu“ vordergründig betrachtet und geschildert. Aber was war der Subtext, wenn „Subkultur“ der eigentliche, aber übergestülpte Begriff war? Was wurde ein Kaffee, wenn plötzlich oben drauf Schäumchen schwamm? Was erzählte ein „Tatoo“, modisch mit chinesischen Schriftzeichen für Glutamat versehen oder mit Hieroglyphen von irgendwelchen „Indigenen“, die spätestens dem Sojaanbau für Veganer geopfert würden und nicht mal den „Weltuntergang“ von 2012 vorhergesagt hatten?
Alles Ansichtssache oder Auffassungsgabe? Waren sprachliches Feingefühl oder „elaborierter Code“ von Vorteil, wie wir ihn im „humanistischen“ Gymnasium tunlichst lernen sollten? Jedenfalls war ein Großteil von „uns“ daran bereits gescheitert. Sie brauchten ihre Erwartungen und Lebenshaltungen gar nicht erst ausdrücken lernen, wenn die Schule schon mit Vierzehn so gut wie beendet war.

Was genau stellte sich der „Hänfling“ Jagger vor, als er sich im Song „Sympathy for the Devil“ vorstellte,

„Please allow me to introduce myself“?

„Minky“ lachte. Er bewunderte nicht Stärke, sondern vergötterte scheinbare Schwäche. Der leichenblasse, spindeldürre Johnny Winter war sein Held. Erst recht, als der Albino in der *Friedrich-Ebert-Halle* trunken von der Bühne stürzte. Ausgerechnet „Minky“ in der ersten Reihe fing ihn geistesgegenwärtig mit links auf. Rick „Derringer“ lächelte ihm verdutzt zu und bedankte sich mit einem angedeuteten Tusch auf seiner *Gibson Explorer*. „Kein Ding, Alter,“ murmelte „Minky“. Er hatte nie Englisch gelernt und Rick Zehringer vermutlich nie deutsch. Es fiel kein weiteres Wort.

Wir sammelten solche Rabattmarken in unseren Leben in vielen kleinen unadressierten Büchlein.

Jagger? „Man of wealth and taste“? Lächerlich. Den hätte „Minky“ nicht aufgefangen.

Auf dem Weg in die *Paulus-Kirche* zum Konfirmandenunterricht stellte sich ein Jürgen mir murmelnd so vor: dass er keineswegs „gläubig“ sei, sondern eher „Bolschewist“.

Später bemerkte ich, dass er wohl vielmehr „Traktorist“ meinte, weil ihn die LPGs – beim Sommerferien-Besuch bei der Oma „im Osten“, in Ludwigslust – so sehr beeindruckt hatten.

Ich hingegen wäre ja gern „Kosmonaut“ geworden. Aber im Westen wurden uns „Alternativen“ sogar solche Berufswege wie Lokführer, Lehrer oder Postbote „von oben“ versperrt. Wir durften nur – „system-immanent“ – entweder „Kapitalist“ oder „Rockstar“ werden.

Wir hatten ja auch nichts mehr anderes zur Orientierung. Keinen Zaren, keinen richtigen König mehr. Uns reichte der herrische „Bezirksamtsleiter“ Helmut Raloff (SPD), ein Mann wie Kimme und Korn statt „Wealth and taste“. Vor jeweils der nächsten Besoldungsstufe pries er sich stets als „Preußen“. Staatsrat wollte er noch werden, auf Lebenszeit, notfalls auch kurzzeitig Senator.

Beim „Vogelschießen“ auf dem vormaligen Exerzierplatz Schwarzenberg sahen wir ihn im Festzelt mit Schützenbrüdern Spargel und daumendicken Schinken schmausen.
Die Eingeborenen „feierten“ so den frisch abgeschossenen „König“: mal einen schmierigen Makler wie Gerhard A., der bei den Nazis noch den „Gebirgsjäger“ gegeben hatte, mal einen Malermeister oder Vater Heinz.
Joachim musste zur Nachfeier fürs Servieren „der Kurzen“ sogar die Bundeswehruniform anziehen, wie eine Ordonanz seines „Alten“.
Der Höhepunkt des kulturellen Jahres in Harburg.

Wir wären allerdings eher liebend gern „in Woodstock“ dabei gewesen, wovon Klaus Wellershaus im *Norddeutschen Rundfunk* mit seiner wunderbar leisen Stimme im August 1969 weihevoll berichtete.
Wie von einer Erweckung.
Einen Monat zuvor, am 21. Juli 1969, hatte ich sogar nachts aufstehen dürfen, um im Fernsehen unscharfe Bilder der *Apollo 11*-Mission mit Neil Armstrong zu sehen.
Wunder schienen wahr zu werden, immer rascher. Die Landung des Menschen auf der Erde schien bevorzustehen.
Alle, die „wir“ mochten, waren „in Woodstock”, all die „Progressiven“ und die „Coolen“: *The Who*, *Jefferson Airplane*, *Greatful Dead*, Tim Hardin, *Mountain*, Johnny Winter, *Sly and the Family Stone*...
Alle?
Ich war völlig verwirrt von dem Pathos, mit dem Jimi Hendrix sich am Montagmorgen, quasi nach Schluss der *Music and Art Fair*, hinstellte und die amerikanische Nationalhymne für die abrückenden Hippies anstimmte, die in Rückkopplungen von der Bühne hagelte wie Bomben.
Country Joe McDonald hatte tags zuvor in einer Umbaupause mit seiner „Klampfe“ einen fröhlichen Gassenhauer über die Einberufung nach Vietnam vorgetragen, den „I-Feel-Like-I’m-Fixin’-to-Die“-Rag (zu gut deutsch: „Mir-kommt’s-vor-als-würd’-ich-bald-sterben“-Rag).

Über die gemeinsame Musik, das mitgroovende „Wir“, vergaßen wir naiv, dass uns „Jugendliche“ durch die Geschichte immer noch Welten trennten.

In Deutschland redeten einige Militärs sogar von der „Demokratisierung“ der Bundeswehr und ihrer „Inneren Führung“... Und immer noch über die Verfügungsgewalt der Bundeswehr über „taktische“ Atombomben.

Währenddessen tobten überall auf der Welt Kriege zwischen den „Blöcken“. Gerade so als habe George Orwell sie sich bloß ausgedacht. Nur die NS-Zeit schien, zumindest um „uns“, sowieso vergessen und vergeben.

Am 13. September 1969, einen Monat nach dem durch Publikumsansturm ausgeuferten „Woodstcok“-Konzert, veröffentlichte Joni Mitchell fernab, vom Laurel Canyon aus, eine Hymne auf dies angebliche Fest der Liebe:

> „[Verse 1:] I came upon a child of God,/
> he was walking along the road.
> And I asked him:/ ‚Where are you going?‘
> And this he told me:/
> ‚I‘m going on down to Yasgur‘s Farm./
> I‘m gonna join/ in a rock and roll band
> I‘m gonna camp out/ on the land,/
> I‘m gonna get/ my soul free.
> [Chorus] We are stardust./
> We are golden./
> And we‘ve got to get ourselves/ back to the garden! […]
> And I dreamed/ I saw the bombers
> Riding shotgun/ in the sky./
> And they were turning/ into butterflies
> above our nation.“

Joni Mitchell war zwar gar nicht dabei gewesen. Es ging schon deshalb nicht um eine dort gewonnene Wahrheit.

Es war lediglich die vorherrschende, naive Betrachtung der Zukunft, die sie durch textliche Kontrastierungen (bombers – butterfly) und rhetorische Selbstversicherung sowie gängige Symbole zeichnete. Schön war dieser Traum von „Woodstock“, so wie die seltsam zerbrechliche Frau Joni.

Kinder Gottes mussten das gelobte Land nicht mehr erst finden, sondern nur noch „Yasgur´s Farm", wo das Festival improvisiert ward. Sie brauchten andererseits bloß irgendeiner „Rock'n'Roll"-Band beizutreten und waren damit schon auf dem weiteren Weg „back to the garden". Das Paradies schien also zurück, zu Farm und Glück, fußläufig erreichbar.
Diese populären Assoziations-Anleihen waren nicht so erschreckend, wörtlich verzerrt wie die „Divebombs" von Hendrix, bei dem der Vibratohebel auf den Magnettonabnehmer der Gitarre knackte und damit Heulen auslöste.
Jedenfalls, wenn man weit weg „im Valley" bloß daran glaubte – in einer gediegenen freakigen Nachbarschaft mit den *Monkees*, John Mayall und Frank Zappa sowie in einer Liaison mit David Crosby lebend. Hendrix zog auch kurz hin.

Wir, der Traktoristen-Jürgen und ich, der Gesinnungs-Kosmonaut, waren jedenfalls ahnungslos frohgemut.
Wir hatten überhaupt keine Ahnung, wie rassistisch die USA in den Sechzigerjahren waren (und bis heute sind).
Und dass der Weltkrieg nach 1945 ungehemmt in der „Dritten Welt" fortgeführt wurde, von denen, die ihn vermeintlich beendet hatten, indem sie zumindest einige Nazis wegbombten, ein paar vor Gericht stellten und manche zu sich zum Atombomben- und Raketen-Bauen holten.
Für und mit „uns" lief alles gut auf der umbrandeten Friedensinsel Deutschland. Unsere Sehnsucht nach der Ferne beschränkte sich auf Ludwigslust, Föhr und allenfalls Kärnten. Obwohl Jürgen bald mit dem Rad losfuhr, erst um das Elsaß zu erkunden, dann um Sizilien zu umrunden.
Wir hockten am Ende der Siebziger „friedlich" bei „Open-Airs" im Weserbergland – kein goldener Sternenstaub, sondern unter „Schmuddelkindern" im Matsch, kurz vor *Extrabreit* als „Höhepunkt des Festivals.
Helmut konnte dort sogar seinen „Ersatzdienst ableisten", in einem Pflegeheim. So übel sei es um Porta Westfalica herum gar nicht. Er hatte sogar „seine" Frau Ilona kennengelernt. Herford sei auch ganz schön.

Ansonsten sannen „wir", wenn wir oft und lange verpusteten, traurig über ein „neues" Leben nach. Eines, das wir entweder noch nicht führten oder eines, das wir nie führen wollten.

Eines mit inniger Liebe, vielleicht sogar mit Sex und immer noch der „genialen" Musik an „unserer" Seite, die immerhin jene nicht kannten, die uns etwas „hinterlassen" wollten.

Oder eines, in dem wir einander nicht mehr kannten, weil wir so fett würden wie „die" anderen.

Vielleicht wuchs die Verachtung gegenüber „der Gesellschaft" in einigen von uns auch immer größer als das tägliche Erlebnis, verächtlich gemacht zu werden. „Euch haben sie beim Vergasen vergessen", brüllte ein Autofahrer, als einige „Langhaarige" in Harburg, Mitte der Siebzigerjahre, gegen eine „autogerechte City" demonstrierten. In den Tagen davor waren drei Fußgänger totgefahren worden. „Ab ins Arbeitslager", schrie eine Frau, die sich beim Einkaufen in der „Fußgängerzone" gestört fühlte. Ein Polizist musste die Hyperventilierende beruhigen. Es waren schwere Zeiten für leichte Gemüter. Straßen wurden plötzlich „Innenstadtring" oder „Ortsumgehung Harburg" genannt. Teils wurde Nazi-Straßenbaupläne verwendet. Kein Sozialdemokrat schämte sich dafür.

Keine Spur von „vita nova". Auch wenn wir regelmäßig zu „unserem" Italiener gingen, Renato vom *Bixio*. Irgendwann stieg er aus, kehrte zurück nach Siena, zu seiner Mutter, die so wundervoll Früchte kandierte für sein Bollito misto. Wie Musik!

In einigen Fernsehbildern in der „Sympathy"-Serie war damals die über Jahre in uns eingefleischte Verzweiflung über den zumindest satten Stillstand sogar kurz zu sehen gewesen. Die Lippen trotzig verschlossen.

Die verdrucksten „O-Töne" passten kaum zu jenem rebellischen Impetus, der erst auf der sonoren Kommentar-Spur anklang. Wer redete da bloß? Von wem? Wovon denn?

Wir konnten es kaum auseinander halten. Dafür war uns „unser" Leben, das „wir" noch kaum kannten, zu wichtig.

Helmut, der laut Titel-Ankündigung gleich in der ersten Folge „eines Tages aussteigen wollte“, der verstockte, räuspernde Joachim (vor den Kuscheltieren seiner Schwester Ute) und ich, der nuschelnde „Langhaarige“. Wir sahen uns zwar nun „im Fernsehen“, das wir wie einen Gral in fünfzig Quadratmetern Deutschland anbeteten – aber wir waren uns so fremd wie kaum je zuvor.
Das „versendete“ sich, wie es im Macher-Jargon hieß. Die erst später aufkommende Theorie von der „Flüchtigkeit“ der TV-Bilder stimmte also wohl: Genau so wahrscheinlich, wie es „die Praxis“ schon immer vorgesehen hatte.
Ich musste jedenfalls nicht erst Autogramm-Karten drucken lassen: dass ich ein „Arbeiterbewusstsein“ habe, wie ich es in einem Interview in „Sympathy“ gesagt hatte. Ach, was zählten jene ungesendeten Minuten des Gesprächs, die man wegen des Erzählflusses hatte wegschneiden können. Kein Thema. Halt „Professionalität“. Was erzählten dann aber die Jahre „danach“? Schon weg, bevor sie geschahen.
Alles vergessen, was gesagt wurde? Alles vergeben? Alles vergebens. Wir waren jung – und brauchten die Geltung.
Nicht das bisschen Geld für „O-Töne“ und die „Miete“ der „Drehorte“. Am wenigsten aber das weitere Vorspielen einer „Wirklichkeit“, die sowieso nicht „unsere“ war – nicht metaphorisch, nicht materiell.
Beispielsweise in jener von Horst lustvoll inszenierten Szene mit Joachims Eltern. Deren „Tochter“ verließ zum *Beatles*-Titel „She ´s leaving home“ das Haus heimlich mit einem Köfferchen. Das war allerdings die Cutterin Dagmar, nicht die noch kleine Kuscheltiere-Ute.
Wir verwirrten Jungmänner wünschten uns „beim Dreh“, sie wäre tatsächlich Joachims Schwester gewesen, ach.

> “Wednesday morning at five o’clock/
> as the day begins.
> Silently closing her bedroom door,
> leaving the note/ that she hoped/ would say more
> She goes downstairs to the kitchen/
> clutching her handkerchief.

Quietly turning/ the backdoor key,
stepping outside,/ she is free."

Später fluchte ich. Ich hätte dieses Abziehbild von Plastikeltern gern vergessen wollen.

Mit ihnen saß Joachim noch viele Jahre vorm Fernseher, als die Serie längst vergessen war. Er hasste sie zwar. Aber er konnte nicht gehen. Er blieb, aber war schon lange nicht mehr zuhause. Wer waren diese Eltern?

Eine weitere Spiel-Szene aus der Serie hatte es ihm gezeigt. In der „erregte" sich Vater Heinz über „Negermusik", so wie es tatsächlich ab und zu vorkam.

Was geschah da, das Joachim so fremd mit sich machte? In dem Durchgangszimmerchen, das vom geräumigen „Wohnzimmer" durch einen fensterlosen Flur, in dem Schwester Ute schlief, durch „sein" Reich mit dem Tonband und dem Radio ins Schlafgemach der Eltern führte.

Ein kurzer Flur nur, mit der Tür vor dem heiligen Ort der Ehe, wo überm Bett ein Ölschinken mit einer schulterfreien „Zigeunerin" mit fleischigen Lippen und feurigen Augen baumelte.

Es war nicht alles „Neger", was dunkel wirkte.

Wir hörten in der Friedrich-Ebert-Halle zu der Zeit *Frumpy*, eine Hamburger Band „um" die „Blues-Röhre" Inga Rumpf: Gott habe zwar den weißen und den schwarzen Mann geschaffen, aber er sehnte sich nach mehr:

„So he took some earth/ and put it in form.
And the oven was right now - so the gipsy was born.
Go to the top of the mountain and look,/ do you see this land around?
Go where you like to be,/ 'cause you/ and the gipsy/ will be free."

Pop-musikalische Kaufhausmalerei zwar, aber mit einem wuchtigen Hammond-Orgel-Sound von Jean-Jacques Kravetz und einem „geilen" Gitarrensolo von Rainer Baumann. Sowas war nichts fürs Schlafgemach. Aber trotz des Sounds verdammt deutsch und streichelnd fürs Gemüt.

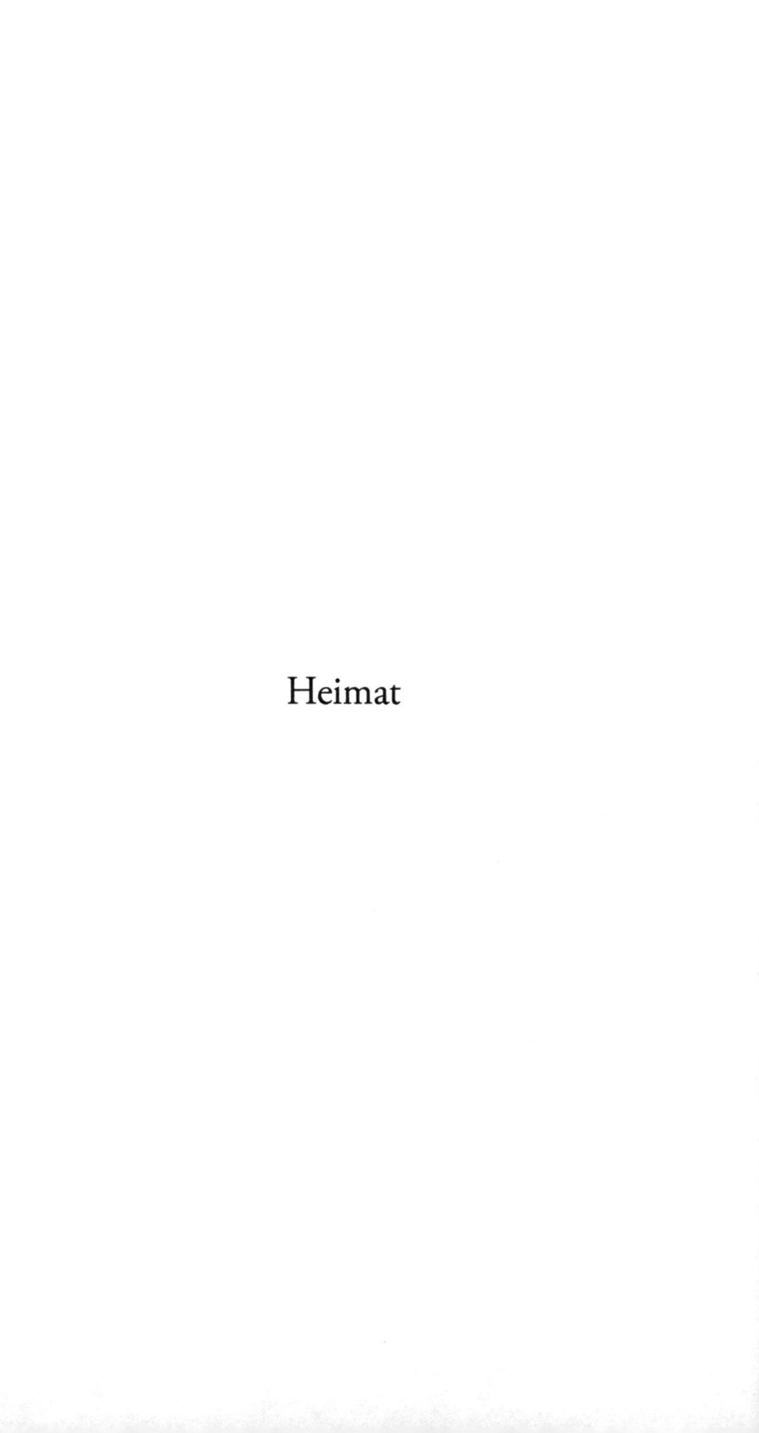

Heimat

Während mir „mein Viertel“ genau so fremd wurde wie es ehedem vertraut war, hätte ich vielleicht ein Häppchen „Heimat“ a la *Annelie* gebraucht, statt inszeniertes Weglaufen a la Horst. War das „Zuhause“, wie Deutsche es zu der Zeit „verstanden“, überhaupt das „home“ aus dem – zudem ein Jahrzehnt alten – *Beatles*-Song?
Jedenfalls begann mein Mittwoch nicht erst um Fünf, „mein Frolleinchen“! Da war ich schon auf dem Weg zur Stechuhr, schöne Schneiderin Dagmar.
Von Zuhause fortzugehen war für Arbeiterkinder keine „Gegen-Kultur“. Es war notwendig. Genau so von den Eltern geplant. Für „uns“ selbstverständlich. Da blieb „man“ noch nicht lebenslang im „Hotel Mutti“.
Wer am Lehrgeld nicht verhungert war, „leistete“ sich – so rasch es ging – eine „eigene Bude“. Oder zog mit Menschen, die „man“ gerade noch so aushalten konnte, in eine „Wohngemeinschaft“ – aber nicht wie heute in eine schnöde „WG“, die gewissermaßen als verkürzelte Sonderform des Untermietverhältnisses „praktisch“ war.

Es wurde kein Köfferchen mit Schminkzeugs gepackt, sondern *Dole*-Pappkartons mit LPs. Basta.
Dies war alles andere als ein „alternatives" Leben. Es wurde auch nicht dazu, sobald „Spießer" in der Nachbarschaft in so einer „Kommune" nächtliche „Ausschweifungen", sogar noch derberen „Sittenverfall" als am FKK-Strand von Kampen vermuteten. Und schlimmsten „Kommunismus" in der Küche. Von Knoblauch ganz zu schweigen.
Es gab kaum gesellschaftliche oder vorgelebte „Alternativen" – wohin, wozu? Wo?

Allenfalls in den, später zur Legende verklärten, „68er Jahren" schien es mit der *Kommune I*, die sogar in der Illustrierten *stern* ihren Platz fand, ein bis auf die Haut ausgezogenes Vorbild zu geben. Die Stadt Berlin genierte sich nicht, an der Kaiser-Friedrich-Straße 54a eine „Gedenktafel" hängenzulassen, die mitteilt, dass hier die Kommunarden „hausten". Dort, am Charlottenburger Bahnhof, lag zu jener Zeit noch das gut besuchte, ordentliche Rotlicht-Viertel.
Vom nahen Stuttgarter Platz aus, wo sich bis 2020 noch die Bohème traf, ging einer der regelmäßig in der Boulevardpresse angegriffenen „Rädelsführer", Volker Gebbert (Jg. 1939), abends „nach Hause", zu seiner geliebten Ehefrau Christa.
Mit ihr wanderte er in die Toskana aus, als es ihnen in Deutschland zu ekelhaft wurde. Sie bauten Oliven an.
Lange nach ihrem Tod wohnte er wieder im Kiez, „um die Ecke" vom damaligen Büro des *Sozialistischen Deutschen Studentenbundes (SDS)*, vor dem der aufgehetzte *Bild*-Leser Josef Bachmann am 11. April 1968 auf Rudi Dutschke schoss. Der kurzzeitig Genesene schrieb dem rechten Attentäter mehrmals in die Zelle, vergebens.
Gegenüber vom *SDS* hatte übrigens ab 1939 bis zum Kriegsende ein „Kommissariat" mit zahlreichen Unterabteilungen residiert, das die Umsiedlung „Reichsdeutscher" in die eroberten „Ostgebiete" und dort die „Umvolkung" der slawischen Einwohner oder ihre „Vernichtung" samt der jüdischen Einwohner systematisch plante.

Volker radelte als Rentner oft die Westfälische Straße in Halensee zum Einkaufen entlang. Manchmal gingen wir, wenn wir uns zufällig bepackt trafen, im *Natur pur* einen Kaffee trinken. Er lächelte, wenn ich erzählte, was ich die meiste Zeit in Hamburg so trieb. Warum ich denn nicht als Politologe arbeite? Die Zeiten hätten sich doch gewandelt. Ich schüttelte den Kopf.

Er verstand nicht, was „meine Generation" aus den Bemühungen seiner Zeit gemacht hatte. Nichts. Aber er begriff auch seine alt gewordenen „Freunde" nicht mehr.

Er starb 2009, nachdem er gerade noch alte Weggefährten wie den ehemaligen „Studentenführer" Fritz Teufel wiedergesehen und ihnen einen letzten Brief an den früheren „Genossen" Horst Mahler vorgelesen hatte, der von der APO bedenkenlos in die NPD konvertiert war.

Zu seinem 70. Geburtstag hatte Volker ihn nicht, aber viele Freunde ins *Georg Kolbe Museum* für Klassische Moderne und Zeitgenössische Kunst eingeladen. Eine erdrückende Schwere lag über dem Abend, der beschwingt mit einem fein zubereiteten Büfett begonnen hatte, an dem sich Fritz endlich wieder statt essen konnte. Er war ausgestiegen worden in die anti-solidarische *Hartz IV*-Gesellschaft, ein Gnadenhof der SPD und der *Grünen*.

Aussteigen? Wir kannten in den Siebziger Jahren zwar dies modisch gewordene Wort. Wir sagten es auch gern daher. So wie auch „Shit". Das war schick und erschreckte Ängstliche. Aber „Gras rauchen" und „Aussteigen" – das konnten wir uns doch gar „nicht erlauben".

Schlimmer war im gängigen Wörtchen-Wust ein anderer, oft nur mit gespitzer Zunge dahergesagter Begriff: Heimat. Ein während dieser merkwürdigen Siebziger- und bis in die Achtzigerjahre eher trotziges gemeintes Wörtchen, ohne Gänsefüßchen. So ähnlich wie Bundesrepublik ohne Apostrophe – aber „DDR" mit.

Aus der „Heimat" mal „aussteigen", grenzte auch im Westen an „Republikflucht".

Aber es war im Westen immerhin keine „Staatsdoktrin", sondern eine zeitgemäße Staatssache, als „Agentur des Kapitalismus", wie damals gewitzelt wurde: Die bundeseigene *Lufthansa* – seinerzeit nach eigenem Verständnis die „erfolgreichste internationale Fluglinie", warb auf Kosten all der braven Steuerzahler mit einem Bild von „Demonstranten" ganz- und einseitig für „Jugendtarife":

„Verlaßt unser Land. Mit 25% Ermäßigung."

So viel war von der sozialdemokratischen Reform-Formel geblieben: Wenige Reformen, aber nun Vergünstigungen.
In der NS-Zeit hatte die *Deutsche Reichbahn* „den Juden", die sie mit der Akribie aller Verwaltungen deportierte, für den Transport in Viehwagen noch erheblich mehr berechnet, ohne Prozente, ohne Rückfahrt-Ermäßigung.
Ansonsten war jedes Murren schon des „Marxismus" verdächtig und wurde landläufig eher als Problem für Psychotherapeuten behandelt. Wer „Visionen habe", solle zum Arzt gehen, schnauzte der selbsternannte einzelne Weise, der „Staatsmann" Schmidt (SPD). Ein schräger Typ, der mit einer kleinen „Nachrüstung" den großen Atomkrieg riskierte: mit der „Abschreckung", dem „Gegner"mit totaler Vernichtung zu drohen, wenn der genau dasselbe machen würde, was man geradewegs auch vorbereitete.
Der alte Western-Trick: Man droht dem anderen Pistolero, sich selbst zu erschießen, wenn der erst mal abdrücke.
Ein typischer Psychopath eben, der darauf setzte, dass andere nicht so „krank" wären, die Menschheit ausrotten zu wollen – und im Übrigen alle anderen für verrückt hielt. Mit solchen blasenhaften Maulhelden hatten wir Comic-„Helden" es zu tun.
Dann lieber so verrückt sein, an die „Vision" einer Vernunft-Republik und nicht an die Vernichtung trotz oder wegen der „Abschreckung" durch und von sich selbst zu glauben. Aber so einen Schnauzer bekamen wir nach Willy Brandt von Hinterzimmer-Demokraten als Hoffnungsträger vorgesetzt.
Den Schmidt hatte ich nicht gewählt! Dann lieber „No Future" als seine verstrahlte Zukunft.

Es fiel mir erst wieder ein, als mein „Zuhause" zwei Male noch fremder auf mich zukam als ich es je erwartet hatte. Beide Geschichtchen hatten anfangs scheinbar nichts mit meinem „Dasein" zu tun. Aber sie changierten unerwartet zwischen dem Schein und Sein, den Wahrnehmungen anderer und ihren Erwartungen, bei denen ich plötzlich merkwürdige Rollen zugewiesen bekam.

Die erste der beiden Begegnungen mit meinem „Zuhause" und einem sozialen Unbehaustsein begann so: Eines Morgens, 1974, wollte ich Brötchen für den noch ruhenden Teil der Wohngemeinschaft einkaufen. Aber eine Schlange nervös Wartender in SA-Uniformen stand bis vor die Tür des Eck-Ladens.

Ein ordnender Polizist erkannte in diesem diffusen Umfeld zielsicher, dass mir das vor der Bäckerei parkende Personenkraftfahrzeug zuzuordnen sei, und rüffelte mich beim verwirrten Vordrängel-Versuch, dass „der Scheiß-*R-4* da in der Einfahrt sofort weg" müsse, sonst kämen „die *T-34* nicht durch".

Die Pimpfe, die hinzutraten, stimmten aufgeregt ein.

Von der Schusswaffe wurde an diesem Morgen kein Gebrauch gemacht. Die „Putativ-Notwehr" war da von Polizei und Politik noch nicht erfunden – später gern genutzt, als Offensiv-Verteidigung.

Ohne Brötchen, ungeduscht und entnervt, weckte ich Traktoristen-Jürgen, dass *T-34* seinen gelben *R-4* zermalmen müssten.

Er murmelte, dass er den Zettel unterm Scheibenwischer vergessen habe, wonach Walter Kempowskis Roman „Tadellöser & Wolf" hier verfilmt würde, weil „das Quartier" 1974 noch „authentisch" wie im Zweiten Weltkrieg aussähe. Die Flüchtlingstrecks seien gestern schon durchgezogen.

Ich hatte nichts dergleichen bemerkt.

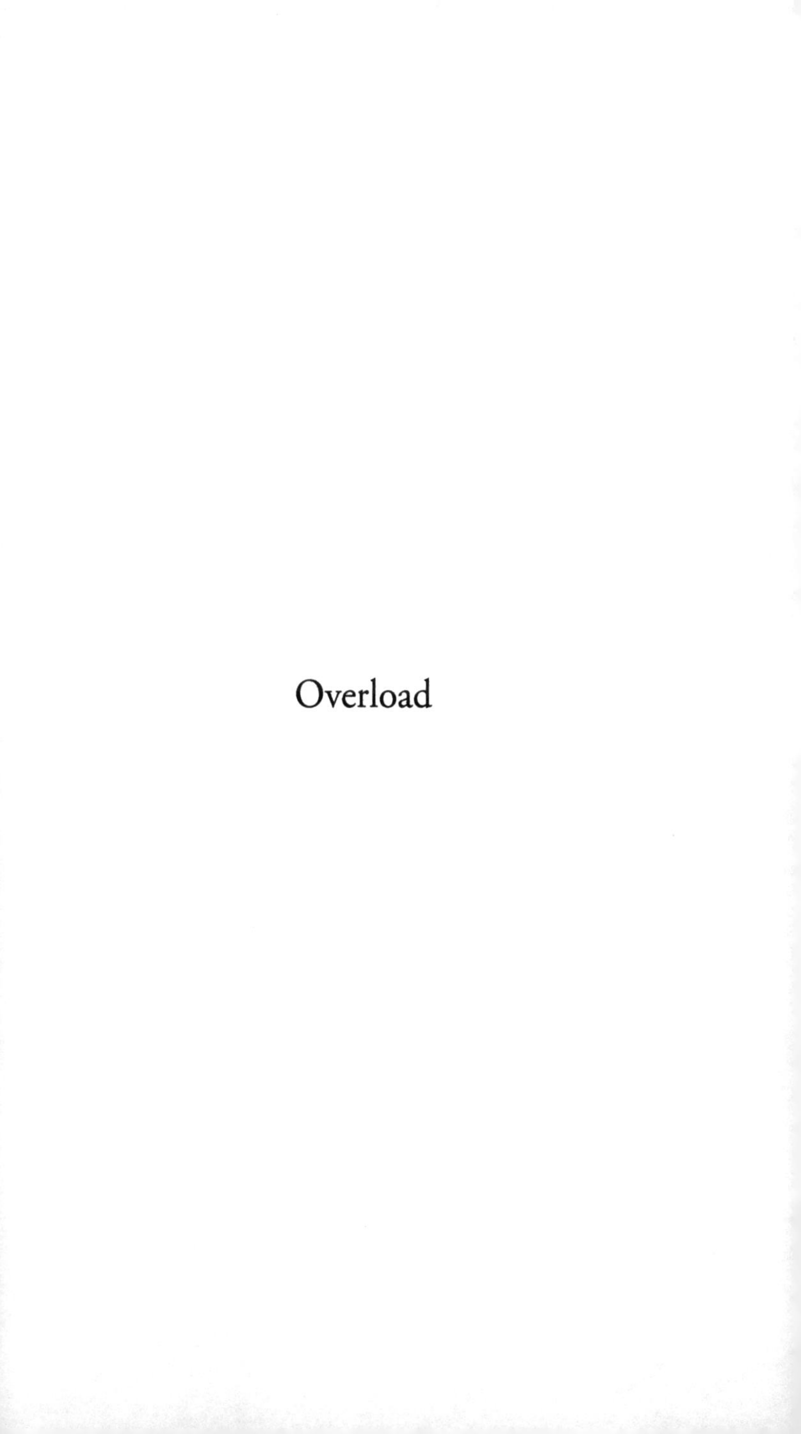

Overload

Aber was rede ich da! Ging da erst was verloren? Als „der Russe“ nicht selber „vor der Tür stand“, wie es den Deutschen jahrzehntelang von Geschichtsklitterern im Bundestag oder der *Bild*-„Zeitung“ vorhergesagt wurde, sondern Komparsen-Nazis und seinerzeit blau uniformierte Panzerfahrer-Helferlein? Als „die Pop-Musik“ noch niemanden „befreit“ hatte? Als niemand erst „aussteigen“ musste, um dann doch wieder zuhause „anzukommen“?

Ging bloß mir ein bisschen „progressive“ Pop-Musik abhanden? Oder sogar das „Progressive“ im Leben? Das wenige Wissen „um einander“: um Vertrautes oder Vergangenes, um Erinnertes oder Inszeniertes, Ersehntes oder Phantasmagoriertes? Un- oder zugeschriebene Biografien?

Na und? U und wenn schon! „Uns“ ging es ja „noch Gold“, ließ Kempowski seine nie „erwachsen“ gewordenen Roman-Jungen der Familien-Saga sagen.

Oder ging es inzwischen um „zu viel“ Wissen, das ebenso wenig einen Sinn „mehr“ ergab wie eine möglichst alle Stile oder nur eine Szenerie umfassende Pop-Musiksammlung?

Ich verstand es nicht als Trost, was ich mittlerweile oft zu hören bekam. Man „muss" das heute alles sowieso „nicht wissen" oder kennen. So klagten Studierende mir vor. Ich begriff sie nicht.

Bloß zwei Jahrzehnte nach meiner Studienzeit unterrichtete ich ab und zu angehende Journalisten und Journalistinnen in Medientheorien und -praxis. Schon dieser Unterschied wurde von Studierenden oder Kursteilnehmern oft nicht verstanden und so gar nicht gemocht. Der Unterschied beispielsweise zwischen gängigem Journalismus und der kaum verbreiteten Subkultur des „Pop-Journalismus" fand wenig Anklang bei vorgeblich Lernenden.

Ich verbrachte mehr Zeit damit, zu diskutieren, was die Studierenden – ihrer maßgeblichen Meinung nach – „für die Praxis" (immer singularisch und mal „theoretisch" gemeint) „bräuchten" und sich nicht auch noch an „Theorien" (immer im Plural und vorwurfsvoll gesagt) „reinbimmsen" müssten, als mit der lockernden Abwägung dessen, was und wie sie sahen, lasen und „lernten". Wie ihr Hören, Sehen und Lesen ihre Sinne und ihr Sein bereits geprägt hatten.

Sie hörten schlicht nicht zu, wenn ein Text länger als eine Minute beanspruchte. Am Ende noch mit Nebensätzen! Deshalb verfing die Analogie zu einer populären Musik, die lediglich simpelste „Gefühle" in einfachen Harmonien und Stereotypen bediente und einer, die sich selbst erst in Beziehung zur Welt zu setzen versuchte, nicht. Es genüge, wenn „Gänsehaut" entstünde. Alles andere sei zu „kopflastig".

Aber welche Last trug solcher Kopf noch? Die Ohren? Abrasierte Schläfenpartien? Undercut? Piercings?

Unter diesem Gesichtspunkt – vor solch eingeengtem Mienen- und Minenfeld – war es anscheinend den seit den Neunzigerjahren nachfolgenden Generationen zumindest schon mal egal, ob „man" vielleicht überhaupt nur oder gar keine Pop-Musik hörte, ob nun „internationale" oder „deutsche". Ob mehr oder weniger – oder vielleicht sowieso nur die „falsche" oder „nicht angesagte". Ob Techno, Trance, Ambient oder Schlager.

Alles „reine“ Geschmackssache. „Nach Gusto“, wie ein Tiefkühl-Pizza-Belag. Beliebig.
Ob „Twitter“ nicht sogar transparenter als eine Nachrichtenagentur auftrete, weil der Absender mit seiner jeweiligen Meinung erkennbar sei. Welche „Zeitung“ es bereits „auch als“ Podcast gäbe, war entscheidend.
Aber ob man noch LPs besaß? O Gottogott. Oder ob Freunde glaubhaft bezeugen konnten:

> Jawoll, der Freak hat immer bei *Radio Marquardt* gehockt. Als die Russen kamen, war für sie kein Durchkommen mehr. Überall Gitarren-Barrikaden, eine abgewetzte *Telecaster* darunter, sogar eine kleine Batterie Amps, teilweise *Orange*, die weiß besprüht waren mit einem *Mountain*-Logo. Genial! Keine „Pop-Kultur“ eben, „der Russe“! Die kriegten kein Graubrot mehr in der Bäckerei. Der „Kraut“ hat „seine“ Kultur bis zuletzt verteidigt, solch ein Musikmensch war der.

Ich hörte nach einigen fast rituellen Wiederholungen des mürrischen Weigerns dann auch nicht mehr hin. Zumal das Meiste sowieso ungesagt blieb zwischen „den Jungen“ in Seminaren und den „Alten“ von Außerhalb wie mich, die noch mit Beispielen oder Belegen, manchmal mit Bleistift, umständlich versuchten, etwas anschaulich zu machen.
Nichts – kein Zitat aus einem populären Film, kein kurzes Anspielen eines erfolgreich gecoverten Titels – halfen. Keine Songzeilen spiegelten zurück, wurden aufgeschlüsselt oder konnten verständlicher machen, weil das nicht in einem fünfwortigen Aussagesatz im Präsens Platz fand.
Alles je Gehörte sofort vergessen. Kaum jemand zitierte noch Songs, von Büchern ganz zu schweigen. Und „im Journalismus“ schon gar nicht, wo inzwischen artige Sprechpuppen immerzu „Narrativ, Narrativ“ plärrten, aber sich vor jeder noch so kleinen Erzählung fürchteten.
Nicht dass dies dasselbe gewesen wäre. Es war nicht mal das Gleiche. Aber es wies auf die Methode hin, wie komplexe Inhalte längst nicht mehr transportiert wurden – in kleinen Formen wie einem Song.

Oder größeren wie einer Geschichte, die nicht linear wie eine angebliche „Lebenslinie“ auf der Hand lag.
Es ging anscheinend nur noch portioniert und miniaturisiert um das „Leben“ in einer nicht mehr gemeinschaftlichen „Gesellschaft“, aber mit „Gänsehaut“ und „total emotional“.
Währenddessen beispielsweise der (ehemals solche drohende Verwahrlosung auflösende) „Pop-Journalismus“ durch zu viele bereits akzeptierte Allgemeinplätze und gängige Assoziationen zu einer abstrusen Abfallhalde verkommen war – und dessen Konnotationen eben nicht mehr beim „Kommunizieren“ halfen. Okay, das wurde jetzt schwieriger.
Es sei denn, ausgerechnet diejenigen glaubten an solch eine freche Spielart des Schreibens und Berichtens, die sie am wenigsten beherrschten. Das Problem mit Tom Kummer war nicht er oder was dieser „Journalist“ ohne Belege und Bezüge geschrieben hatte, sondern dass wackere Redakteure der *Süddeutschen Zeitung* genauso waren wie er und andere „große“ Blätter das Unrecherchierte genau so drucken „wollten“, weil es ihnen „authentisch“ oder zumindest „originell“ vorkam. Hauptsache „O-Ton“.
Dies Zusammenspiel zu erfassen, so ließ ich mir von meinen Zuhörern sagen, „ging gar nicht“: Wo seien denn jene „Fakten“ zu finden, um damit „Fälschung“ zu erkennen? „Fakt“ sei andererseits: Letztlich habe Kummer doch bloß tatsächlich bereits „genau so“ gesagte Aussprüche gesammelt und zu einem neuen „Zitat“ und dann zu einem Text kombiniert – vielleicht voller Vorurteile, die aber jeder als solche verstünde. Allerdings so, als entsprächen sie der „Wahrheit“.
Keine „Fälschung“ also, sondern Komposition. Kein Journalismus mehr, sondern „schon Literatur“.
Es war immer noch wie auf dem Schulhof meines Knabengymnasiums. Einige wollten gar nicht wissen, wer wann in welcher Band gespielt hatte. Ihnen reichte es, dass sie in der Tanzschule des Lebens beim ersten Takt wüssten, dies sei *Fleetwood Mac* und „Man of the world“ und das rasche „Auffordern einer Dame“ könnte sie in einen Klammerblues bringen.

Notfalls mussten sie sich „die Scheiße“ vorher wenigstens ein Mal anhören und sie „dem Langhaarige“ dazu erst abkaufen. Wer zum Teufel waren Mick Fleetwood und Peter Green?
In der wirklich wörtlich praktischen Konsequenz dieses von mir erst spät entdeckten Universums des Unwissens voller schwarzer Löcher war alles „insofern“ ganz einfach: Was „man“ wissen „müsse“, musste man gar nicht mehr wissen – denn alle anderen „wüssten“ ja auch genau das (aber vermutlich nichts anderes).
Was wäre dann der „praktische Vorteil“ den anderen gegenüber?
Es wurde auch keine Frage mehr nach der Evidenz geduldet. Was „man“ lieber wissen „sollte“, entschied sich vielmehr allein am kurzzeitigen Nutzen: Wenn damit ein Multiple-Choice-Test „für einen Bachelor“ zu bestehen war, dann blieb das mundgerecht panierte „Wissen“ dafür zeitgenau nach dem Auftauen im „Gedächtnis“. Nie länger als zwei Tage bei unter 7° Celsius, damit das wohlige Gänsehaut-Frösteln von der umgebenden sozialen Kälte spürbar blieb. Und Papier, wenn es vorlag, nie über 451 Grad Fahrenheit aufwärmen...
Studierende schwätzten sich „ehrlicherweise“ in Rage, sprengselten hie „tatsächlich“ und da „genau“ ein, um ganz allgemein den „information overload“ im Studium zu beklagen, „viel zu viel“.
Doch sobald sie eine Lerngruppe bilden sollten, konnten sie nicht bis Drei zählen, „genau“. Es klappte selten, aber mit einem zuvor versprochenen „auf jeden Fall“. Sie wollten nämlich lieber „eingeteilt“ werden, ja, „genau“. Was soll das denn: „freie Wahl“? „Das bringt doch nichts.“
Information Overload? Als ob diese Außeralphabetischen noch die Band *Men at Work* kannten. Deren Text ersetzte keine Analyse, er war ein Pamphlet – aber wie er, in welcher Situation gesungen wurde, veränderte seine Aussage.
So beispielsweise, als deren Sänger Colin Hay nur zur Gitarre wie ein melancholischer Bänkelbarde zwei Cameo-Auftritten in der nordamerikanischen Kult-Serie „Scrubs“ hatte.

Da ging es nicht mehr um vermeintliche Manipulation einer Minderheit, die durch Digitalisierung die Mehrheit kontrollieren würde, sondern um das veränderte mittelständische Erwachsenwerden in den USA – nicht mehr in einer grün getrimmten Vorstadt-Oase, sondern ausgerechnet in einem klinisch reinen, aber wörtlich lebensgefährlichen Krankenhaus-Kosmos, in dem der amerikanische Patient nun hilflos lag, umgeben von Kindern in Kitteln:

„They say the future/ it‘s on a microchip./
Don‘t you know/ we‘re all on a sinking ship/
Only ten percent control/ all the rest.
Only ten percent decide/ what is best./
Information overload!“

Wen das Schicksal trifft, in ein deutsches Krankenhaus eingeliefert zu werden, wird staunen, wie viel Dummheit dort an sein Bett tritt, wo das Bare für die kaum Zuhörfähigen lockt, aber den Patienten die Bahre ständig droht.

Diese „Generation Daumenschlau“, wie ich sie wegen ihrer – Wesentliches wegwischenden – „Intuition“ nannte, weigerte sich standhaftest, überhaupt nur „mitzudenken“, um ungenannte Zusammenhänge wenigstens zu erspüren. Sie schrieben ihre Texte ebenso ungeniert in scheinbar selbstbewusster Ich-Form, so wie früher braungebrannte Grundschüler in einem Ferienaufsatz von ihrem schönsten Erlebnis. Hauptsache Gänsehaut mit Sonnenbrand.

Ob ich „das“ nicht als *Powerpoint* mit Diagrammen oder so auf Folie „dabei“ hätte oder so, zum Fotokopieren oder Abknipsen mit dem Smartphone, wovon ich „so lang“ redete.

Ich konnte es einfach nicht begreifen. Zu dumm.

Downloaden war das neue Lesen. Was man erstmal gespeichert hatte, brauchte man nicht mehr zu „lernen“ oder gar zu „wissen“.

Wozu noch Papier? Das sei ohnehin „geduldig“. Jedenfalls geduldiger als Studierende und Umschüler.

Es gab vielmehr Ratschläge an den Dozenten: Ich könne doch auch bei *YouTube* mal ein „Tutorial“ einstellen oder einen nicht zu langen Podcast über *WhatsApp*.

Aber hier vor allen Leuten reden - „ohne Punkt und Komma“, wie man früher sagte, als man zumindest noch wusste, dass es sowas gibt und nicht nur *Emojis*?
Das „ging gar nicht“.
Es gab ein Vorbild im Fernsehen, wo inzwischen auch manche Clowns billiger zu haben waren als die *Muppets*: Inzwischen galt der dicke Junge „Elton“ als pralle Verkörperung des zeit-gerechten „Wissens“, mittels Raten.
Er zog sich für seine nahezu täglichen Multiple-Choice-„Contests“ Merchandising-T-Shirts aller möglichen Pop-Bands über, so als würde er daheim den ganzen Abend Luftgitarre üben.
Oft konnte er „Antworten“, die er nicht kannte, von vornherein „ausschließen“.
Manchmal „entschied“ er sich sogar gegen das Wissen seiner Mitstreiter oder des Publikums, die er beispielsweise in der Show „Wer weiß denn sowas?“ bei völliger Sturheit „zu Rate“ ziehen konnten zum Raten – und „verlor“.
Nicht an „Wissen“ und erst recht nicht an Ansehen.
Sowas war inzwischen „genial“. Wenn auch oft daneben.
Ein typisch muffeliger Vertreter der „Generation Praktikum“, aber inzwischen in der einen tragenden Rolle seines selbstgefälligen Lebens angelangt: als wörtlich dick auftragender „Pop-Star“-Ersatz, der „irgendwas mit Medien“ machte und anscheinend täglich das Doppelte seines Körpergewichts in sich reinfraß.
Mit so einem kamen auch öffentlich-rechtliche Anstalten in der Bundesrepublik, die einmal anspruchsvolles Bildungsfernsehen geboten hatten, nun „Generationen“ daher, die als „medienkompetent“, gut ausgebildet und weltläufig galten.
„Wissen“ sollte nur noch „unterhalten“, so auch die Ressortierung in den Sendern.
Ich überlegte, mit meinem verrosteten „Holland-Rad“ zu jenen Seminaren zu fahren und hinten am wegbrechenden Taschenträger ein Emailleschild anzuschrauben, auf dem stünde für die Nachfahrenden zu lesen:

Windows 95 b – ich war dabei!

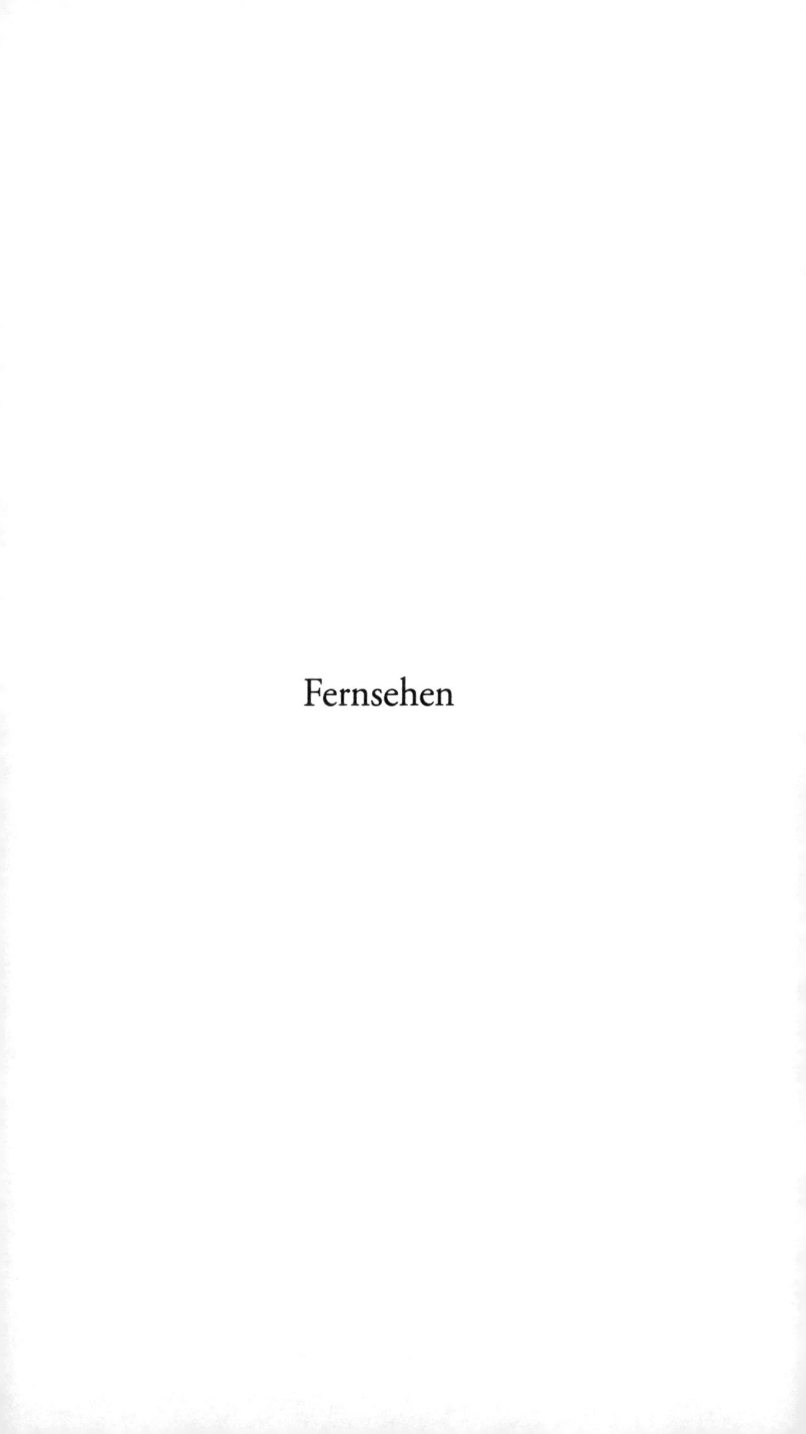

Fernsehen

War dies bloß eine frustrierte Beschreibung eines gescheiterten Dozenten? Oder ein tatsächlicher sozialer „Bruch" gegenüber jener „Generation", die Horsts andere Erfolgsserie, das „medienkritische" dreinblickende „Fernsehauge", ebenso verschlungen hatte wie „Sympathy"?
Da trat beispielsweise sogar ein leibhaftiger Erziehungswissenschaftler der *Universität Bielefeld* im „Bildungsprogramm" von *NDR III* auf: Dieter Baacke als der lebende, lächelnde Beleg für die These, dass „Professoren billiger als Clowns", so der Titel der ersten Folge, seien.
Genial. Geborene Fernsehkinder sahen ungläubig dabei zu. Wir waren von dieser Akrobatik der Selbstverrenkung begeistert. Da schien etwas „Neues" zu sehen zu sein.
Ausgerechnet „wir" verwechselten dieses bisschen, scheinbarer Medienkritik im sich schon in den Siebzigerjahren nur noch selbst gefallenden, öffentlich-rechtlichen Rundfunk mit einer „demokratischen Öffentlichkeit". Dabei walteten und schalteten Parteien nach wie vor in den Sendern.

Vermutlich ging es „uns“ auch weniger um die Seltsamkeit, denn um die Seltenheit des Vorgangs: Die Serie über den besonderen Blick mit einem „Fernseh-Auge“ schien uns im sonstigen Einerlei so ungewöhnlich wie anfangs jene „revolutionäre“ Musik aus dem „Underground“.
Die wurde auch immer nur häppchenweise, mal im *Beat-Club* oder Kurzwellensendern, zwischen den auftürmenden Abfällen der Schlagerwelt und Schmalz-Familienserien dargeboten.
So viel anders war „unsere“ vermeintlich medien-kritische Selbstgewissheit jedenfalls nicht als die wenig selbst-kritische Medienvergessenheit nachfolgender Generationen, die „das Fernsehen“ allenfalls noch als Gerätschaft für „ihr“ selbst zusammengestellte „Programm“ kannten, was sie wie Füchse, als die sich sahen, durch Streamen „umgehen“ konnten.
Und dabei nicht mal bemerkten, dass *Netflix* kein „Kino“ war und „Game of thrones“ kein „Fernsehen“.

Diese bösen Notizen sollten also mitnichten (zusammenfassend und achselzuckend) anknüpfen an jenes gewohnte „Generationen“-Bashing, das ich selbst als Jugendlicher kennenlernte – und nun eben die „Helikopterkinder“.
Solch eines, wie es erstarrte Menschen auch nach den „rebellischen“ Siebzigern oder den „hedonistischen“ Achtzigerjahren im Brustton eigenster Überzeugung oder gemäß ihrer beharrenden Parteiprogramme immer wieder inzestuös imitierten.
Bis sie – nach den „Nullerjahren“ – beispielsweise mit ihrer geheuchelten Empörung über die „Generation Facebook“ einen „neuen“Feind entdeckten, Rezo. Einen Jungen aus dem extra-terristischen „Neuland Internet“, so die Endlosschleife-Kanzlerin Angela Merkel (CDU), während ihre Parteigängern in Redaktionen streng bis an der Rand der Lügen „Pressefreiheit“ im doppelten Sinn durchsetzten.
Diese paar Erinnerungsnotizen waren im Übrigen mitnichten „Pop-Journalismus“. Nicht bis hierhin und auch nicht im Folgenden. Erst recht keine Literatur.

Zwar wurde mit einigen der gängigen Formen gespielt. Aber der Inhalt, „deutsche" Pop-Musik, war viel zu ernst, um sich im Auf- und Beschreiben der Umstände selber zu verlieren. So beispielsweise wie jemand, der keinerlei „Position" oder „Haltung" hatte, aber diese Etiketten nutzte.
Es gab ab dem Ende der Achtzigerjahre mit der Etablierung des „privaten" Rundfunks und der „privaten" Hochschulen längst politisch eine höhere, ausgleichende „Gerechtigkeit", ohne dass dies andererseits als ein Problem der Gewaltenteilung und damit der Gesellschaft bemerkt wurde: Hochschulen hatten „Fernseh-Macher" reihenweise zu Professores ernannt – und zahlten ihnen nichts für diese „Ehre", über die jene sich einst im Fernsehen lustig gemacht worden war.
Ab da waren Professoren wirklich „billiger" als Clowns.
Und laute Laien wie „wir" konnten sich, scheinbar „befreit" von institutionellen oder akademischen Schranken, allein durch Anderssein „einmischen" in den Redaktionsalltag oder einen Journalistik-Lehrplan.
Die voran erzählten Momentaufnahmen antworteten auch nicht spiegelverkehrt auf die anfänglichen Erklärungsmuster von Pädagogen und Fernsehmachern ab den Siebzigerjahren. Man konnte gewiss nichts Schlechtes über Horst und Dieter und schon gar nicht über Helmut und Joachim sagen. Alle gaben ihr Bestes. Nur waren die sozialen Verhältnisse zwischen ihnen und „uns" mehr strittig als geklärt.
Überdies die seinerzeit massenwirksam verbreiteten, noch mehr kategorisierenden Thesen von „Jugendforschern" zu einer „Zukunft" trotz „Gegenkultur" oder „Protestbewegung" zu brüchig, egal ob sie von anderen, wohl bestallten Professores als not-lindernden „Nebenverdienst" im Auftrag eines Mineralöl- oder eines Tabakkonzerns zu Schablonen zurecht gesägt wurden.
Es wäre wenig interessant, jene Machwerke methodisch noch mal Revue passieren zu lassen. Dann lieber ein paar Schnurren direkt aus nur einem oder mehreren „Leben" verbreiten, die seinerzeit angeblich empirisch verallgemeinert, aber mitnichten umfangen worden waren.

Zudem war das, was darin immer wieder ungehobelt für „Pop-Kultur" gehalten wurde, im Alltag der Bundesrepublik viel zu unbedeutend, wenn auch viel Aufhebens drumherum gemacht wurde.
Egal, wie sehr sie sich selber „alternativ" gab (wie in den Siebzigern) oder „hedonistisch" (wie in den Achtzigern), „ekstatisch" (wie in den Neunzigern) und schließlich larmoyant (wie in den Nullerjahren) bis hin zur völlig perspektivlosen „Generation Y".
Auf die verschnupfte und verschwörende „Generation Corona" darf man sich freuen. Sie wird sich den Mund-Nase-Schutz künftig um Augen und Ohren binden, wie den „Abi-Jahrgang" ans Autoheck. Gründe genug zu jammern, würde sie vorschieben, um welche „Chancen" sie gebracht worden sei, während noch all die Freiheitsliebenden aus der Flat-Rate-Werbung vormals „Party machten" in „der Normalität", die sie nur noch anbeteten und mit ihrer rücksichtslosen Konsum-Ergebenheit zugleich verhöhnten.
Es war andererseits auffällig, wie zeitverloren in allen Jahrzehnten über das gerade erst Vergangene und schon Vergessene immer wieder verklärend geredet wurde. Gerade so, als wären am Ende – nach gerade mal fünf Dekaden in Deutschland – nur eine Prise „Nostalgie" und „Retro" zu einem widerlichen Instant-Kaffee dehydriert worden, der unter beliebigen Umständen, ob Indoor oder Open Air, mit heißem Wasser übergossen gleich so schmack- und nahrhaft war wie ein Woodstock-Smoothie.
Ich hatte alles befremdend anders wahrgenommen, anders als es Forscher „uns" noch erzählten, wie und wer wir seien.
Die Siebziger waren für mich das „Heilige Jahrzehnt": mit all den Versprechungen, die die Enttäuschungen vergessen ließen. Sowas „frustrierte" jedenfalls weniger als das „Eilige Jahrzehnt" der Achtziger, in denen alle nur noch irgendwie „weg" wollten, bloß nicht von „Zuhause".
Die Neunziger erlebte ich als Atheist als das „Selige Jahrzehnt", in dem eine nationale Frömmigkeit einsetzte ohne dass es noch eine gesellschaftliche Debatte dazu gab.

Ab der Jahrtausendwende begannen die „Selbstmitleidigen Jahrzehnte" und damit der Irrsinn der vor lauter Sattheit nach befriedigendem Hunger nur noch Schreienden. Leider oft dazu noch mit Wandergitarren bewaffnet.
Na gut, solche Etiketten würde sich kein Tabakkonzern für hundertausend Euro Kosten anhören wollen, der damit einst Feuilleton-Seite zu erobern hoffte, um noch mehr Sprit für „Benzinschleudern" oder Teer für die Lungen abzusetzen.
Aber diese „emotionalen" Etiketten trafen „unser" um „uns" bis zum Schwindel kreiselndes Gefühl: dass sich alles in Luft auflöste, mit viel Qualm um Nichts.

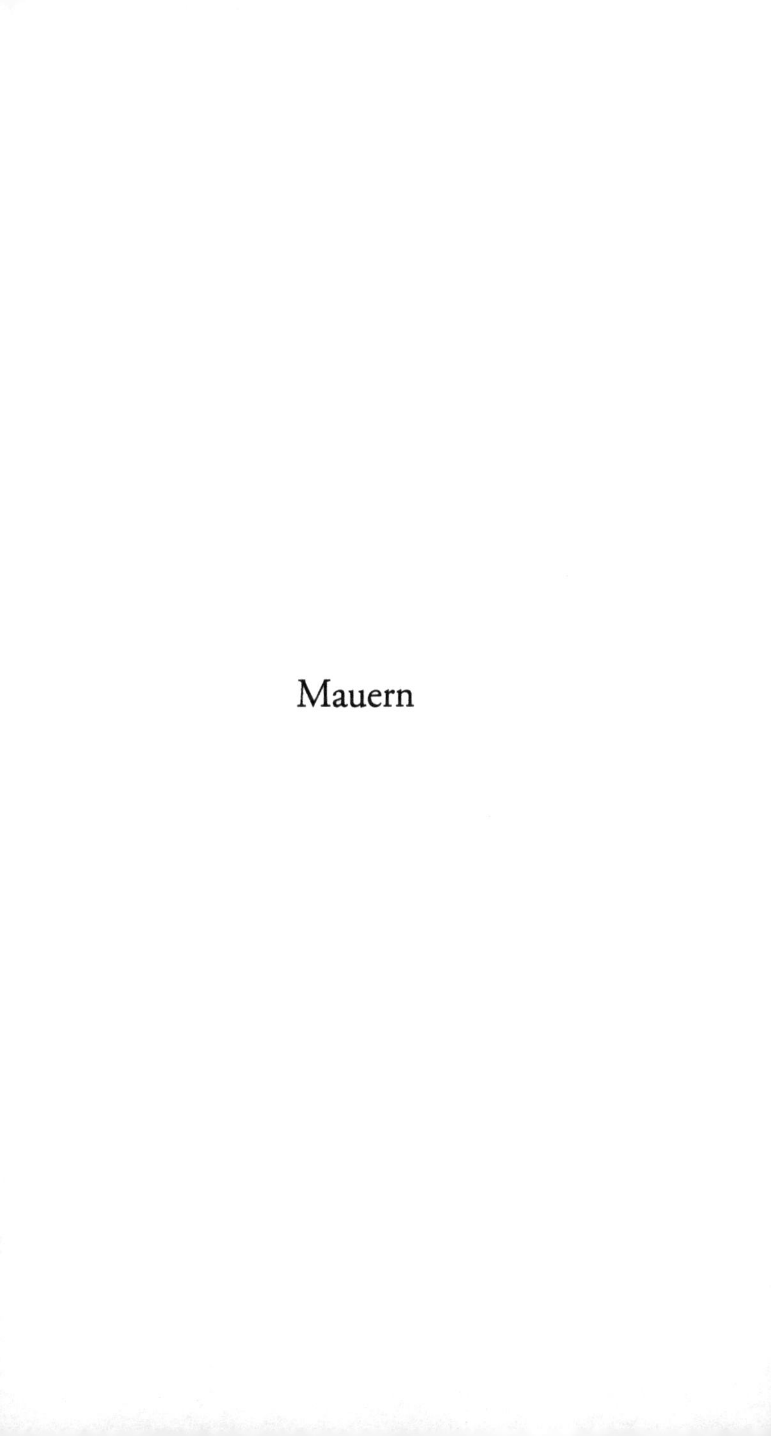

Mauern

Es war zumindest für einige der hier bereits erwähnten und noch zu erwähnenden Zeitzeugen wie Jürgen, Joachim, Manni oder Film-Dieter absurd, wie direkt oder wesentlich später nachfolgende „Generationen" über einige Jahrzehnte schwärmten, als wären sie „dabei" gewesen oder hätten prägende Elemente aus jener Periode als Stil oder gar Lebensinhalt „für sich" wie terra incognita übernommen.
Wer beispielsweise in Fernseh-Moderationen der Nullerjahre ausgerechnet die Siebzigerjahre „frei", „kreativ" und „phantasievoll" nannte, mit „freier Liebe", statt ehrenamtlichen „Kommunen" oder noch mit so richtig echten „WGs", der hatte da sicher nicht sein Leben so zugebracht. Schon gar nicht im miefigen West-Berlin. Allenfalls war er dort auf „Fahnenflucht" vor der Bundeswehr und geriet wie Klaus-Jürgen Rattay „unter die Räder", eines *BVG*-Busses.
Ich wünschte, ich wäre „dabei" gewesen in jenem mythischen „Sommer der Liebe", wie marode öffentlich-rechtlichen Anstalten ab der Jahrtausendwende ihre zusammengeklitterten „Rückblicke" etikettierten.

Aber ich war ja auch nicht „dabei“ in Woodstock, ebenso wenig wie Joni Mitchell.
Irgendwie fühlte es sich damals zumindest anders an, als „man“ noch voller Sehnsucht war, dass es ein Leben vor dem Tode geben könne.
Dabei gab es in jenen „Reformjahren“ kaum Anlass für solche Annahme: Die SPD, in ihren frühen Jahren von Kaiser „Fritz“ und Kanzler Bismarck verfolgt, führte mit ihrem Kanzler Willy Brandt wieder „Berufsverbote“ ein. Diesmal gegen Lehrer, Lokführer und Postboten, die „kommunistischer Gesinnung“ verdächtigt wurden. Das hatte sich schon bei den Nazis bewährt. Wie auch die „Wehrtüchtigkeit“: „Kriegsdienstverweigerer“ wurden von Feldjägern und Staatsanwälten verfolgt wie Schwerstkriminelle, so wie einst die „Deserteure“.
Nazis in und außerhalb der CDU/CSU waren hingegen wieder öffentlich stolz auf ihre „Verdienste“ im Krieg und fürs „Vaterland“. Für eine „atomare Wiederaufbereitungsanlage“ probten „Landesfürsten“ wie der frühere „Atomminister“ Franz-Josef Strauß (NSDAP, CSU) in Wackersdorf paramilitärisch einen von ihnen befürchteten und immer wieder von ihnen provozierten Bürgerkrieg. „Notstandsgesetze“ wurden von SPD und CDU/CSU durch die Parlamente geschleift, obwohl die peinliche Parole „Mehr Demokratie wagen“ noch von vielen Lippen sabberte.
Ich habe häufiger in Maschinenpistolen-Läufe gestarrt als jeder Berufsganove.

Wer hingegen die Achtzigerjahre wie ein ausgelassenes, rauschendes Jahrzehnt voller „geiler Partys“ schilderte, der war „definitiv nicht dabei“. Auf keinen Fall hatte er aber die Siebzigerjahre ohne solch bleibende Schäden überstanden, dass er sich noch daran erinnern könnte.
Und wer dachte da schon noch an den „Überwachungsstaat“ von George Orwell, der mit „Volkszählung“ und „Lauschangriffen“ längst dezenter war, als im Roman „1984“ ausgemalt und mit Schrecken warnend in der Schule „gelernt“.

Das bisschen „Nachrüstung“ mit Mittelstreckenraketen in der Bundesrepublik gegen andere Mittelstreckenraketen in der DDR würden gute Deutsche (ob hüben oder drüben?) auch noch überleben, solange „die anderen“ Wahnsinnigen an das „Konzept gegenseitiger Vernichtung“ glaubten und nicht den „großen“ Atomkrieg wollten.
Wer „wollte“ schon den „totalen Krieg“?
Kein Mensch, nie und nimmer. Nicht in Deutschland, dem Glaubensstaat radikaler „Christdemokraten“.

Nachts am Tresen in der *Hexenklause* zählten wir „die Reihen“ ab. Raymond hatte sich schon bald nach dem Abitur mit einer Vorratspackung Schlaftabletten in den Wald gelegt. Er hatte nicht mal alle gebraucht.
Die junge Mutter Rosemarie hatte sich mehrfach in die Psychiatrie selbst eingewiesen, immerhin war sie Krankenschwester. Später starb sie mit drei anderen bei der morgendlichen Heimfahrt von einer Dorf-Disko.
Der Drummer „Rabe“ starb am 4. März 1984 in einem Hotelzimmer in Amsterdam.
Ein Hirnschlag traf Reinhard ein paar Jahre später. Nach endlos langen Sitzungen als Assistent der *Grün-Alternativen Liste*, trank er nachts in der Bar *Antagon* immer bloß noch ein „Herrengedeck“.
Sein Grab lag unweit der Gräber von „Wolle“ und „Duck“, die Dokumentarfilme über die systematische Elbverschmutzung durch wissenschaftsverachtende Industrie und die jahrezehntelang umwelt-leugnende SPD-Politik immerhin bis ins *Programm-Kino Abaton* gebracht hatten.
Der Wasser-„Wolle“ betrieb bis zu seinem Tod 1997 den Copy-Shop *Friedensblitz* unter Film-Dieters ehemaligem Landes-Förder-Büro in der Friedensallee.
Von dem wird später noch die Rede sein.

Es ging voran. Vorwärts nimmer, rückwärts immer. Wer die Neunzigerjahre als Jahrzehnt des „Umbruchs“ schilderte, der hatte daran nie mitwirken wollen.

Horst startete wieder eine neue Serie, „Countdown 2000“. Sie sollte Jahr für Jahr widerspiegeln, was nach „der Wende“ mit Deutschland geschah und „wohin“ die zuvor „getrennten“ und angeblich so gegensätzlichen Gesellschaften sich entwickeln würden bis zum Jahrtausendende. Aber es blieb im NDR bei der vertrauten „West“-Sicht, selbstgefällig, neurotisch und infam. „Die Mauer“ blieb in den eigenen oder gemieteten „vier Wänden“ der wichtigste Orientierungsrahmen.

Eben so wie die Wirklichkeit der – auch nach Jahren noch uneingelösten – ost-deutschen „Wende“ war: Als nun Bands aus der ehemaligen DDR wie *Silly* überall auftreten konnten, wollten sie meist nur diejenigen hören, die deren Musik schon vorm „Fall der Mauer“ kannten und liebten – so wie „wir“ die paar „unsrigen“ Lokalbands:

„Von oben sieht das Wasser/ wie ein Spiegel aus.
Du starrst herein/ und siehst nur dein Gesicht.
Ich komme jetzt für drei Sekunden/ zu dir rauf,
nur bei dir bleiben/ kann ich nicht.
Wie kann ich leben/ in dem heißen Licht./
Darin vertrocknet/ meine Silberhaut.
In der Dämmerung,/ da leuchte ich,/
Da ist kein Schwarz,/ kein Weiß,/ nur Blau.
[Refrain:]: Halt still, denn ich/
bin ein fliegender Fisch/
– tauch ich vor dir auf/
zieh mich nicht/ zu dir heraus.
Wie kann ich leben/ in der dünnen Luft,/
die ihr verbraucht/ für euer Marktgeschrei.
Ihr hört nicht mal,/ wenn einer Hilfe ruft/
– hier unten hört man/ meilenweit.“

Die Provinzialität gewann in der „wieder“ vereinten, bollestolzen „Nation“ die Oberhand.

Unten war allerdings immer noch nicht „Oben“. Links wurde rechts. Der von Volker R. befürchtete Ismus wurde pflichtsturer Parlamentarismus und damit bedenklich problemhaft für seine numerischen Vereinfacher.

Da war plötzlich nicht mehr allein nur „die eine" Partei, weder im Osten die SED noch im Westen die CDU, die den „Ton angab". Es musste sich erst mühselig um den Anspruch gestritten werden, wer denn wohl „die Mehrheit" vertrete – zudem bei einer ständig sinkenden „Wahlbeteiligung". Von Legitimation war nur noch selten, von Legitimität schon gar keine Rede mehr.
Keine Atempause. Kein Luftholen. Die Jahrzehnte rasten sinnlos und gesellschaftlich ungenutzt vorbei. Der Stillstand feierte sich selbst. Aber mit Klamauk, der weltläufiger schien als der gewohnte Hinterzimmermief der Jahrzehnte ab den Fünfzigern.
Wer die Nullerjahre so als eine verlorene Dekade und ihre Generation als „traumatisiert" bejammerte von einem einzigen, gewiss tragischen Anlass, dem „11.9." – der legte zugleich die Siebzigerjahre nun gerade erst als „Sommer der Liebe" ab.

Geschichte wurde erzählt, sobald sie nicht mehr gemacht wurde. Und alles klang dann so holprig, wie dieser Parforce-Ritt über jene paar genannten Hindernisse, die allerdings Jahrzehnte charakterisierten – oder karikierten.
Wer das zweite Jahrzehnt des „neuen" Jahrtausends bereits als „Zukunft" erlebte, dem waren die vorangegangenen Jahrzehnte jedenfalls glücklich genug für noch mehr Scheiße am Arsch vorbeigegangen.
Beschissenwerden war nun das neue „Frei"-Sein, das „uneingeschränkte" Leben mit Reise-Rücktrittsversicherung. Die verbliebenen Gewerkschaften waren „aber sowas von out". „Work-Life-Balance" war das neue „No Future".

Nur eines schien mir noch sicher zu sein als Grundannahme für meine „Generation": Wer ohne mit der Wimper zu zucken erzählte, in Harburg aufgewachsen zu sein, der hatte wirklich da gelebt.
Wo lag eigentlich Liverpool? Und was geschah wirklich in Bielefeld?

Da war plötzlich [illegible] Pinsel, we- [illegible] Osten die S[illegible] Westen die [illegible] für den „[illegible]“ [illegible] gestohlen werden, wer [illegible] [illegible] [illegible] Rolle R[illegible]

[illegible]

[illegible]

[illegible] gleich [illegible] Liebe“ als.

[illegible] wurde [illegible] sie nicht mehr gemacht [illegible] wurde. Und alles [illegible] dieser Far- [illegible] [illegible] [illegible] [illegible] Arsch vorbeigegangen.

Beschissen werden war nun das neue „[illegible]“-Sein, das [illegible] [illegible] Leben mit [illegible] Die [illegible] Gewerkschaften [illegible] aber sowas von [illegible] „Work-Life-Balance“ [illegible] Future“

[illegible] als Generation [illegible] Generation“ [illegible] [illegible] da gut [illegible] Eh[illegible]

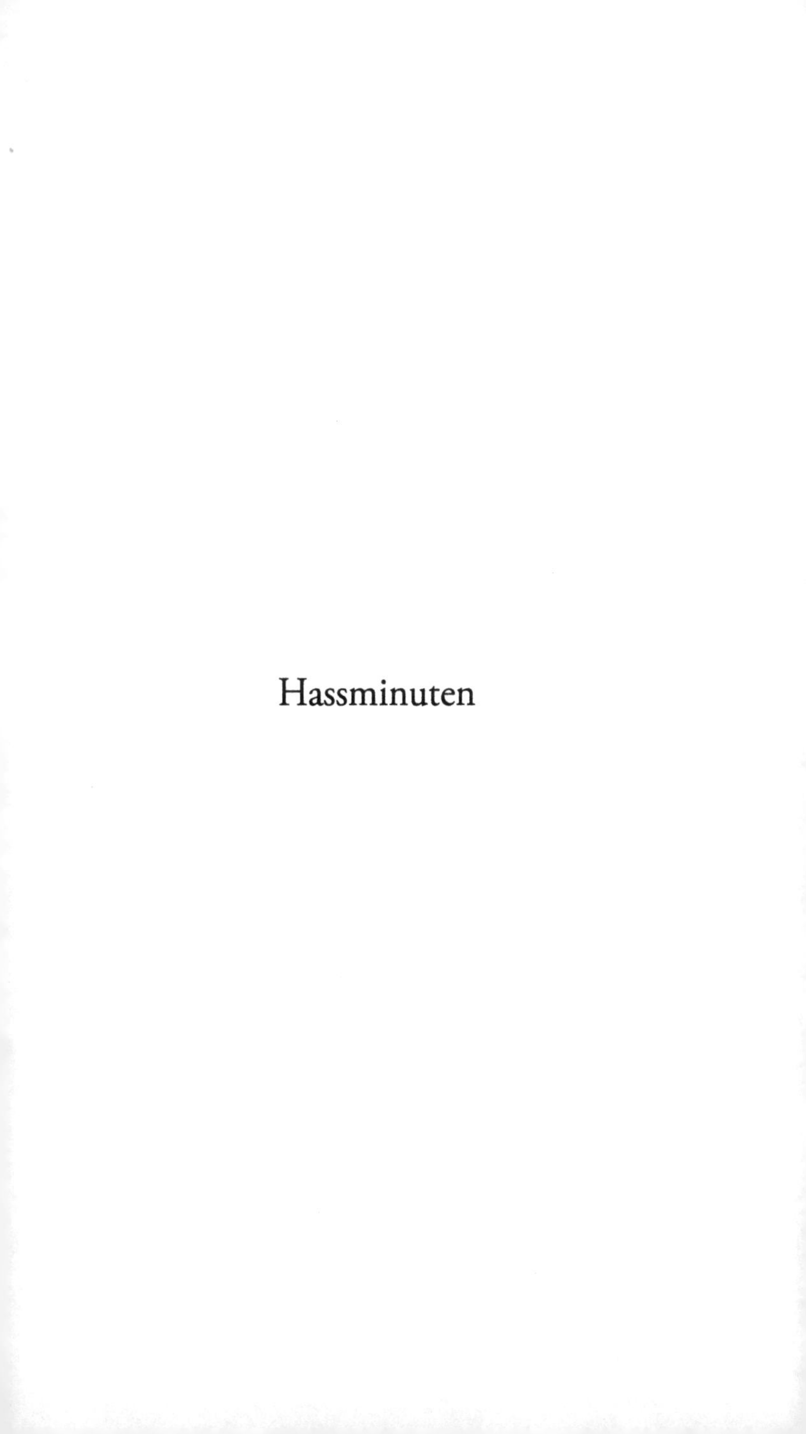

Hassminuten

Waren solche aufgewühlten, zumal tragischen Erinnerungen für manche Menschen vielleicht bedeutsamer als all die konfektionierenden „Generationen"-Zuschreibungen, in denen es sich nach Belieben gemütlich oder auch mal abenteuerlich einrichten ließ?
Kurzzeitig eingewickelt in ein angenommenes Kunst-„Wir", beispielsweise bei einer *Love-Parade* in Berlin oder Duisburg oder bei einem *Schlager-Move* entlang der Alster oder im Harburger Hafen? Männer „tanzten" dort doch lustig, mit fies gefärbten Langhaarperücken. Tätowierte Frauen zappelten so entkleidet, als wären sie keine „Sex-Objekte" mehr – was war daran so witzig? Und dann eine „Pop-Musik", die meinen Eltern gefallen hätte oder sogar gefallen hatte...
Jene Bruchstücke aus Biographien, die nie geschrieben würden, wärmten womöglich gerade deshalb desto mehr: als Balladen vom Scheitern. Erst recht, wenn „niemand die Absicht" hatte, um sich eine Mauer zu bauen, indem er eine Lebensgeschichte preisgab, die allenfalls „seine" war. Wer konnte und mochte so etwas überhaupt noch anderem jemand

mitteilen, der Stunde für Stunde auf *Instagram* oder *Twitter* alles von sich gab und dies mit allen „teilte". Der hatte wohl niemanden, mit dem er „sein" Leben teilen" konnte? Mit all jenen Irrtümern, die erzählte Geschichtchen gemeinhin verbargen, wenn ihnen mehr und nicht weniger geglaubt werden sollte als denen, die sie wie „die Geschichte" ihrer oder der nächsten „Generation" erzählten...
Zumal unter den Zuhörern, die sowieso nicht „dabei" waren. Oder die im imaginierten „Geist", Sound oder den Accessoires einer vermeintlichen „so" gewesenen „Vergangenheit" anderes ersehnten. Nämlich das, was ihnen schon in ihrer Gegenwart, erst recht in der Zukunft, verwehrt bliebe. „Retro" war wie Instant-Kaffee. Eigenes Erleben oder Genießen war unnötig: Kaum Aufbrühen – schon fertig.
Was waren demgegenüber etwas sorgsamer, beispielsweise museal arrangierte Erinnerungsstücke „wert"? Oder erläuternde Hinweisschildchen, die nicht oder nicht mehr zu entschlüsseln waren?
So wie ein Passepartout in einem langen Flur, das vielleicht hie und da eine der tausenden Türen öffnete. Aber es führte nie ein Zimmer irgendwo hin. Oder es tobte ein Axt-Wüterich darin, wie 1980 in dem Spielfilm „Shining".
Was waren schon Geschichtchen gegenüber Geschichte?
Blieben denn wenigstens die „Dinge", wie sie waren? Selbst wenn es jahrzehntelangen Streit darüber gab, wie oder ob sie denn „waren"?
Hauptsache, man konnte irgendwas in die Regale stellen, einordnen, abheften? In welchem Regal lag „der Krieg"?

In den Neuzigerjahren wurden Baracken aus „Konzentrationslagern", die in der DDR als Baubuden an der „innerdeutschen Grenze" benutzt worden waren, an die *Gedenkstätte Buchenwald* ordentlich zurück „transportiert".
Sie erzählten mit Pin-Up-Fotos an den Wänden längst auch andere Geschichten und indirekt umgebaute Geschichte: die eines angeberischen „real-existierenden Sozialismus", mit den schamlos fortgesetzten Mitteln der NS-Zeit – voller all-

umfassender Spitzelei, dem systematisch geschürten Gegeneinander statt der gepriesenen „Solidarität“ und einer tiefen Verachtung des „Individuellen“, aber mit geduldeter Gewalt und gesellschaftlicher Gierigkeit als notwendigem Übel.
Es dauerte wiederum Jahre bis ich begriff, was dies mit einem Pop-Song zu tun hatte, den ich bereits lange vergessen hatte. Die Erinnerung daran wurde ein Erlebnis. Es irritierte mich nachhaltig, aber anders als das fassungslose Anhören von „She ‘s leavin‘ home“ in einer Inszenierung des Abschieds – ich kehrte damit nach Hause zurück, ohne je fortgegangen zu sein. Doch davon später.
Nein, dies war auch wieder keine Powerpoint-Präsentation.

Es war vielmehr umständlich so: Der langjährige Museumsdirektor, Volkhard Knigge, stellte die ent- und gewendeten Artefakte in Buchenwald versetzt auf ihre ursprünglichen Fundamente, so das jeder Besucher die Enteignung und Entleerung der Geschichte an den zum Weg schräg gestellten Baubuden „wahr“ nehmen konnte.
Ich fühlte mich 1994 unwohl im Nieselregen mitten auf dem riesigen, „menschenleeren“ Appellplatz mit den wenigen zurückgebrachten, neben einigen seit je unbewegten Relikten. Vor den wörtlich verrückten, teils sorgsam gehüteten Baracken an den streng abgezirkelten Marschierwegen zur „Arbeit“ oder „ins Gas“. Von den Wachtürmen aus, war jeder Winkel einzusehen.
Die Menschen, die hier gelitten hatten, waren später ermordet worden oder lebten zurückgezogen im Exil oder noch im Land. Die Mörder und Peiniger bekamen Rente oder gute Pensionen.
Ich traute mich kaum zu sprechen. Ich hatte das Gefühl, jemand könnte uns belauschen. Von oben. Sogar vom Rand, beispielsweise von einer geräumigen, mit Stein befestigten Grube rechts nahe dem mit „Jedem das Seine“-Inschrift geschmiedeten Eingangstor. In dem kleinen Gehege waren Bären gehalten worden, wenn Wachmannschaften sich bei deren grausiger Fütterung amüsieren wollten.

Wenn Menschen, die wie sie „dabei" waren, sich an „nichts mehr" erinnerten – welches „Gedächtnis" hatten „Dinge" über sie hinterlassen? Gebäude, Buden oder Plätze? Zurückgelassenes oder sogar Verschwundenes?
Das fragte Knigges alter Freund Detlef Hoffmann (Jahrgang 1940). In einer Studie in Auschwitz hatte er beispielsweise beobachtet, dass Gras hinterm KZ-Stacheldraht vom Rosten im Regen dessen strenges Muster verzerrt abbildete. Was in der Natur eine Zeichnung hinterließ, die im „Museum" nicht mehr oder nie zu zeigen sein würde.
Es mag beim Lesen als „geschmacklos" empfunden werden, die Erinnerung an die Gräuel in einem „Konzentrationslager" anscheinend in einen Zusammenhang zu stellen mit Mutmaßungen ausgerechnet über eine „Gegen-Kultur".
Lesen kann leicht täuschen. „Jeder solcher Vergleich" verbiete sich, hieß es ist in Deutschland auffällig oft. Der scheinbar beiläufige Bezug zur NS-Zeit wurde häufig verbunden mit der Unterstellung, dass damit eine „Relativierung" der Verbrechen an den Lagerinsassen gemeint sein könnte.
Wenn es denn überhaupt ein „Vergleich" wäre...
Diese gängige, rhetorische Tabuisierung war angesichts der monströsen, millionenfachen Morde einerseits verständlich. Sie wich jedoch gesellschaftlich stark ab von dem, was seit Jahrzehnten an Stammtischen und im Deutschen Bundestag mit ihren alten und „neuen" Nazi-Sympathisanten bis zuletzt geredet wurde. Am Ende mit Geschwätz von den unsäglichen „Sorgen" der Ostdeutschen, die mit ihren montäglichen Demonstrationen in Dresden gegen die „Islamisierung des Abendlandes" ab 2015 „ernst" genommen werden müssten bis hin zum rhetorischen „Fliegenschiss" der Geschichte, den Alexander Gauland (AfD) als Abgeordneter und „Sprecher" seiner Partei im *Bundestag* in der Naziherrschaft sah. Jahre später spielten sich „Querdenker" als demokratische Rebellen mit „Vergleichen" auf, indem sie sich selber mit einem „Judenstern" auszeichneten, auf dem „Geimpft" stand. Oder sie stellten ihre sechzehnjährige Tochter auf der Bühne vor einer Anti-Corona-„Kundgebung" aus,

die berichtete, sie habe sich „wie Anne Frank gefühlt", weil sie ihren Geburtstag nicht haben feiern dürfen.
Da war nichts „relativiert": Es war grobschlächtig bis hin zu den Morden wie 2019 in Halle/Saale, wie immer und inzwischen wieder mit mehr als weniger verstecktem „Juden"- und „Fremden"-Hass".
Andererseits war die jahrzehntelange Debatte um Deutschlands „Selbstverständnis" und „Rolle in der Welt" jedoch geprägt von einem problematischen Lippenbekenntnis gegenüber „den Opfern", über die beispielsweise „in Gedenken" an den Jahrestag der „Befreiung der Konzentrationslager" nach wie vor gerichtet wurde. Sie wurden in hohlen Politikerreden weiterhin als Objekte einer Erinnerungs-Vereinnahmung behandelt, die von den Tätern ablenkte.
Die Profanität ihres Morddenkens setzte sich gleich „nach der Befreiung" durch die Alliierten fort. Selbst sie wurde und wird immer noch „geleugnet": Es sei eine „Besetzung" und zumal „ohne Friedensvertrag", wie die „Reichsbürger" und ihre „besorgten" Gefolgsleute allenthalben raunten.
Deshalb ist die Frage immer noch aktuell, ob es in Deutschland eine beständige „Gegen-Kultur" gab oder noch gibt, die dem nationalen Pathos ein gelebtes Anderssein entgegensetzte oder es gestalten helfen könnte. Nein.

In Weimar zeigte mir Volkhard 1995 in einer Seitenstraße ein sorgsam umzäuntes Haus. Der Besitzer hatte vom leerstehenden „Lager Buchenwald" die Befestigung abmontiert und sein Anwesen damit stolz eingefriedet.
Vielleicht fühlte er sich in diesem selbst gestalteten Gefängnis befreit von jenen „Sorgen", die andere zuvor sogar bis zur Tötung verfolgt hatten – und die dreist zu „leugnen" ein weiterer barbarischer Akt des Irrsinns war, von den deutschen Bundesregierungen über Jahrzehnte halbherzig bis gar nicht als „Holocaust-Lüge" milde geahndet.
Die „politische Kultur" in Deutschland führte zur Zerstörung der Weimarer Republik, zu dem immerhin bereits „Zweiten Weltkrieg" und der systematischen, verwaltungs-

gelenkten Ermordung von Juden, Sintis und Roma, Homosexuellen, Sozialdemokraten, Künstlern, körperlich und geistig Eingeschränkten. Dies Verbrechen dauerte an.
Ich saß beispielsweise im Amtsgericht Harburg in einem jahrelang geführten Prozess wegen „Landfriedensbruchs" gegen zwei „Jugendliche", die, ach Gott, rohe Eier gegen NPD-Funktionäre geworfen haben sollten, als diese bei einer „Wahlkundgebung" von „rotem Gesäuge" und „bolschewistischen Schweinen" wie Gewerkschaftern und anderem „Geschmeiß" faselten. Und weiterhin:

„Die Ausländer vergiften die deutsche Rasse und Kultur."

Die staatliche Anklage beruhte auf Aussagen von Polizisten, die solche hetzerischen „Reden" ohne weiteres durchgingen ließen, zumal sie „zum Schutz" der „Versammlungsfreiheit" abgestellt waren. Ihre „Zeugen"-Aussagen gegen die „Eierwerfer" hatten sie mit einem Polizei-Führer Wort für Wort nach dessen Textbuch einstudiert. Vor Gericht logen sie somit nachweislich, sie hätten angeblich das „gesehen", was Jahre zuvor schon in dem „Ratgeber" ihres Vorgesetzten abgedruckt worden war. Weder der Staatsanwalt verfolgte diese strafrechtlich uneidlichen Falschaussagen, noch der Richter eben jenen Staatsanwalt, der in der Verhandlung alte „Zuschauer" wegen der „Karnevalsverkleidung" in ihrer originalen KZ-Uniformen „vom Verfahren" ausschließen lassen wollte...

Das erlebten „wir" in den Siebzigerjahren bei „unseren" alltäglichen „Hass-Minuten". Kein Handbuch, keine Gewalt. Kein Staat, den wir liebten.
Wir wollten uns nie „mit den Opfern", die wir nicht einmal kannten, „gleichsetzen".
Aber mit den Tätern, die nebenan unbehelligt lebten, und deren braven Nachfolgern schon gar nicht, in dem wir nicht auf deren „Kultur" sahen und sie zutiefst verachteten.
Das war ein unausgesprochenes Selbstverständnis unter „uns", das – wäre es denn je ausgesprochen worden – die Rede von einer „Gegen-Kultur" hätte nahelegen können.

Aber so war es nicht.
Allenfalls warfen „wir“ völlig tierfeindlich mit rohen Eiern, wie der Gebäudereiniger Thomas oder der Erzieher Bernd. Statt selber – industriell und ministeriell abgesegnet – Kücken zu schreddern.
Oder spielten als „Junge vom Land“ eine Gitarre in blau lackierter Ei-Form. Oder koppelten als Vorort-Terrorist zurück mit einem *Grundig 1088*.

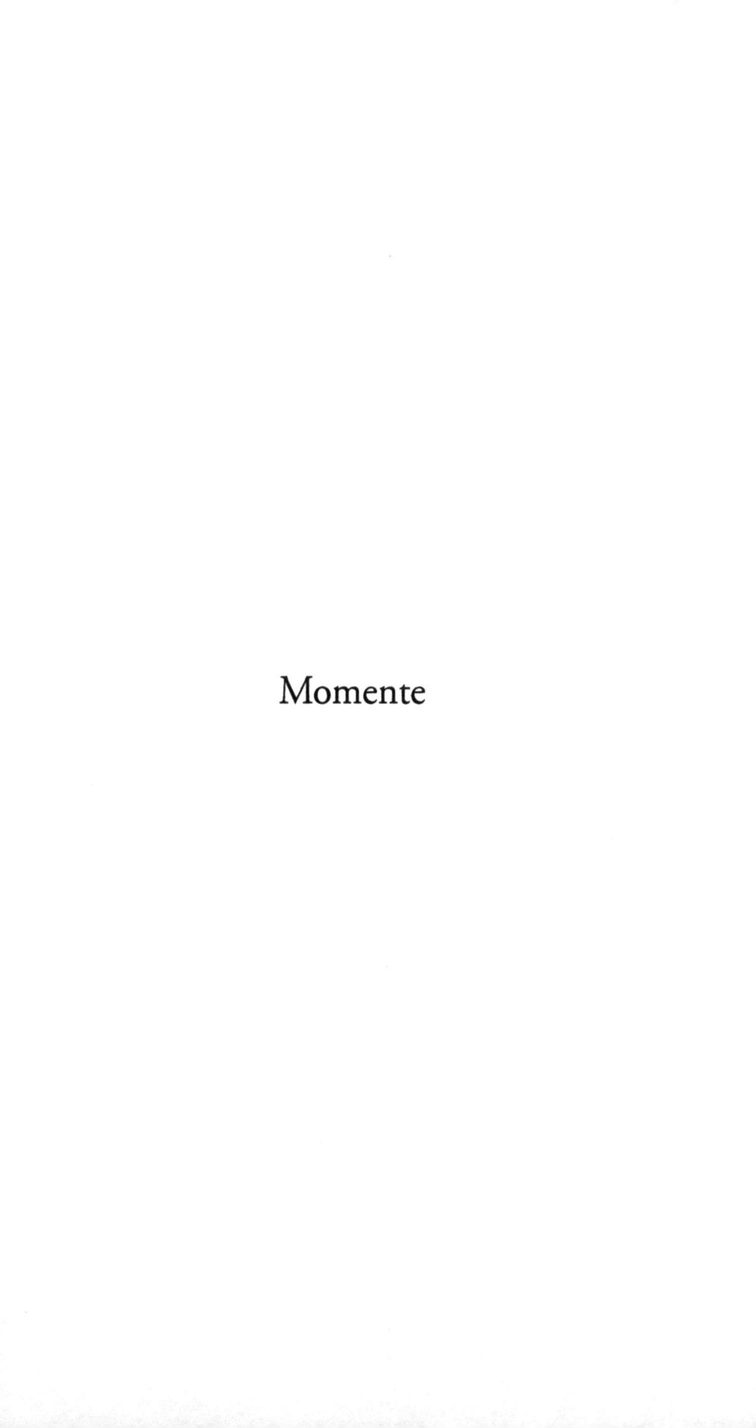

Momente

Einige Jahre später lud mich Dinge-Detlef ein, mit ihm „bloß zwei Stunden“ in einer „Filiale für Erinnerungen auf Zeit“ in den *Hamburger Kammerspielen* zu verbringen und „über irgendwas“ zu reden, thematisch „freie Wahl“. Anschließend Umtrunk mit der Veranstalterin Hannah Hurtzig:

„Mal sehn, was uns da einfällt.“

So wie wir es ohnehin einmal im Monat im Restaurant *Momento di* im Harburger Hafen zelebrierten. Ganz beliebig, a la carte, den halben Abend. Bis zur Rechnung. Mal zahlte Detlef, mal ich.

Ich dachte mir deshalb nichts bei seiner vagen „Einladung“. Warum denn nicht?

Ich war an manchem dieser Eß-Abende vor allem wegen der Steinpilz-Ravioli dort, manchmal wegen der Trüffel-Spaghetti. Und erst daheim begriff ich, dass ich die Gespräche mit Detlef plötzlich im Schlaf wieder führte, sie vermutlich nie im Leben vergaß. So belanglos plätschernd sie mir auch mitunter zunächst schienen. Es war ein Geschenk.

Detlef hatte die Magie, beim Fischfilettieren nebenher voller Begeisterung beispielsweise von seiner Reise durch Israel und den Libanon zu erzählen, wo er den Spuren Lawrence von Arabiens folgte. Ich mochte nicht mal den Film.
Wenige Tage später fand ich eine nummerierte Eintrittskarte für den 4. September 2000 im Briefkasten. Darauf stand „freie Platzwahl".
Für „uns" gab es sie allerdings nicht. „Wir" wurden gleich nach dem Eintreffen „platziert" wie in einem snobistischen Lokal oder ehemals einer Kneipe in der DDR.
Nicht sehr fein, denn wir „saßen" unerwartet an einem wackligen, kleinen Schreibtisch mit einer Verhörlampe – mitten auf dem vollgerümpelten Dachboden des früheren jüdischen Gemeindezentrums in der Hartungstraße. Dort waren nach dem Holocaust die *Hamburger Kammerspiele* eingezogen.

Unweit, gleich neben dem *Abaton-Kino*, lag mein ehemaliger Politologie-Studienplatz, im „Pferdestall", wo früher die Rösser angespannt und die Kutschen repariert worden waren. Alles noch Bruch zu der Zeit.
Ich spürte – trotz des vermeintlich vertrauten Viertels – keine Nähe mehr zum Stadtteil, keine Berührung zum jahrelangen Studium oder der damaligen Szene. Im Gegenteil. Alles weg. Kein Gefühl mehr. Komisch.
Ich hatte um die Ecke, in der Redaktion der *Szene Hamburg* an der Hallerstraße, mit Kollegen wie Klaus H. und Hannes S. tage- und nächtelang geplaudert, oder bei „unserem" Algerier, einem früheren Boxmeister. Oder das „Kasino" im nahen NDR am Rothenbaum frequentiert.
Kurzum: Es war „mein Kiez" geworden, als lebensfroher Ersatz für das muffige, immer mehr verarmende Heimfeld. Als „freiberuflicher Journalist" stets auf der Suche nach „neuen" Geschichten und Veröffentlichungsorten.
Wie bescheuert kann man „durchs Leben" gehen, wenn man es später gedruckt lesen möchte? Ich wusste offenbar zu keiner Zeit, wo genau ich war, woher ich kam, wohin ich wollte.

Und mit Dinge-Detlef in dieser plötzlich so fremden Umgebung im selben Quartier erst recht nicht.
So wie man „im Internet“ anscheinend nicht mehr ahnte, an welchem Ort man gerade noch war: Irgendwie schon noch im „Zuhause“, aber längst zweitausend Lichtjahre entfernt, von „Heimat“ oder „from home“.
Es wurde plötzlich wirklich einsam im All und überall.

Eine Kamera übertrug „unser“ Zwiegespräch ins Erdgeschoss auf eine Wand aus aufgetürmten, nummerierten kleinen Monitoren, wie in einem gedrungenen Regieraum für eine Live-Übertragung. Der Bühnen-Vorhang dahinter war geschlossen. Kein Licht fiel von dort durch. Kein Geräusch aus verdeckten Kulissen oder womöglich noch probenden Schauspielern war zu hören.
Bloß auf jedem der kleinen Fernseh-Bilder schwätzte irgendeine Paarung, lautlos, jeweils aus irgendeinen Raum im Nirgendwo.
Aber auch von all diesen verstreuten Unterhaltungen drang kein Ton direkt in den Zuschauerraum.
Das Publikum saß vielmehr still gespannt mit Kopfhörern im Saal und starrte zur Bühne. Die meisten suchten mittels einer Fernbedienung sich den „passenden“ Ton zu einem der Live-Bilder von Gesprächen irgendwo im Keller, in Abseiten, im Treppenhaus, an einem Café-Tischchen. Sie hatten kaum mehr als diese Chance am Ort, an dem Gespräch irgendwie doch noch teilzuhaben.
Denn die Aufzeichnung der Kamera- und Tonaufnahmen stand zwar tags darauf „im Internet“ für wenige Downloads, was bei der damaligen Deutsche-Post-Modem-Technik Stunden dauern konnte – aber nach der abgerufenen „Höchstzahl“ war das Upload für immer gelöscht.
Manche Zuschauer brachen auf, um in kleinen Führungen mit Hausmeistern zu erkunden, ob wir alle wirklich irgendwo da oder dort säßen und so mit- oder ohne einander über „Kriegsdienstverweigerung“, „Anti-AKW-Demos“ oder „Berufsverbote“ plauderten.

Als wären wir schon gar mehr auf dieser Welt. War da was? Waren wir das? Wer hörte uns noch zu?
Detlef ließ sich nicht stören, wenn „Besucher" mal auch in unserer kleinen Ecke gegen hochgeklappte Tischtennisplatten stießen oder rostende Gartengeräte umrissen. Wir hatten nach kleinen Umwegen „sein" oder unser Thema gefunden: die furchtlose Archäologie von Augenblicken.
Er hatte sich kurz zuvor auf DVD den Animationsfilm „Chicken run" zugelegt, in dem komische Knetgummi-Hühner aus ihrer Gefangenschaft in einer systematisch umzäunten Farm ausbrechen wollten.
Ich hörte ihm fassungslos zu. Es klang, als träte mein Deutsch- und Englischlehrer Volker R. wieder vor mich. Sollte „Chicken run" so eine Art Pop-Version von „Animal Farm", mit Samples von „Archipel Gulag", sein. Oder was?
Seine Augen funkelten. Detlef redete voller Ernst, während er fortwährend lächelte.
Das durfte doch nicht wahr sein! Es klang zynisch, wovon er erzählte. Sowas „sagte man doch in Deutschland nicht", solche „Vergleiche verboten sich", von vornherein!
Damit war ich „groß" geworden, angelernt von Menschen, die „hinter vorgehaltener Hand" genau so Schreckliches sagten: Wir waren die wahren „Opfer"! Nicht die, die „vergast", totgeschlagen, vertrieben oder ins Exil gescheucht wurden. Alles nur „frei erfunden" von den „Siegermächten".
Es faszinierte Detlef über die Maßen, dass die Trickfilm-Macher von *Aardman Animations*, die auch „Wallace & Grommit" produziert hatten, sich offenbar genaue Bauzeichnungen des *Konzentrationslagers Auschwitz* als Vorlage für ihren „fiktiven" Handlungsort gesucht und perfekt als „Kulisse" für ihre Stop-Motion nachgebaut hatten. Jedes Detail stimme. Die „Fiktion" vermaß die Realität „neu".
Detlef lief allmählich zur Höchstform auf. Steven Spielberg habe bei seiner Inszenierung von „Holocaust" auch „detailversessen" auf die Ausstattung geachtet, um ja nichts „falsch" zu machen. Angeblich habe er sogar das Eingangsportal des *Konzentrationslagers Auschwitz* für sein Studio in Hollywood ab-

bauen lassen, um möglichst „authentische“ Bilder zu drehen. Am Gedenkort allerdings sei das Tor durch eine Kopie ersetzen worden. Was würde das an der Glaubwürdigkeit des Museums ändern?
Ich wusste es nicht. Meine Gedanken gingen vielmehr derweil mit mir spazieren. Es wären bloß ein paar Schritte von diesem Theater-Dachboden zu jener Villa am Mittelweg, in der ich die Jazz-Redaktion von Michael Naura und das Pop-Ressort von Klaus Wellershaus oft besuchte. War dies Redaktionsdomizil eine Kopie oder noch das Original des Wohnhauses mitten in dem früheren jüdischen Viertel?
Die kleine Synagoge in der benachbarten Oberstraße hatte der NDR zum „Studio“ und „Sendesaal“ umgebaut. Hier saß ich gern und lauschte andächtig den „Jazz-Workshops“, die Michael Naura aus aller Welt an die Alster zusammenrief. Wundervoll, was für eine „Weltstadt“ Hamburg doch war. Wovon redeten wir da plötzlich bloß, noch an der Jahrtausendwende? Von Jazz, Gnocchi oder Shoah?

Ein Jahr später führten wir ein ähnliches Gespräch, bei Pasta mit Trüffeln und einer Fischplatte im *Momento di*, das sich inzwischen mit deftiger deutscher Hausmannskost in seiner Filiale *Momento due* verhoben hatte.
Der Kellner „Jimmy“, ein waschecht muffeliger Italiener, war besorgt, ob der erzählende Detlef denn ausreichend fachgerecht filetierte.
Da war es um die katzengleiche „Lara Croft“ und ihre Suche nach Reliquien in Ruinenstädten gegangen – welche Detlef mit dem Kennerblick des Kunsthistorikers sofort wiedererkannte und in der Heide in seiner Bibliothek mit Karten und Abbildungen auf Originalgetreuheit hin nachschlug.
Er sammelte inzwischen auch DVDs, die er „beim *Aldi*“ in Handeloh kaufte und in ein Körbchen auf der Rückbank seines Autos schmiss. Da lagen schon die Hörspiele und Audio-Books bereit, die er sich für lange Fahrten nach München in sein „Zuhause“ oder nach Oldenburg zu seiner ehemaligen Universität zurechtlegte.

Häufig pendelte er auch nach Lüneburg, um für die alte Hansestadt ein Museumskonzept zu erstellen, das Vermufftes und Verwirrtes an vielen Standort zu einem gemeinsamen Sinn von Geschichte zusammenführen sollte.
Im Sommer 2013 starb Detlef an einer Herzschwäche hinterm Harburger Bahnhof, gegenüber dem *Phoenix*-Haupttor für Lastkraftwagen.
Was war verschwunden, dass wir nichts bemerkten?

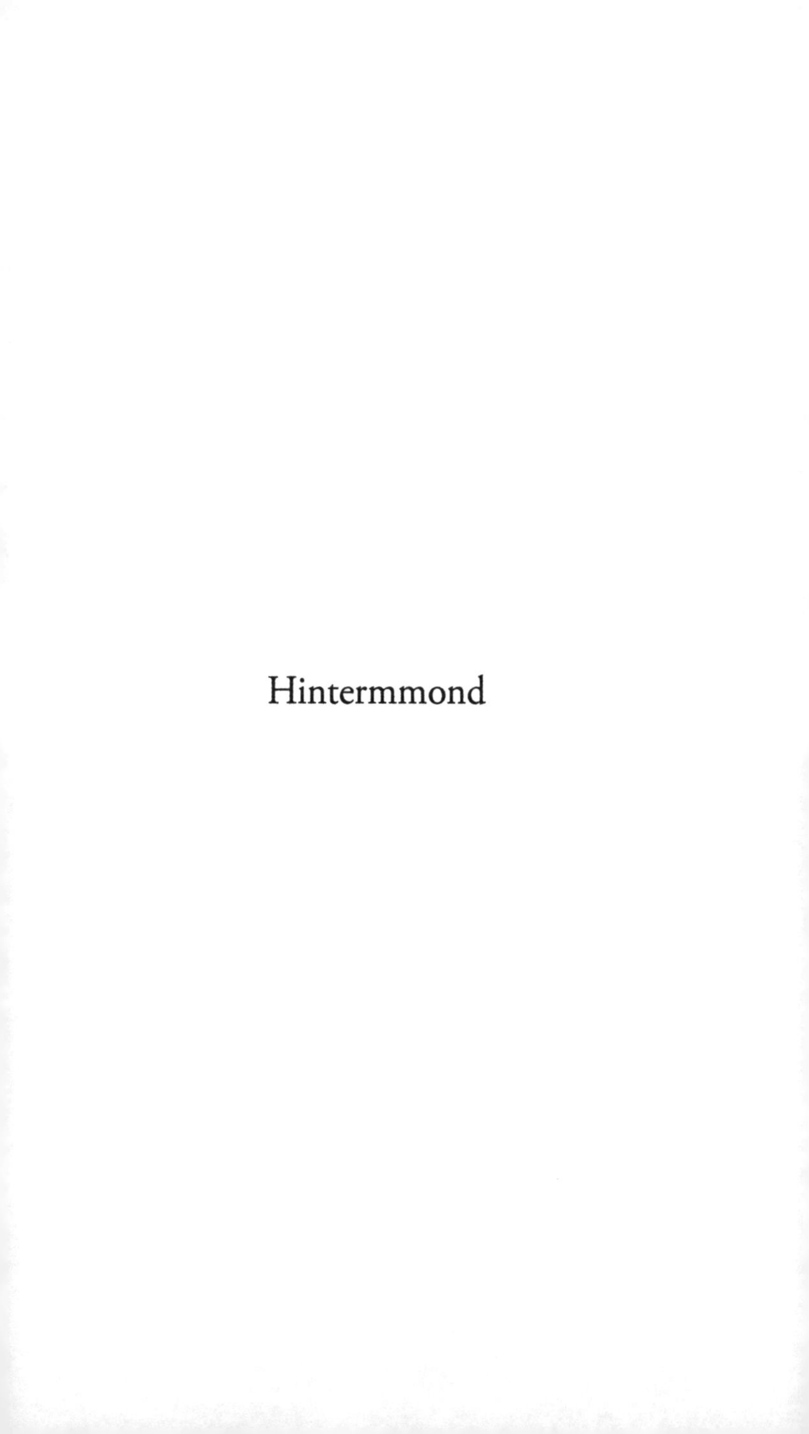

Hintermmond

Vielleicht verschwand ja bloß „meine“ Musik. Nichts anderes. Das wäre beruhigender gewesen. Als in den Nullerjahren allerdings „der dicke Detlev“ anrief, war es erstmals ein „Ferngespräch“. Aus Berlin, „auf Festnetz“. Dabei wollte er immer sparen. Er kam lieber „vorbei“, wenn ‘s sich irgendwie „einrichten“ ließ.

Früher hatte man allenfalls nachts solche Gespräche geführt, ich manchmal im Konflikt mit der kontrollierenden „Staatsgewalt“, aber „kostengünstiger“ oder mit Ärger bei Nachbarn, mit denen man eine Leitung „teilte“.

Wir sahen uns selten, seit es „meine“ Band nicht mehr gab. Für die schleppte Detlev – wie ein Roadie, nur unbezahlt – klaglos Verstärker und anderes Zeugs uns hinterher.

Meist fuhren wir im Linienbus zu Auftritten. Der Drummer Manni zahlte vorne, weil er nicht mit anpacken wollte. Jeder, auch die Groupies und Schnorrer, die späteren Eintritt scheuten, trugen stoisch irgendwas am verdutzten Busfahrer vorbei zum Mitteleingang, wo wir das Equipment stauten. Die Band war wörtlich untragbar geworden.

Ich wusste, dass Detlev – nach langen Jahren mit wechselnden Jobs und anderen Katastrophen – gerade frisch verliebt war, in eine Frau aus Pankow. Seine fast erwachsenen Kinder behielten an den Wochenenden die Mutter im Blick. Sie war seit langem verwirrt, bedurfte Pflege und hatte einmal das Dachgeschoss im Harburger Mietshaus entflammt.
Ich kam nie bei seinen schrecklichen Berichten hinterher. Sein Leben hinkte mehr als meines gut lief.
Nun habe er, ein diplomierter, arbeitsloser Landvermesser, auch noch seinen ohnehin mies bezahlten Hilfs-Job in der Fruchtchips-Herstellung verloren, Schwerpunkt Banane. Er bot mir am Tresen stets reichlich davon an. Aber die Kombination mit Bier schmeckte ebenso widerlich, wie all die seinerzeit modischen Mix-Alkoholika, die als „Alkopops" verharmlost wurden.
Von der Peute an der Norderelbe aus war er an der Havel gestrandet, zu einem ungeplant „längeren" Klinikaufenthalt. Dort sei er zwischenzeitlich in einer Palliativstation „gut untergebracht". Ansonsten hätte die Krankenkasse die Kosten für die notwendige Weiterbehandlung nicht mehr übernommen. Nein, kein Grund zur Besorgnis, „ehrlich".

Wahrscheinlich hatte ich ihm nicht richtig zugehört. Er wurde im Hospiz nicht mehr „behandelt". Ich wollte ihn nachmittags mal für ein Konzert abholen, obwohl ich dafür nach Berlin reisen müsste. Pete Wyoming Bender, dessen Blues er ebenso gern in Hamburg gehört hatte wie den legendären Abi Wallenstein, spielte unweit von Detlevs „Unterbringung" auf dem deutsch-französischen „Volksfest" im Wedding.
Ich freute mich. Denn es gab Konzerte, die durfte man nie und nirgends versäumen, wenn man fern von Liverpool geboren und ausgerechnet in Hamburg aufgewachsen war, wo Blödmänner aus Liverpool ihre Zukunft suchten.
Detlevs „bester Freund", Olaf, der vor Jahren schon aus Heimfeld nach Berlin gezogen war, kriegte es „nicht auf die Reihe", weder Hospizbesuch noch Konzert.

Oft hatten Olaf und Detlev (nach dessen Spätschicht) im *Café Leben* an der Heimfelder Straße, Ecke „Thörl", „die Halben" gestürzt und über ihre Ehen immer wieder gegreint.
Ich setzte mich „als Lediger" nicht dazu. „Woody" plante nämlich am Tresen, den dreißigsten Jahrestag des „Sgt. Pepper Lonely Hearts Club Band"-Albums mit einer langen Nacht der Neuinterpretationen zu feiern.
Wir hatten bereits das Erscheinen des „Revolver"-Albums eine ganze Nacht hindurch mit Neuaufnahmen gefeiert, die Enthusiasten bis 3 Uhr nachts mitbrachten und die das Original manchmal verblassen ließen.
Ich wollte aber keinesfalls alleine mit dem kranken Detlev und schon gar mit einem *BVG*-Bus ins Wedding fahren – so wie ein Band-Roadie, war meine peinliche Ausrede.
Zuletzt war ich also auch nicht an Detlevs Seite. Die Palliativ-Oberin giftete am Telefon, als ich nach dem Beerdigungsort fragte, was „wir" denn eigentlich für „Freunde" seien? Recht hatte sie, aber keine Ahnung. Noch weniger als „wir" von uns.

Der „dicke Detlev" hatte meinen Eltern kurz zuvor noch ein paar Habseligkeiten transportiert, als sie aus ihrer Wohnung in Eißendorf nach Berlin in ein preiswertes Altenheim zogen.

„Kein Thema, Alter! Mach ich, das trifft sich."

Dort hab´ ich sie nie besucht. Bruno schlief nicht lange nach der Ankunft im „neuen Zuhause" ein. Detlef starb kurz nach dem verpassten Konzert. Noch Jahre vor meiner Mutter.
Mit Sicherheit weiß ich nur, dass ich von da an möglichst unbehelligter Stille bedurfte.
Meine Mutter rief nie an. Ich auch nicht. Meine Schwester kümmerte sich in Berlin liebevoll um sie.
Die Seele trocknete schnell aus, wenn man sie nicht fortwährend irgendwo irgendwie „baumeln" ließ. Oder nie Pop-Musik nachtankte.
Aber wie – oder geradewegs dadurch – konnte ich bei solcher deppigen Lebensauffassung „meine" Musik „vergessen"?

Vielleicht kam es auch erst späterhin, nämlich so: Beim Boulespielen auf dem Schwarzenberg erfuhr ich in einem Nebensatz von Hanne (aus dem Gegen-Doppel), dass mein Schul- und Band-Freund, der Altenwerder-Jürgen, inzwischen in „einem Heim“ lebe und seit drei Jahren nicht mehr spreche.
Sie hatte ihn „schätzen gelernt“, als er nicht länger Software schreiben wollte und er als Lehrer neue Aufgaben wie beispielsweise „die Digitalisierung“ für „Kids“ entdeckte. Er hatte „nach dem Unterricht“ einen „Computerraum“ für Schüler eingerichtet. Aber die Schulleitung war empört über diese unabgesprochene Initiative und zwang ihn zur Demontage.
Manche „kleine“ Verbrechen würden wohl nie vor ein Gericht gestellt werden, wenn es nicht mal mit demselben Verwaltungsgeist für die großen Menschheitsverbrechen so war.
Als er starb, „nahm“ ich zum letzten Mal wieder für einen anderen Menschen Musik aus „meiner“ restlichen Sammlung auf. Seiner Witwe Andrea schickte ich hilflos eine selbst gebrannte CD mit einigen Musiktiteln von *Soft Machine* und anderen, die Jürgen liebte, lange bevor er diese wundervolle Frau kennenlernte.
Sie hatte ihn mit ihrer Musikalität zum Kontrabass gebracht, nachdem er Joachim und mich mit seiner blau-lackierten ovalen Versandhausgitarre bloß amüsiert hatte. „Das Ei“ koppelte unschön, ja gemein zurück, wenn „wir“ es an gestapelte Röhrenradios anschlossen. Kein Ton sang dabei, es rebellierte nur „die Technik“.
Aber jeder, der wusste, dass wir in der Garage lärmten, sobald Joachims Vater in der Öl-Raffinerie in Moorburg arbeitete, fragte schon beim Reinkommen: Wo steckt eigentlich der Typ mit dem blauen Ei?
Er kam selten zu uns. Zu abgelegen, zu viele Sorgen und Gedanken, wie er es ändern könnte. Mit Jörn teilte er sich einen reparaturbedürftigen *Renault*, den wir später bei einem Happening vor der *Friedrich-Ebert-Halle* hippiemäßig bemalten. Das war noch schlimmer als das „Blaue Ei“.

Zur Beerdigung in Meckelfeld ging ich nicht, weil er unweit von Martin, „the Animal", beigesetzt wurde. Der war mit 27 Jahren auf einem Parkplatz vor einer beliebten psychiatrischen Tagesklinik in Harburg zusammengebrochen.

Sein älterer Bruder, Michael, fuhr noch ein paar Jahre mit dessen Drum-Set, das er aus „unserem" Übungsraum geholt hatte, im Kofferraum herum.

Man verkaufte sowas nicht, auch wenn es nicht so furchtbar viel wert war – aber, so wie Martin darauf gespielt hatte war es „genial". So wie Keith Moon von *The Who*, wie Ginger Baker von *The Cream* oder *Das Tier* aus der „Muppets-Show"...

Eines Tages packte Michael es vor dem *Logo* in der Grindelallee gegenüber der Uni doch aus, als irgendeine Band in Not war und spielte einfach so mit. Ehe es kein Konzert gegeben hätte... Freunde helfen halt. Auch wenn sie sich nicht kennen.

Seither freuten sich viele andere Musiker bei Stadtteilfesten und in Open-Stage-Clubs, wenn Michael dazustieß und geistesabwesend, aber beherzt in Stücke einsetzte, die er nicht kannte oder – so gut wie zutreffend –verwechselte.

Ja, zuletzt dachte ich immer wieder nur an Jürgen Blue Ei, bevor ich keine gemeinsamste Musik mehr hörte.

Ich machte mir Vorwürfe, dass ich ihn nicht wenigstens angerufen hatte, als er noch einiges erinnerte. Vielleicht sogar *Soft Machine.*

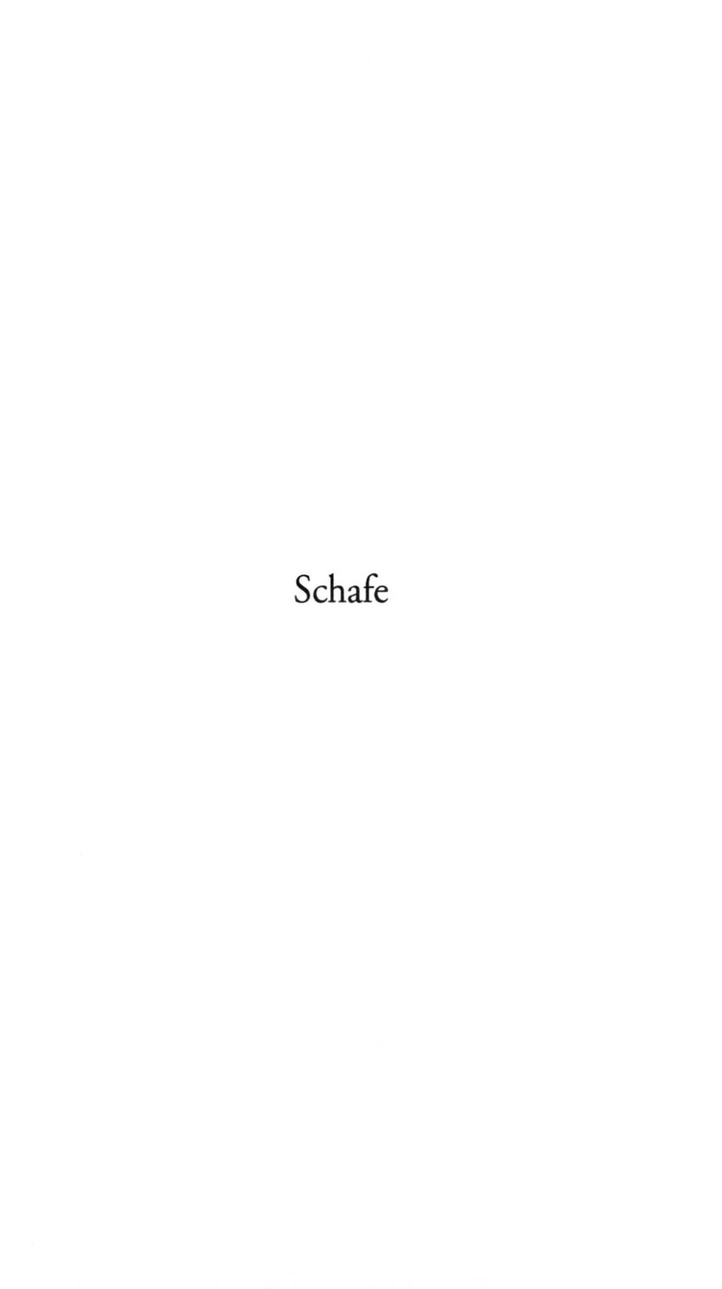

Schafe

Mein „Museums"-Plan kam mir fast zur selben Zeit wie im Traum: Ich schlief 2016 ausnahmsweise mal, als mich einige Erinnerungen weckten. Ausgerechnet auf dem Klosterberg in Meschede, im *Haus der Stille*, einem streng funktionalen Gebäudes aus viel nacktem Beton, aber mit riesigen Glasfenstern hin zu Streuobstwiesen mit weidenden Schafen. Eine kubistische Außenstelle Gottes nebst Paradies-Garten. Stille. Reine Luft. Sterne.

Vielleicht war es auch ganz anders: Vielleicht weidete auch der Beton am Hang. Ach, ich wusste es nicht.

Im Aufwachen ahnte ich jedenfalls, wie jene Geschichtchen zueinander fänden, die mir fünf Neuntklässler am Beginn einer „Projektwoche" zu ihren mitgebrachten Selfies erzählt hatten. Sie sollten sie am Ende der Woche in der Aula als kleines Stück aus Selfie-Puzzleteilen aufführen.

Der Plot: Sie würden viele Jahre nach dem Abitur ihr Wiedersehen ausnahmsweise nicht im Sauerland feiern, sondern sich am Ort ihrer ersten Schulreise treffen, in die Ferne, nämlich in einem „Museum" an der Alster.

Eines, das nichts ausstellte. Überall nur weiße Wände.
Die Grundannahme war zugegeben zu absurd, um unwahrscheinlich zu sein. Ich fabulierte: Zur Jahrtausendwende sei die einst gefeierte *Europa-Passage* mit hunderten kleiner und großer Geschäfte mitten in der Hansestadt nur ein leeres Gebäude geworden. Denn der lokale Einzelhandel war wegen der aufbrandenden Online-Bestellungen weggespült worden – und Europa ging wegen einiger Insulaner und anderer Einsiedler nach und nach unter.
Was fortan ohnehin nur noch „virtuell" in „Verkaufsregalen" stand, konnte „man" eben nicht mehr in diesem „Museum" ausstellen. Die Besucher mussten es sich also vorstellen.
Schwierig, aber als Herausforderung ebenso denkbar wie ein Versand ohne Retoure. Dafür wäre der bargeldlose Eintritt günstiger als zu manch anderem Erinnerungsort.
Dort, in der gebliebenen Kahlheit des einstigen Überflusses, würden die Schüler also ihre „Selfies" herausholen wie einst Butterstullen und sich rückblickend gegenseitig erzählen, was jene wahrscheinlich zum Anfang des Jahrtausends noch hätten zeigen sollen.
Die von den Schülern auf dem Smartphone zum „Projekt" mitgebrachten Schnappschüsse waren ohnehin „nicht mehr" einfach so zu erkennen gewesen: Die Umstände, die Hintergründe und Geschehnisse waren bereits wenige Tage nach ihrer Aufnahme in der kleinen, zerstrittenen Schüler-Gruppe gegenseitig kaum noch einverständig zu deuten: Zeigte das Foto vom gestriegelten Pferd „die Tierliebe" der Schülerin Pia oder ihren beginnenden, möglicherweise radikalen Vegetarismus? War Tobis „Kuh Nr. 13", die er „vor der Schule" liebevoller als die anderen Kühe versorgte, wirklich noch im Bild oder mit ihm schon eine Papp-Attrappe wie aus einer Milchwerbung? Waren auf Rigons „Selfie" mit Kleinwagen „prekäre soziale Verhältnisse" zu sehen oder die „Zukunft" des „autonomen Fahrens"?
Wovon würden diese „Jugendlichen" dann – angenommen Jahrzehnte später – in ihrer gerade schon vergangenen Zukunft reden?

Gab es ein Present Past statt eines nostalgischen Past Perfect? Wie viel „Vergangenheit“ mochte eine Gegenwart ertragen, die sich vor der Zukunft fürchtete.
Ich schwieg dazu. Und „ermutigte“ sie, nötigenfalls etwas in ihren „Selfies“ zu sehen, was zwar nie und nimmer so war, aber so kommen könnte. Oder ganz anders geschehen würde, wenn sie nicht gleich davon erzählten.
Wie verwandt waren die Geschwister Utopie und Dystopie im Sauerland, das oft als inzestuös verspottet wurde?

Meine nächtliche Idee fand wenig Anklang bei den Schülern, vermutlich zu „protestantisch“, bestenfalls zu norddeutsch oder „nordish by nature“: Warum sollte es denn bitteschön eines Tages ein Museum für oder mit einem leeren Supermarkt geben?
Warum gab es *Deezer*, hätte ich zurückfragen wollen. Aber ich mochte nicht erzählen, wie ich zu einer Trauerfeier für Klaus Wellershaus ging und jemand einen Song zur Erinnerung an ihn „zu Gehör“ bringen wollte, aber das NDR-Archiv ganz offenbar, ohne nachzuprüfen, den falschen Titel auf *mp3* abgespeichert hatte. *Deezer* half der Trauergemeinde digital aus. Armer Klaus. Das war noch ätzender als ein Ondulenz-Schreiben von Heinz-Rudolf Kunze, der „persönlich nicht hatte kommen können“, aber einen befreundeten Journalisten um textliche Verkündung gebeten hatte.
So wie zuvor auch schon das Schweigen am Grab von Freunden häufig peinlich genug gewesen war, um nicht auch noch zu weinen, dass jeder sich selbst mehr verloren hatte als den anderen...

Erst spät bemerkte ich, wie klamm mir schlagartig mit den „Jugendlichen“ geworden war, die mit ihren unerzählten Träumen, Verknalltsein und Ängsten in der sauerländischen Provinz festhingen. So als lebten sie noch in den Fünfzigerjahren, als könnte sie, wenn sie weiter genau so erwachsen würden wie bisher, sogar noch irgendsoeine „Revolution“ der legendären „Gegen-Kultur“ aus der Stadt ereilen.

Trotz sommerlicher Hitze fror ich. Mein schmaler weißer Oberlippenbart, den ich mir kurz vor dem Auftritt im katholischen Gymnasiums zwecks Vorspiegelung einer „Autorität“ hatte wachsen lassen, zitterte. Es war lächerlich, nur nicht zum Lachen.
Er musste am Abend der Premiere abgeschnitten werden. Diese Farce schlug auf mich zurück, eines der mitspielenden Mädchen bemerkte es sogar mokant. Ich war doch nicht weniger gealtert, wenn ich mich „jünger“ machte.
Der Bart war nicht ab! Auch nicht nach der Rasur.

Was hatte mich bloß geritten, die Einladung des früheren, wundervoll zupackenden „Krautrock“-Produzenten Ulrich Rützel anzunehmen, doch „mal wieder was zusammen zu machen“. Mit allem multimedialen Drum und Dran, beispielsweise einem „Sampling-Orchester“ mit der Independent-Produzentin und DJane Antye Greie-Ripatti, sowie „digital painting“ und „braindance“ mit einem „Neurowissenschaftler“. „Na, wär′ das was?“
Was hatte Schule mit mir und meiner rapide schwindenden „Pop-Musik“-Liebe zu tun? Was mit seiner frühen Karriere als hochgelobtem Jazz-Pianisten und der des späteren Labelmanagers, der die damals innovative *Ars electronica* mitgegründet hatte? Ich mochte wenig von der Musik, die er mit Leidenschaft und unbändigem Engagement produzierte. Aber mir gefiel, wie immer wieder die Wurzeln dieser wunderlichen Richtung durchzuhören waren, von Mauricio Kagel über Oskar Sala bis zu Karl-Heinz Stockhausen, all das herrlich geheimnisvolle Musik-Theater voller weltlicher Klänge trotz ihrer artifiziellen Herstellung.
Vielleicht war es mein unseliger Wunsch, dass wir endlich wirklich mal etwas zusammen „machten“, ganz ohne die damalige *Kraut-Music* – scheinbar in der neuen, klanglosen „Generation“ angekommen, aber völlig „daneben“ stehend. In einer Zeit, in der Algorithmen schon vorm Streaming entschieden, wie ein Pop-Song innerhalb der ersten Minute aufgebaut sein musste, um weitergehört zu werden.

Und Hörer ihn dennoch oft abschalteten, weil ab einer Sekundengrenze eine Bezahlschranke ihnen Kosten aufbürden würde. Egal, ob dies einem Künstler ein mehr als brotloses Leben gönnen könnte.
Ausgerechnet ich also, nachdem ich Ullis „Projekte“ in den Siebzigerjahren nur am Rande verfolgt hatte?
Und das, obwohl ich mich seit Jahrzehnten vom Pop-Journalismus zurückgezogen und ihn seither kaum mehr gesprochen hatte?
Da brauchte für eine Zusage nicht erst ein „Bart ab“.

Plötzlich erinnerte ich mich an den unrasierten und zerzausten Fritz Teufel auf Volkers Geburtstag. Er fühlte sich nach ein paar Bissen guten Essens wohl und erzählte, dass er die Auftritte in Schulen „aufgeben“ werde, die ihn hin und wieder anfragten, ob er nicht als „Zeitzeuge der 68er“ mal etwas über die „Kommune I“ erzählen möge.
Er erinnerte sich dort beispielsweise „immer wieder gern“ an das „Pudding-Attentat“ auf den damaligen US-Vize-Präsidenten Hubert Humphrey. Noch bevor dieser eintraf, nahmen am 5. April 1967 Beamte der „Abteilung I (Politische Polizei)“ aufgrund von höchstgeheimen Spitzel-Berichten in Berlin elf Studenten mit der Begründung fest, sie seien unter „verschwörerischen Umständen“ zusammengekommen und hätten hierbei „Anschläge gegen das Leben oder die Gesundheit“ des Regierungsgastes vorbereitet, mittels „Bomben“, sowie mit unbekannten Chemikalien gefüllten Plastikbeuteln oder mit anderen „gefährlichen Tatwerkzeugen“ wie Steinen. Zu den Festgenommenen gehörten auch Volker Gebbert, Dieter Kunzelmann und Rainer Langhans..
Die *Bild-Zeitung* titelte daraufhin: „Attentat auf Humphrey“. *Die Zeit* hielt ein Vergleich mit dem mutmaßlichen Kennedy-Attentäter von 1963, Lee Harvey Oswald, für witzig: „Elf kleine Oswalds“. Sogar die *New York Times* berichtete über den „gefährlichen“ Plan von acht (?) „Kommunarden“, den US-Vicepresident mit Pudding, Joghurt und Mehl zu attackieren. Ein wirklich fieses Gemisch.

Schon am nächsten Tag wurden die Festgenommenen aus der U-Haft freigelassen. Von nun nannten sie Zeitungen des *Axel Springer Verlags* die „Horror-Kommunarden".
Aber die Schüler nach der Jahrhundertwende fragten den Teufel nicht danach. Sie drucksten.
Oft habe er die Geduld verloren, weil keine einzige Frage kam. Ich dachte: A man of world and taste.
Da habe er in den miefigen Klassenräumen gesagt:

> „Ich weiß, dass Euch vor allem eine Frage zur *Kommune I* brennend interessiert: Ist es nachts in der Kommune zum Äußersten gekommen?"

Er habe die lange, verdutzte Pause als Dank genossen. Dann habe er stets milde gesprochen:

> „Ja."

Da war er wieder, der als Gitarrist um sich schlagende Pete Townsend mit seinem alles sagenden „Yes".

Ich erinnerte mich plötzlich tiefer. Ich hatte im *Haus der Stille* wohl nicht merkwürdig „geträumt", sondern mich bloß düster erinnert: Vor einigen Jahren wollte ich im Altonaer Museum die Kantine besuchen. Vorbei an Wikinger-Tand und allerlei Ausgrabungsreliquien war ich vom ausgeschilderten Weg leider abgewichen und stand plötzlich überrascht im Kramladen von Altenwerder.
Der Hamburger „Pfeffersäcke"-Senat hatte dies jahrhundertealte Fischerdorf, gleich neben dem Elbort Moorburg, für eine kurzsichtige „Hafenerweiterung" und die unumkehrbare „Aufspülung" von giftigem Schlick aus der Elbe planiert. Ehemalige Felder und Obstplantagen versanken in grauem Kiesel. Diese „Spülfelder" waren von Maschendrahtzaun eingegrenzt: „Betreten auf der gesamten Flächen verboten", stand auf Warnschildern.
Noch ragte die Altenwerder Kirche aus dieser giftigen Mondlandschaft hervor – sie hatte wegen des Gräberschutzes nicht entfernt werden dürfen. Aber etliche der Fachwerkhäuser waren „transloziert" worden. So standen plötzlich inmitten betonbunter Plattensiedlungen wie Neu-Wiedenthal.

Und Jürgens Mutter Magdalena wurde nun als Pappfigur inmitten ihrer damaligen Waren im Museum ausgestellt. Ich erschrak: Ich hatte sie am wenigsten erwartet. Eher schon Klaus Störtebeker aus Wachs.

Ich weiß nicht, ob sie sich dort jemals selber so gesehen hat. Ich hoffe, dass ihr nicht auch noch das von kurzsichtigen und betrügenden Provinzpolitikern der SPD ohne jedes Geschichtsmaß brutal angetan worden war.

Es wäre ein guter Anklageort für derlei Verbrechen an den letzten sozialen Gemeinschaften.

Das Museum als Gerichtsaal, in dem feiste Selbstgerechte und Einsacker wie der ehemalige Wirtschaftssenator Helmuth Kern (SPD) oder Sozialdemokraten, die wörtlich binnen Sekunden hunderte Jahre Geschichte dem Spülgift preisgaben, sich „verantworten" müssten – vor einer „Zukunft" stünden, die sie aus kleinstem Eigennutz vernichtet hatten.

Ich dachte seither immer wieder daran, wie damals Mutter Magdalena täglich im Laden der Oma umräumte.

Während wir Jungens draußen bei dem brackigen Entwässerungsgraben im moorigen Garten auf morsche Bäume kletterten.

Wir fühlten Frieden in einem unerklärten Krieg, dem in Deutschland mehr Gebäude und Felder zum Opfer fielen als durch die flächigen Bombardements der Alliierten.

Die endeten in Harburg sowieso stets vor der Raffinerie, die „nach dem Krieg" noch gebraucht wurde.

Angrenzende Obstplantagen wie in Altenwerder oder Moorburg, Vieh und kleine Werften blieben so vom Krieg „verschont" – bis nach zweieinhalb Jahrzehnten der „sozial"- oder „christliche" Partei- und „Fortschritts-Glaube" diese Lebensgrundlagen endgültig einebnete.

Blue Ei Jürgen hätte mich, in seinem letzten „Heim", wohl nicht mehr erkannt, auch nicht, wenn ich ihn nach „unserer" Jugend, nach den Nachmittagen in Altenwerder oder den Bandproben in der Garage von Joachims Vater gefragt hätte.

Oder nach jenem unseligen Abend, als mir ein irgendeines unserer ungeerdeten, aufgestapelten Röhrenradios einen Stromstoß versetzte, der die hohe E-Saite meiner *Fender* schmelzen und über mein Gesicht peitschen ließ.
Die Sicherungen im ganzen Haus sprangen heraus.
Blut strömte aus den Brauen, als Blue Ei sich über mich beugte, während ich mich unter ihm wie ein Aal an Land krümmte, weil die Muskelkontraktion vom Stromstoß zwei meiner Wirbelkörper an der Brust weggeknickt hatte.
Ich kriegte keine Luft mehr.
Ein von der Haus-Leitung herbeigerufener Polizist sagte dem eingetroffenen Notarzt, „die Langhaarigen" hätten unter sich wohl eine Schlägerei „wegen Drogen" gehabt. Meine Freunde blieben im Probenraum zurück.
Nachts wurde ich aus der Unfallaufnahme des *Allgemeinen Krankenhauses Harburg* am Pferdeweg mit einem dicken Pflaster überm linken Auge und der genähten Schnittwunde entlassen und torkelte mit den unentdeckten Brüchen den Berg hinab, nach Hause in den Hermesweg.
Erst am Morgen meldete sich – nach Dienstwechsel und Übergabe – ein bedröbbelter Arzt, der mich aufforderte, wenn ich nun schon mal überlebt hatte, mich für sechs bis acht Wochen keinesfalls zu rühren. Vorsicht könne helfen. Es könne nicht operiert und nicht bandagiert werden.
Nur die Ruhe! Es wüchse von allein zusammen, was zusammen gehöre.
Mehr Aufwand wurden nicht getrieben.
Wozu auch? Nach einer so gut wie amtlich erwiesenen Drogenschlägerei (und offenbarer ärztlicher Inkompetenz)?
Im Nachhinein, beim wochenlangen Wundliegen auf meiner Jugend-Auszieh-Couch ohne Versorgung, war ich jedenfalls erleichtert, dass „sie" den langhaarigen Jürgen nicht deswegen „mitgenommen" hatten „nach Hause".
Sein herrischer Zollbeamten-Vater hätte endgültig die Fassung verloren, wenn Polizei vor „seiner" Tür gestanden hätte. Wegen einer „Schlägerei unter Langhaarigen".
Er verließ Magdalena später für eine jüngere Frau.

Sentiment

Welche „Generation" waren wir denn? Zu spät geboren, um von den *Beatles* in Hamburg oder den Hamburger *Rattles* in den Sechzigern auf die Reeperbahn gelockt zu werden wie idiotische Touristen, die der Hamburger Senat bis heute schmierig kobert.
Zu früh auf der „Welt", um zwischen all dem stinkenden Mief um uns in den Siebzigern noch den Hauch des internationalen „Pop" und des Fremden, ja Neuem, einzuatmen.
Schon ein Jahrzehnt später war es dafür zu spät: Nun war Pop-Musik sogar in Deutschland „populär".
Zumindest bei den völlig Verstimmten, die sich ihres Lebensweges vergewisserten, indem sie ins Heckfenster „ihres" Erstwagens ihren Abiturjahrgang notierten, um ihn beim Selbstfeiern ja nicht auch noch zu vergessen, so wie alles andere „Eingebimmste".
Pop und „Party" gehörten plötzlich scheinbar – quasi „selbstverständlich" – mit zur deutschen „Heimat".
So wie der Tirolerhut zu Billy Mo passte. So wie Kraut- plötzlich zu Kölsch-Rock versäuerte.

So wie die Combo *Tiffany's* Ende der Achtzigerjahre nicht zum Frühstücken beim Juwelier am Broadway einlud, sondern sich mit Mathias von Dorf-Hochzeit zu Dorf-Bums coverte bis zum Umfallen.
Sich erbrechen war allerdings keine sonderlich appetitliche Ausdrucksform.
Vor allem kübelte sie sich überm Publikum aus. Roland, ein Schulfreund von Mathias, der zunehmend an sich selbst verzweifelte, schrieb 2008 eine Roadstory über das elende und doch erfüllende Touren, jahrelang auf der Straße zu leben: „Treulose Tomate ist nicht mein Leben".
Sogar in der „Hitparade" ließ Dieter Thomas Heck inmitten der buttrigen Schlagerseligkeit mit Wunderlichkeitsversprechen *Kraftwerk*, *Ideal* oder *Clowns & Helden* erklingen wie Glöckchen am bereits nadelnden Tannenbaum.
Diesen Angriff hatte ich unter meinem Kopfhörerhelm während meines meditativen *Marquardt*-Studiums nicht kommen sehen.

Nicht, dass ich von da an schon allein oder nicht mehr „dabei" gewesen wäre. Mein Politologie-Studium im runtergekommenen *Pferdestall* ging in den Siebzigern allmählich zu Ende und ich geriet schon beim Denken an künftige Kollegen ins Wiehern.
Ein junger Professor entdeckte gerade erst die (noch um sich selbst und nicht um vermeintliche „Macht" rotierenden) „Grünen" – als äußerst buntes Thema der ansonsten tristen „Parteienforschung". Ein anderer befasste sich plötzlich irgendwie mit Medien – und das sogar noch jahrzehntelang. Hans K. entdeckte noch ein Jahr vor seinem Krebstod den „O-Ton" – er mochte es, wenn er einen „produziert" hatte.
Ein „alter Prof", bei dem Jens und ich zunächst gemeinsam eine Diplomarbeit über „Perspektiven" einer Kulturpolitik als Teil der gängigen, grausigen „Infrastrukturpolitik" hatten schreiben wollen, hatte nur noch Augen für Studentinnen.
Ein anderer kombinierte sogar Medien und „Mädchen".
Wir ließen also insgesamt vom Thema ab, zu schlüpfrig.

Wir lachten nachmittags auf der winzigen Grünfläche vor dem *Audimax* beim Flaschenbier darüber. Und über Harburg und Ahrensburg, wo Jens herkam. Wir feixten über den Kleingeist allerorten, egal offenbar, wo wir hinkamen.
Sogar im „Nebenfach": Da „analysierten" angehende Pädagogen ernstlich „Sympathy"-Filme, so als ginge es darin um Prophetie oder heilige Überlieferungen. Was sagten diese kaum fünf Jahre alten „Dokumente" anderen?

Erst zwanzig Jahre nachdem ich die Uni verlassen hatte, merkte ich, wie wörtlich nahe liegend etwas für Außenstehende wirkte, wenn es filmisch nur leicht von der Realität verrückt schien: „Der Campus" mit Heiner Lauterbach und Sandra Speichert zeigte 1998 jene armselige Hengstparade, gerade so wie ich es Ende der Siebzigerjahre kennengelernt hatte. Das war keineswegs eine „Satire", wie Feuilletonisten seinerzeit ebenso hochnäsig wie naiv kategorisierten.
Der Anglistik-Professor Dietrich Schwanitz hatte das scheinbar durchgedrehte Treiben jahrelang ertragen, als „Fegefeuer der Eitelkeiten" am *Pferdestall.* Er schrieb nieder, was nicht mehr weiter niedergehen konnte: Da waren – selbst nach Jahren feministischer Kritik Ende der Siebzigerjahre – weder der noch andauernde Stillstand noch der erneute Rückschritt sogar in ihren lähmenden gesellschaftlichen Wirkungen aberwitzig unterschätzt worden...
Vielleicht merkte ich deshalb wenig vom Schwinden „meiner" Musik? Weil ich mir vormachte, das Leben würde sich zwar ändern, aber „wir" doch nicht, ob zum Guten oder Schlechtem. Auch wenn „wir" Umwege einschlugen.
Jens beispielsweise hatte während der Prüfungsvorbereitung noch seine Musikerinitiative in Ahrensburg, spielte E-Bass. Gleich nach seinem Politologieabschluss zur Partizipationstheorie des Soziologen und Kommunitaristen Amitai Etzioni ließ auch er die akademische Laufbahn beiseite und gestaltete an der Musikhochschule den „Modellversuch Popularmusik" mit, der ein professioneller Schritt hin zu einer Anerkennung „unseres" Kulturverständnisses werden sollte.

Von der „Sub"- zur gleichrangigen Teilkultur?
Ich hatte zur vorgeblichen „Bürgerbeteiligung" an der Stadtplanung geforscht, doch „meine" Musikerinitiative in Harburg darüber noch nicht ganz vergessen.
Erst Dieter Baacke überzeugte mich, die Frage nach künftiger „Kulturpolitik" nicht ganz den „üblichen Verdächtigen" zu überlassen – so wie jene ausgerechnet in der von ihm mitbegründeten *Kulturpolitischen Gesellschaft*. Ich solle lieber mal den deutschen „Rock & Pop" in den Siebzigern bilanzieren helfen, auf der Ersten Pop-Dekadentagung 1979 in Würzburg. Was für eine merkwürdige Idee.

Mein fast zeitgleicher Karrierestart als Journalist und wenig später als Redakteur bei der – wieder gegründeten – Zeitschrift *Twen*, einem ehemaligen Jazz-Fachblatt, das nun „Pop"-Illustrierte wurde, verlief schon bei der weit vorgezogenen Projektentwicklung mehr als holprig.
Ich hatte mir unter Journalismus mehr vorgestellt als späterhin ausgerechnet die dünnen Titelgeschichten über Marius Müller-Westernhagen oder *Ideal*, neben sensationellen „Trendthemen" wie beispielsweise Kaffeetrinken und Kinderkriegen, jenen damals ungeahnten Vorboten einer verblödeten *Starbucks-* und *Gute-Kita-Gesetz-*Zukunft samt eines kleinen parteipolitischen „Mini-Wahr".
Und außerdem keinen Abgesang, wie „angesagt" doch Hundekothausen Berlin sei, diese „Freak-City", in der es so manche tolle „Szene" gäbe, als ultimativer Einladung. Das wurde da vom Blatt-Chef Hartmut persönlichst gehypt.
Inzwischen längst beim *Spiegel* untergekommen und bei dessen weltoffenen Kollegen geschnitten, starb Hartmut bald, weil die so lustig weltoffenen „Szenen" in Berlin und New York offenbar die Warnungen vor Aids wenig ernst nahmen.

Immerhin brachte ich im Oktober 1981, fast ein Jahrzehnt nach „Sympathy for the Devil", Horst dazu, die „Geschichte" seiner Musikleidenschaft in dem Essay „Tanz mit mir, mein Mädel" entlang der Abfolge seiner häufig gewech-

selten Radio-Geräte zu erzählen – von Rudi Schuricke bis Fehlfarben. Später erschien sie noch einmal in der Anthologie „Errungenschaften" von Michael Rutschky, der seinerzeit als einer der wenigen Essayisten die „Alltagskultur" immer wieder mit Ernst thematisierte und traktierte.
Ob jemand damals die sehr persönlichen Erinnerungen an einzelne Lieder las, die Horsts Lebenslauf vielleicht so anders prägten als vermutlich jene, leider unbekannten Wunschsongs beispielsweise von Pete Townsend, Annette Humpe oder „Aussteiger"-Helmut?
Wie lauteten deren Listen?

Was erzählte denn solch ein Audio-„Kalender" – selbst wenn er über viele Jahrzehnte penibel geführt worden wäre – über die sich in dieser Zeit ändernde Person?
Immerhin etwas, was ihr an mindestens einem Punkt oder für immer bedeutsam war.
Nur die spätere Deutung bliebe wohl so unergründlich als wären es zweitausend Lichtjahre von „Zuhause". Sie wäre weder mit Nostalgie noch mit Nachbohren durch den Leser oder Zuhörer zu entschlüsseln.
Auch weil es im doppelten Sinne nachtragend sein könnte, was an Interpretation ohne genaue Kenntnis der Person entstünde, nur am Musikmaterial (beziehungsweise, schlimmer noch) an den eigenen Wahrnehmungen dazu orientiert.
Es klänge womöglich oberlehrerhaft korrigierend wie in einem Schülertheater mit Selfies. Statt zu einem realistischen, harmonischen Dreiklang kombiniert zu sein: aus Songtext, der mitsprach, jeweiliger persönlicher Situation, die nie für sich erzählte, und gesellschaftlicher Umgebung, die entweder unbeteiligt oder schuldig schien. Nach dem Muster: „Subkultur" trifft Smetana. Aber „Die Moldau" war nicht die Elbe.
Egal, vielleicht, wie auch immer. Das war zu unpraktisch.
Was sollte das „biographische" Gedöns denn noch, wenn in einem zweiten Schritt die Ablage in soziologisch vage „Generationen" und kalendarische Dekaden-Schubladen so viel übersichtlicher und stichworthaltiger geriet?

Aber es war jedenfalls immer noch besser, als die individuellen Song-Vorlieben oder die rasch gewechselten Sender-Stationen gleich den Begriffen „Pop-Kultur“ oder „-Geschichte“ zuzuordnen – und damit die Personen wegzusortieren. Nur verdiente Kosmonauten verstanden sich aufs Kosmologische im Floydschen Pink-Sinne.
Im „Alltag“ war „Gegen-Kultur“ ohnehin kaum spürbar, wohin oder wann man dazu stieß. Ob man „dazu“ gehörte“ oder „aus“- oder umstieg: Mal Hippie, mal Hipster.
Im Rückblick wirkte so manches allerdings überraschend komprimiert und andererseits konsistent, selbst das einst Disparate oder Widerstrebende.
Dabei verlief das Trennende meist nicht mal untereinander, beispielsweise nicht zwischen „Poppern“ und „Punks“ eines Geburtsjahrzehnts (gleich zwei tiefe Einschnitte in einem Jahrzehnt), sondern weit über angebliche „Generationsgrenzen“ (in meinem Fall sogar über Ländergrenzen) hinweg.
Da war der dauernde, vermeintliche „Generationen-Konflikt“ zwischen Eltern und Kindern noch das Geringste und nicht mal das Wesentliche.
Die Ähnlichkeiten waren eher das Problem als das ständige Streiten. Wer dieselbe Musik hörte, musste noch lange nicht derselben Meinung sein oder dieselben Lebenserfahrungen gemacht haben. Wer völlig verschiedene Musik jeweils „populär“ und geradezu Gemeinschaften stiftend empfand wie beispielsweise die Herzileins in ihren Schlagernächten, konnte gleichwohl einsam und asozial sein. Das sprach der alte Häuptling der Indianer.
Ich ging beispielsweise in den Achtzigerjahren, dem „Party“-Jahrzehnt schlechthin, sogar ab und an „auf“ Feten. Es war nur schrecklich für mich und sicherlich auch mit mir.
Wenn der Abend sich zur Wiege des Weins hin neigte, sang ich einzelne Texte erstmals mit anderen mit, weil sie noch deutscher als holprige Kirmesmusik waren – und wer kannte und konnte englische Texte schon auswendig oder wusste um ihre Bedeutung. Hier schien vieles eindeutig zu sein, in der niedlichen „neuen“ Pop-Welle:

„Insiderfeten,/ da schlaf ich ein.
Ich will auch nicht /in London sein.
Bei 'Sex and drugs/ and rock`n` roll'
ist das meist ein /stumpfer Einfall.
Da bleib ich kühl.
Kein Gefühl.
Der ganze Hassel um die Knete/
macht mich taub/ und stumm.
Für den halben Luxus/
leg ich mich/ nich′ krumm.
Nur deine blauen Augen
machen mich so sentimental
So blaue Augen!
Wenn du mich so anschaust,
wird mir alles andere egal,/
total egal.
Deine blauen Augen/
sind phänomenal.
Kaum zu glauben,
was ich dann so fühle,
ist nicht mehr normal.
[Männerchor:] Das ist gefährlich./
Lebensgefährlich.
Zu viel Gefühl."

Horst hingegen war begeistert. Da käme „endlich wieder" und glaubhaft „Sentiment" ins „Spiel". Das war doch ideal. Mir war es egal. Er hatte es nie gemocht, was vorher an „Kraut"- oder später der anpolitisierte „Deutsch"-Rock von *Floh de Cologne* bis hin zu quasi gewerkschaftsnahen *Geier Sturzflug* zu hören gewesen war. Auch wenn das noch am ehesten das Präfix „Gegen"-, allerdings kaum das Hauptwort „Kultur" gerechtfertigt hätte.

Mir wiederum war das – bei aller vorgeblichen Ironie – zu „sentimental", wenn nicht sogar „too sweet". Genau so, wie ich seit den Nullerjahren das Eigenschaftswort „emotional" im Feuilleton und in der Medienkritik hasste, das später von der noch gruseligeren „Gänsehaut" abgelöst wurde.

Viel der kindlichen Musik der „neuen deutschen Welle“ und erst recht deren Texte klangen in mir kaum weniger übel als die alte „deutsche“ Welle.
Mitunter so als wäre die in Deutschland populäre Ilse Werner die Adoptivmutter von Heintje und die Stief-Großmutter von Markus. „Daheim“ lagerte sie noch in unserer „Musiktruhe“ – für besonders duselige Anlässe, wenn die Römergläser herausgeholt würden.
Die gebürtige Niederländerin Werner pfiff seit langem launisch auf Krieg und Frieden. Die Nazizeit war ihre genutzte Karrierechance. Sie beschwingte 1942 die Feldzüge beispielsweise in Helmut Käutners Film „Wir machen Musik“ und 1944, als inzwischen auch deutsche Städte brannten, war die „Große Freiheit Nr. 7“ ihr Ziel.
Die Fernsehshow „Wir senden Frohsinn – wir spenden Freude“ sendete ihre Gassenhauer wöchentlich live aus dem Kuppelsaal des *Berliner Reichssportfeldes*.
Man musste nur noch dies populäre Wunschkonzert „durchhalten“. Und nach dem bisschen Krieg blies sie mit gespitztem Mund immer noch, diesmal zum „Wiederaufbau“:

„Wir machen Musik/
– da geht euch der Hut hoch.
Wir machen Musik/
– da geht Euch der Bart ab.
Wir machen Musik/
– bis jeder beschwingt singt.“

Diese ausgelassene Freude am „Sentiment“ war mir „zu viel“, kein Gefühl. Auch die Ironie war eher „dünne“ – so wie ein schwachbrüstiges Lamento zu spät Gekommener.

„Grappa saufen mit von Hohenstauffen – alles ohne mich“, sangen *Ideal.* Na und?
„Minky“ hing, seit er den Film „Blues Brothers“ gesehen hatte, immer mit noch komischeren Typen rum, die „stramm“ soffen. Er war der einzige mit „klarem Kopf“. Sie gründeten die *Delta Doppelkorn Bluesband*, eine hochprozentige Mischung aus Watt-Stärke, Sediment und Elbwasser.

Jahrzehntelang spielte „Minky“ in der Kapelle die Blues-Harp, als habe er sie samt falscher Tonart gerade verschluckt. Oft „genial“. Er war ja „im Auftrag des Herrn unterwegs“. Möglicherweise war es die „älteste“ Band Harburgs. Keiner wird sich noch daran erinnern. „Minky“ starb 2017 völlig verarmt, nachdem die Gemeinde Seevetal 2006 meinte, den Schwerbehinderten, zumal nach zwei Autounfällen, nicht mal mehr für Friedhofsgärtnerei einsetzen zu können.

Insiderfeten? Da schlief ich ein. Auf mich wirkte all die vermeintliche „Ironie“ gepaart mit „Sentiment“, als wären Udo Lindenbergs Pennälerträume von einem anderen „Dröhnland“ schon 1978 nicht als „Symphonie“ und nicht von Peter Zadek, dem „Regie-Zaren“, inszeniert, sondern gleich von Horst auf die Bühnen der Bundesrepublik gestellt worden, als touristische „Gegen-Kultur“. So ironisch wie eine Hausbar mit Römergläsern.
Dabei hatte Horst sich diesen Karriere-Neustart so sehr gewünscht. Er jammerte tagelang, „bewarb“ sich um ein Praktikum „beim Peter“, Assistenz genannt. Es half nichts.
Immerhin schrieb Horst noch im selben Jahr Texte für „Lindenbergs Rock Revue“, in der „Klassiker des Rock'n'Roll“ – nämlich Little Richard, die *Beatles* und die *Rolling Stones* – eingedeutscht gecovert wurden.
Billy Mo hätte von nun an wohl einen „Borsalino“ tragen müssen.
Nicht alle Wünsche wurden so wahr, wie der kummervolle Alltag, dem sie entwuchsen. Manchmal wurden sie auch größer als „wir“ selbst. Oder noch kleiner als das, was uns auf dem Weg abgelenkt hatte.
Ob Wikinger oder Seemannsgarn-Legenden beispielsweise von der Andrea Doria, auf der noch „alles klar“ war, von einer Titanic ohne „Panik“ oder von einem friedlichen „Horizont“, hinter dem es weitergeht: mit Supermärkten, in denen jeder endlich Obst kaufen konnte, das dort nicht mehr geerntet wurde, wo ein Krämerladen unter giftigem Elbschlick versank.

Vielleicht lag mein Brummeln daran, dass ich kaum noch Träume hatte, die ich anderen hätte verraten können. Wer hörte schon noch zu, am Tag oder in der Nacht. Ich schlief überhaupt recht schlecht.

Und tagsüber war ich in den Siebzigern oft lebensmüde: Dicht hinter mir der „Pillenknick", aber kurz vor mir der *Numerus clausus* (was wäre das für ein „genialer" Name für eine Gymnasiasten-Classic-Rock-Band gewesen!).

Mir war ständig schwindelig: Eben noch „Willy-Wähler", um mit ihm noch „mehr Demokratie zu wagen". Dann von „Schmidt-Schnauze", ebenfalls Sozialdemokrat, konfrontiert mit paramilitärischen Polizeieinsätzen. Nicht mehr nur an Bauzäunen für Atommeiler, sondern mitten in den großen westdeutschen Städten wie Hamburg, wo Truppen völlig rechtswidrig „Anti-Atom-Demonstranten" auf dem Heiligengeistfeld stundenlang „einkesselten" und ihnen alle „Rechte" verwährten. Weil „der Staat" sich zuvor in der „bleiernen Zeit" nicht und schon gar nicht „von Terroristen erpressen" ließe. Von Grundgesetz schon gar nicht.

Notfalls lieber die bereits Gefangenen in Stuttgart-Stammheim lynchen lassen, wie Franz-Josef Strauß (NS-Funktionsträger, CSU) das in einer Krisenrunde im Kanzleramt geraten haben soll. Es war bezeichnend, dass diese kolportierte Ungeheuerlichkeit, die wechselweise auch mal dem Kanzler Helmut Schmidt (SPD) zugeschrieben wurde, von Zuhörern meist ohne Zögern für naheliegend gehalten wurde.

War ich wegen langer Haare schon ein gefürchteter „Terrorist"? Oder bloß ein belächelter „Gammler" der „Gegen-Kultur", der „ins Arbeitslager" oder besser totgeschlagen gehörte?

Oder war es dasselbe Feindbild?

Wer „Visionen" habe, so der am meisten von Deutschen verehrte Kanzler seit Bismarck, sollte „zum Psychiater gehen", so Herr Schmidt. Eine „Vision" war das Schrecklichste, was sich Ewiggestrige wie er vorstellen konnten, die an den gesellschaftlichen „Stillstand" als ihre ureigenste Leistung glaubten und dies „Realismus" nannten.

Die ganze Kulturlandschaften planierten und dabei ständig an Mentholzigaretten nuckelten, nur nicht sobald sie an der Heimorgel spielten.
Das war der perfekte Ismus, vielleicht sogar der real existierende Egoismus: Lieber längst gescheiterte Werte und Normen vorangegangener, verbrecherischer Regime „übernehmen" als solche „Ideen" von „Freigeistern", „Kommunarden", „Alternativen" oder gar „Langhaarigen".
Zu irgendwas musste die „staatliche Gewalt" doch „gut" sein. Um jenen kleinen Napoleons das Gefühl der Größe zu geben, die sich nicht mal eine *Gibson Les Paul* um den Hals hätten hängen können ohne Schweißausbrüche.
Ich wurde jedenfalls in den Siebzigerjahren noch häufiger von Polizisten in oder ohne Uniform kontrolliert als bereits in den Sechzigerjahren, als „die Sitte" mich hie und da rauchen oder Mädchen küssen sah. Öfter sogar als nachts von der Kripo, wenn ich mich über der Bäckerei aus der schlafenden Wohngemeinschaft geschlichen hatte und am Kirchplatz gegenüber in einer der gelben Telefonzellen mir die Finger wundwählte nach jemandem, der noch wacher als ich war.
Ich musste mich ausweisen. Damals musste man das noch selbst machen. Der Pass steckte deutlich sichtbar hinterm Stielkamm in der rechten Gesäßtasche.
Nur keine unbedachte Bewegung, schon gar nicht eine politische.

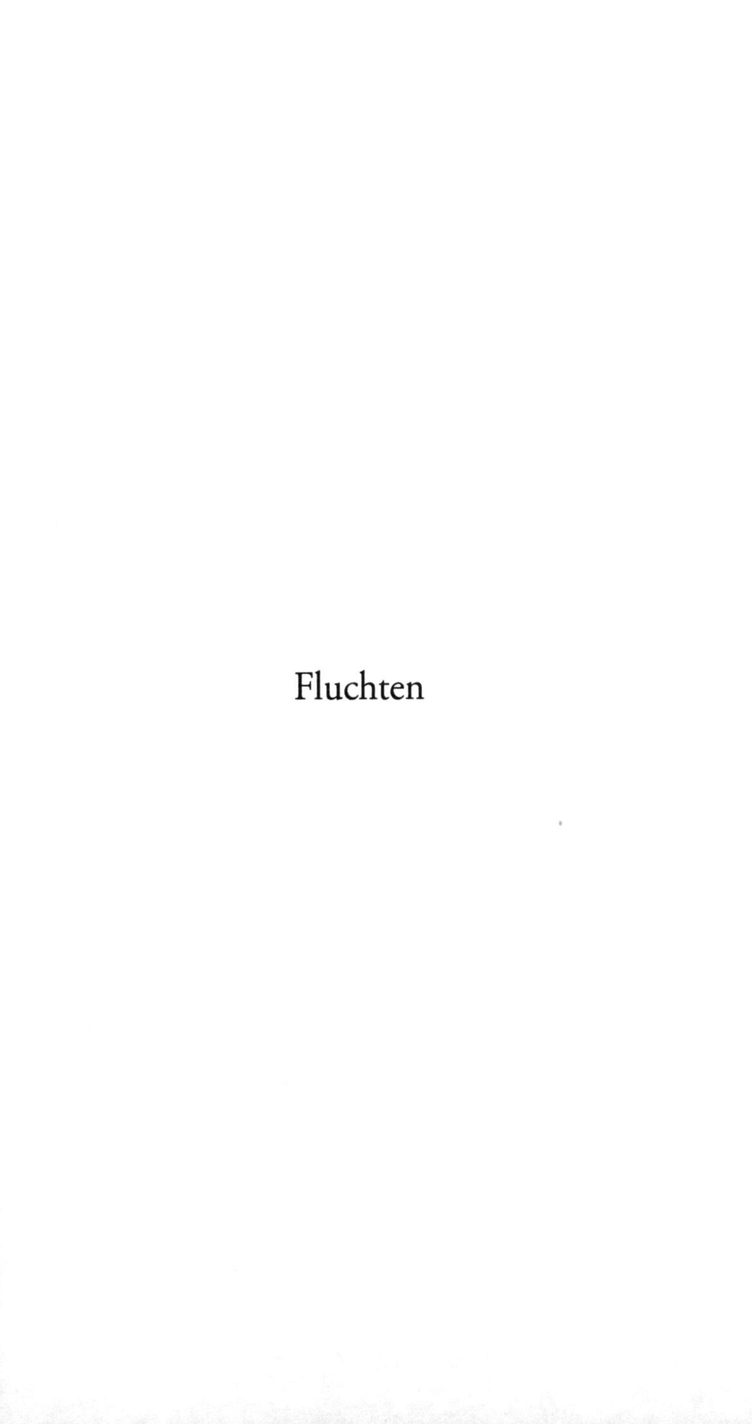

Fluchten

Für Flucht war es für mich zu spät. Ich war ja noch nicht einmal angekommen in Harburg. Zwar wurde ich hier im „Krankenhaus Irrgarten“ geboren.
Aber meine Eltern stammten aus Ostpreußen. Meine Mutter Elly hatte nach der Flucht über die vereiste Kurische Nehrung den „Klassenbesten“ des Dorfes, Bruno, nach dessen Kriegsgefangenschaft in Frankreich wiedergetroffen und bald geheiratet, nachdem ihr Ehemann als „gefallen“ galt.
Von meiner älteren Schwester, die auf der Flucht wegen Kälte, Unterernährung oder Stress starb, erfuhr ich erst Ende der Siebzigerjahre.
Es war vorher „nicht die Zeit“.

Auf dem Weg von der hastig gebauten Siedlung der „Süderelbe Baugenossenschaft“ zur Volksschule streunte ich, anderthalb Jahrzehnte nach dem Krieg, jeden Morgen durch die „Nissenhütten“, Wellblechbehausungen, die „die Briten“ den besiegten Deutschen überlassen hatten. Es roch brenzlig von den Kochfeuern in den Buden.

Die Kinder muffiten so wie ihre dürftigen Klamotten, die in diesen feuchten Verschlägen nie richtig trockneten. Auch draußen nicht, weil immer ein Wind den beißenden Rauch der nahen Hölle von der Raffinerie, den Ölsaaten- oder der Gummifabriken herüber wehte.

Das Abfackeln von Gas machte die Nacht zum Tag. Der Ruß klebte überall, in jeder Pore. Bei Sonne putzten Jungen in den „besseren Vierteln" der gewerkschaftseigenen *Neuen Heimat*, der *Süderelbe Baugenossenschaft* oder der hamburgischen Sozialwohnungsfirma *SAGA* den Lack der ersparten Autos mit weichen Tüchern frei von dem ätzenden Film.

Es dauerte noch über zwei Jahrzehnte, bis die Hütten am Hang neben der *B 73* unter „sozialem Wohnungsbau" verschwanden – und darunter eine doppelgleisige S-Bahn-Zufahrt zum zweitgrößten Atombunker der Hansestadt gebuddelt worden war. Der größte, mit dreitausend „Plätzen", wurde unter das „Amüsierviertel" an der Reeperbahn getrieben.

Vielleicht war es das, was uns ausmachte: Einige von „uns", den überall gemiedenen „Schmuddelkindern", waren zu einer geheimnisvollen „Generation Angsthasen" geworden. Unsere Eltern hatten „von nichts gewusst". Und wir wollten gar nicht erst wissen, was sie bedrückte.

Nur vage Furcht. Wir fühlten uns weit davon entfernt, eine „Nachkriegsgeneration" zu sein, die bereits die „Friedensdividende erntete", wie unseren Eltern eingeredet wurde – die sich stattdessen schon wieder „gegen den Russen" rüsteten.

Gartenfrüchte wurden im Keller gebunkert, wenn man schon einen hatte.

Alles wurde wieder „für den Ernstfall" vorbereitet, mit „reaktivierten Selbstschutzräumen" und täglichen Hassparolen in Hetzblättern wie der *Bild* oder dem *ZDF Magazin*.

Es gab stetige Ausfälligkeiten gegen „Sozialisten" und „Kommunisten", die angeblich die „freiheitlich-demokratische Grundordnung" (FDGO) „untergruben".

Wie beispielsweise unser gymnasialer Sportlehrer Volker P., der am Reck mit uns unbedacht „den Aufschwung" übte.

Es hieß auf den Fluren, er stehe dem „Kommunistischen Bund Westdeutschlands" sehr „nahe".

Nur ungenierte Nazis, wie der Lateinlehrer Klaus J., wurden allenfalls von einer Flugblattaktion des „Schülerrates" behelligt. Ich las bei ihm noch Cäsars „De Bello Gallico", im Original, weshalb es mich nicht wunderte, wenn jemand „den „Rubikon überschritt" und keine Ahnung hatte, was ihn danach „zuhause" erwartete.

Wer waren denn die Geschwister Scholl, hoppla? Eine Eiswaffelfabrik?

Wir hatten im Unterricht darüber nichts anderes gelernt, wurden nun aber „zum Rektor geladen", der uns erklärte, dass wir „auf dem Schulgelände keine Flugschriften gegen den Lehrkörper verbreiten" dürften. Hausrecht.

Also stellten wir uns in den Pausen auf die andere Straßenseite vor *Bärenfänger*, um jenen, die dort heimlich ihr Bier und Zigaretten kaufen kamen, „ein Info" auszuhändigen, dass die NPD eben keine Schwesterpartei der SPD war nach dem gängigen Schul-Schema, links gleich rechts.

Erst mit Dreißig begriff ich, wie sehr sich Angsthasen verlaufen konnten, wenn sie nicht Jäger werden wollten.

Hasenfüße mit Gänsehaut waren andererseits furchterregende Wolpertinger. Aber sie wollten doch „nur spielen". Notfalls sogar Pop-Musik.

Es kam also, wie es „kommen musste", pflegte meine ungläubige Mutter zu orakeln. Der *Spiegel* plante ein Buch über das „Recht auf Heimat". Ausgerechnet ich sollte zum nationalen „Ostpreußentreffen" nach Hannover fahren, um darüber zu berichten.

Das war die versprochene zweite kleine Geschichte auf meinem „Weg" vom Fremdwerden der „Heimat" und dem Ankommen im Nichtsmehr, dem „Aussteigen" ohne einen erkennbaren Ausstieg.

Auch sie spiegelte das Spiel zwischen Schein und Sein wider, das die „Pop-Kultur" angeblich so prägte.

Der *Spiegel*-Auftrag entsprang typischer Journalisten-Logik.

Immer die lustige Mischung als „Aufhänger“ suchen: Kommt ein „Typ“ in „Taxifahrerjacke“ auf ein Trachtentreffen und „provoziert“ allein schon durch sein „poppiges“ Auftreten a la Rainer Werner Fassbinder...

Ich aber fühlte mich gar nicht als Vorhut der „Gegen-Kultur“, sondern allenfalls einer „Generation“, die nichts mit dem „Geschichtsrevisionismus“ der Alten, der vermeintlichen „Kultur“ der „Heimatreuen“ zu tun haben wollte.

Es war mein Alltag. Über sowas berichtete „man“ nicht, hatte ich gelernt.

Wie oft hatte ich zuhause rumgeschrien, wenn mein Vater trunken erzählte, „die Polen“ hätten „das Reich angegriffen“. Davon hätte ich niemandem erzählen mögen. Die Scham war zu groß, dass mein sanftmütiger Vater, den alle Nachbarn schätzten, die Vergangenheit „leugnete“ und ab und zu die „Soldatenzeitung“ las.

Vorsicht bei der Wahl der Eltern, empfahl ich Jüngeren immer wieder. Für mich war es zu spät. Aber auf mich hörte ja keiner.

Der *Spiegel*-Redakteur jedenfalls hatte mich keineswegs angesprochen, weil er meine vorherige Arbeit bei *Twen* kollegial so sehr schätzte. Da hatte ich mal dieselbe Masche angewandt: Ich schickte Rio Reiser, den liebeswürdigen „Anarcho“-Sänger barfüßig zum damaligen „Generalsekretär“ der CDU, Heiner Geißler. Jener markige Jesuit war gerade als „schlimmster Hetzer seit Goebbels“ tituliert worden, ausgerechnet von Hanns-Joachim Kulenkampff. Dieser Showmaster verlor in der Öffentlichkeit nie die Contenance. Deshalb war er so beliebt bei den täglich Gereizten.

Nach jeder Sendung ließ er sich seelenruhig von seinem „Butler“ zum Abschied den Mantel, Schal und Hut reichen und witzelte vermeintlich ironisch mit dem sarkastischen Dienstboten.

Dabei war dieser scheinbar gelassene Hochnäsige Martin Jente, der Produzent der Sendung – früher mal SS-Hauptscharführer. Irgendwie mochten „unsere“ Eltern dies morbide und verlogene Verhältnis.

Das „Gespräch“ zwischen Rio Reiser und Heiner Geißler musste bei dieser Konstellation und Situation also irgendwie „witzig“ werden. Tatsächlich wurde es im November 1981 unter der Überschrift „Beim Bergführer“ ein beachtliches Stück Pop-Journalismus.
Es erzählte allerdings mehr über Rio, der seinerzeit mit seiner Band *Ton Steine Scherben* nicht mehr am Tempelhofer Ufer in Berlin lebte, sondern „idyllisch“ in Schleswig-Holstein, nahe einem Kampfjet-Stützpunkt, als über den Hobby-Kraxler Heiner Geißler, den es in die Höhen zog.

Aber ich bei „den Vertriebenen“? Wie kam der *Spiegel*-Redakteur bloß darauf? Ich hatte zwar für ein anderes *Spiegel*-Buch über die noch sich selbst er- und abgründelnden „Grünen“ geschrieben. Aber ansonsten arbeitete ich „nur“ für das Kulturressort, ab und zu auch ein klein wenig „Pop-Zeugs“ wie beispielsweise zur *Heavy Water Lightshow* aus San Francisco, die zu Gast im *Hamburger Planetarium* weilte.
Was war also der „Witz“? Der Versuch, über den Schreiber sowas ähnliches wie Pop-Journalismus ins vorgeblich seriöse Blatt an der Ost-West-Straße zu holen?
Der Schrecken war groß, als ich begriff, dass der Redakteur einfach meinen Familienamen als „typisch ostpreußisch“ erkannt hatte. So wie meine Mutter zehn Jahre zuvor, als Horst sich ihr artig vorstellte, mich danach entgeistert fragte, ob der „etwa Jude“ sei. Der Name klinge danach.
Ich wurde im *Spiegel*-Ressort also nicht als „Pop“-Held und nicht als „Aussteiger“, sondern als Vertriebenen-Clown wahrgenommen.
Mir war diese überraschende Sicht zunächst fremd: Was hatte ich – außer einem verräterischen Namen – mit Brauchtum und nationaler Gesinnung zu tun? Ich, der ich bis dahin an erster Stelle als ordentlicher „Gegen-Kultureller“ stets genannt worden war? Mir war das glückselige Erinnern der waldigen und bäuerlichen Landschaft, des kilometerlangen Schulwegs mit Elchbegegnungen, der kleinen Dorfgemeinde Uszlöcknen zuwider.

Wenn Siegfried Lenz im NDR-Fernsehen „So zärtlich war Suleyken“ mit Dackelblick vorlas, vergaß ich, dass er auch den raffinierten Roman „Deutschstunde“ über Pflicht und Verantwortung geschrieben hatte.
Ich fuhr also nicht mit dem Intercity zum Vertriebenentreffen – sondern trotzig mit der S-Bahn nach Barmbek. Dort sei die „Anerkennung“ als Heimatvertriebener einfach zu „beantragen“, hatte ich immer wieder bei den fast monatlichen Familienfesten gehört, auf denen stets auf „Damals“ angeprostet wurde. Endlich schien eine der unglaublichsten Mischpoke-Geschichten zu stimmen. Jedenfalls war es bürokratisch aufwändiger, eine Studenten-Monatskarte für den *Hamburger Verkehrsverbund* zu bekommen.
Meine Ein-Deutschung klappte fraglos. Seither liegt ein „Vertriebenenausweis“ bei meinen Steuerunterlagen, als letztes Ass. Ich könne „Erleichterungen“ beantragen, beispielsweise beim Kauf landwirtschaftlicher Flächen in Hamburg. Sogar weitervererben könnte ich diesen „Status“ – ohne jemals in der „kalten Heimat“ gewesen zu sein. Besser jedenfalls als kurzzeitig „Gegen-Kultur“ gewesen zu sein. Amtlich bezeugt: „Flucht“ als ewiger Zustand, ohne „Lichtbild“, aber mit Registriernummer. Das Brauchtum der Sub-Kultur der Vertriebenen mochte so schnell verwittern wie das inzwischen von ihnen angeschaffte „Gelsenkirchener Barock“. Aber das Beharren auf reichsdeutscher „Größe“ und der „Grenze“ von 1937 blieb. Sie gaben jahrzehntelang in der national gesinnten CDU den Ton an und blockierten jegliche „Entspannungspolitik“ bis an den Rand des Atomkriegs, „Lieber tot als rot“, war die lebensfrohe Devise.
Dass „Rot“ für Menschen, die sogar logen ohne „rot“ zu werden, gar nicht in Frage kam, hatte ich längst gelernt. „Stempel drauf und fertig“, hieß die kleine außerseelische Selbsterfahrung per *Hamburger Hochbahn*. Keine Geschichte – aber journalistisch mindestens so „originell“ wie Hard Rock auf einem Zapfenstreich.
Was nutzte ein Ausweis jemandem, der ihn in jenem Land nie vorlegen könnte, aus dem er geflohen war?

Ich würde wohl nie mehr in Deutschland ankommen, allenfalls in einem „Tarifgebiet“ oder später vielleicht mal, mit viel Glück, in einer „Komfortzone“. Erst, als ich bereits promovierter Politologe war, fielen auch mir die Nachnamen auf: von Baracken-Willy, dem Zimmermann-Jürgen oder dem Motten-Werner. Wo deren Eltern wohl herkamen?
Ihre Klamotten rochen längst nicht mehr klamm. Kein Klassenlehrer versohlte sie mehr mit dem Rohrstock.
Aber „Ordnungshüter“ hatten sie und ihre Familien „stets im Blick“. Sie blieben Ostpreußen oder „Polacken“, ohne es je gewesen zu sein. Wenigstens brachten sie nie Läuse mit zur Schule wie heutzutage jene, die mit den SUV vorgefahren wurden.
What can a poor boy do? Sie waren damals zu abgebrannt, um überhaupt nur an E-Gitarren, Verstärker und Garagen-Nachmittage zu denken. Es reichte auch nicht für einen Plattenspieler, so dass sie Hiphop hätten erfinden können.
Solche hatten keine „Freunde“, allenfalls schützende „Brüder“. Meist Schläger, die dieselbe Kutte trugen. „Minky“ war der Schlaueste unter ihnen. Aber als sie das Waffengeschäft der Schützenbrüder in der Schwarzenbergstraße ausräumten, blieb ausgerechnet er in der Kanalisation klemmen.
Da waren Gangsta a la mode noch nicht erfunden. Über einen wie „Sido“ hätte „Minky“ nur den Kopf geschüttelt. Allein schon der Name!
Es ärgerte ihn zwar, wenn eines der Mädchen, die immer zu „unseren“ Konzerten kamen, ihr Kätzchen Minky nannte. Andererseits war er stolz auf diese Taufe. Aber „Sido“. Das klang nach Abflussreiniger.

Es war für „uns“ mit den merkwürdigen Namen alles andere als schön, als „Flüchtling“ in Deutschland anzukommen. Oder gar hier geboren zu sein, aber im Lager oder Genossenschaftsbau-Getto aufzuwachsen und ausgestoßen zu werden.
Deutsche konnten so widerlich gegenüber Deutschen sein. Die hatten sich verdient. Hass war die universellste Heimat.

Ich mochte gar nicht daran denken, wie sie „im Ausland“ gewütet hatten, um dort Menschen systematisch zu vertreiben oder industriell zu morden, „weil“ sie, das erhabene, ja heilige Volk, „ohne Raum“ (und ohne Verstand) waren.
Was für ein Volk! Und „wir“ mittendrin. Im Schlafzimmer die erotische Phantasie einer „Zigeunerin“, nachdem „ihresgleichen“ ein paar Jahre zuvor verfolgt und vergast worden war. Was für erotische Obsessionen, welche Besessenheit.

Desto wunderlicher für „uns“, dass die „wohlhabenden“ Eltern unserer Mitschüler ab den Sechzigerjahren schon in alle Richtungen „ausstiegen“: „Die Deutschen“ machten gern Urlaub von ihresgleichen.
In Spanien und Griechenland genossen diese „Urlauber“ lange Jahrzehnte wenigstens ordentliche Diktaturen, während „Einheimische“ noch inhaftiert, gefoltert und ermordet wurden. Kaum eine Postkarte nach Hause wert.
Dort, wo sie oder andere vor ihnen nicht bloß Sonnenliegen mit Handtüchern, sondern Häuser, Städte und Dörfer „besetzten“.
Wo jene gemordet und vergewaltigt hatten: In Italien, Holland, oder Frankreich konnten sie sich am Strand nun die Vergangenheit aus Sangria-Eimern und Bier-Kannen „wegballern“. Die deutsche Freiheit wurde am Ballermann, nicht am Hindukusch verteidigt.
Suff als allgegenwärtige „Sub-Kultur“ in der „Kulturnation“, die nur noch sich vor allem anderen vergessen wollte?
Es war die eigentliche Religion, der sogar die vermeintlich nüchternen „Christdemokraten“ in ihrem Saft stetig abhingen. Sie ließen die Seligen baumeln. Die Deserteure ja, die Leugner nicht.
Ein Selbstverständnis wie in einer Kirche, die „ihre“ Kinder missbraucht und sich jeder weltlichen Strafe entzieht.
Und vor allem enorm „christlich“: Nach Ägypten oder Marokko reisen, in muslimische Ländern? Gern. Aber „solche Leute“ hier über die Grenzen kommen lassen – auf keinen Fall.

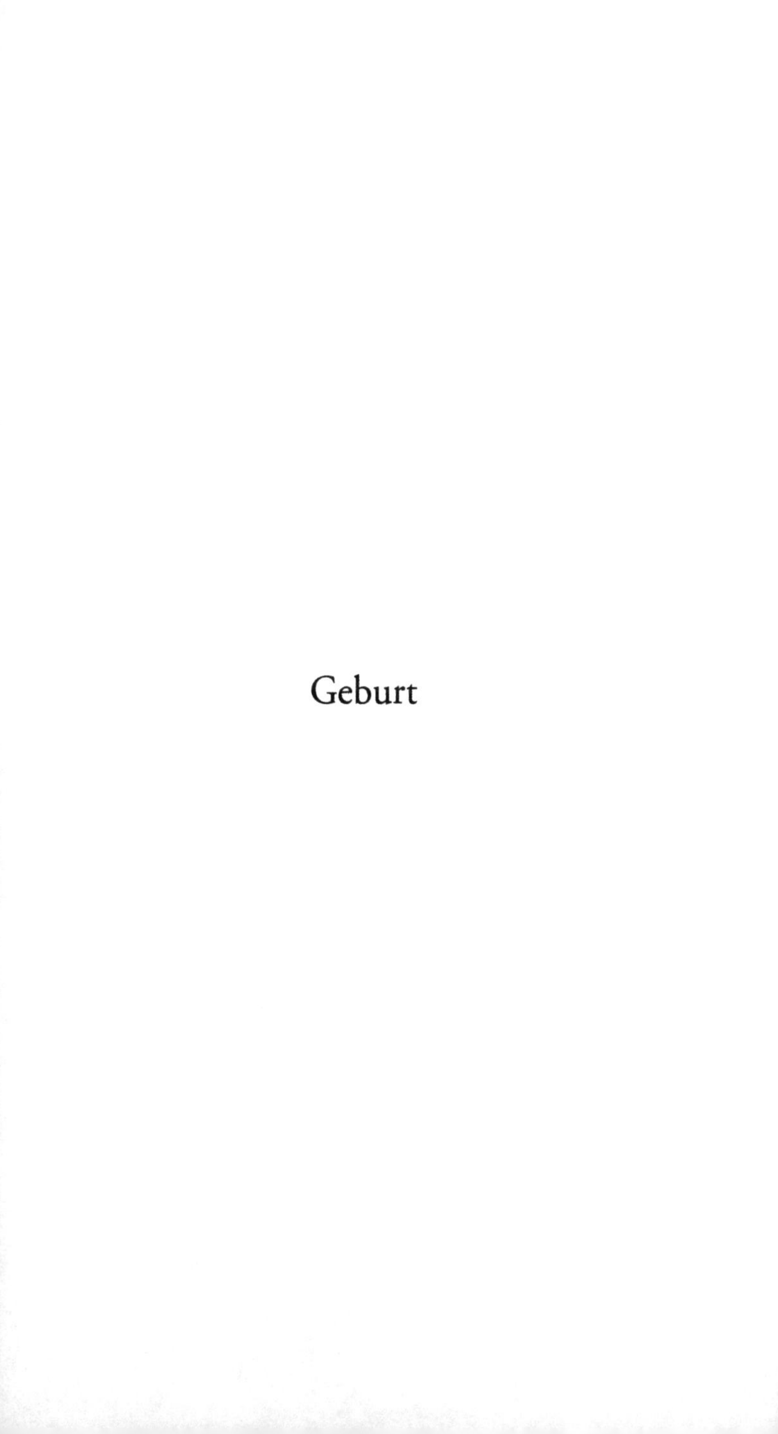

Geburt

Ich aber hatte Glück. Ich blieb „keiner von denen". Mir wurde wahrscheinlich, so wie der Herrgott es wollte und der Dicke „Staatsmann" Helmut Kohl (CDU) mit seiner „geistig-moralischen Wende" meinte, die „Gnade der späten Geburt" zuteil. Na, das war doch was!

Ich kam unerwartet zumindest in Hamburg an. Viel, viel später, lange nach den Flüchtlingstrecks vor der Bäckerei an der Wattenbergstraße. Weil ich wiederum für jemanden gehalten wurde, der ich ebenso wenig war wie die Verkörperung einer „Gegen-Kultur" oder ein Pop-„Vertriebener".

Es war nicht einmal eine gefälschte Doktorarbeit nötig, wie anscheinend üblich in Parteien und Ämtern, sondern bloß zwei von Anderen missverstandene Anrufe.

Ein *stern*-Redakteur rief an. Antje, die Liebe meines Lebens, sagte ihm, ich sei irgendwo hinten im Garten. Es sei sinnlos, da rauszurufen. Ich würde mich späterhin melden.

Dem Post-Gott sei dank, dass es da noch keine Handys gab. Als der Kollege sich wieder meldete, vertröstete sie ihn fröhlich, ich sei mal kurz „rausgefahren". Könne dauern.

Weil doch das Wetter so schön sei.
Dass ich bloß mit dem Fahrrad von der Heimfelder Straße unterwegs nach Moorburg war, konnte ein Top-Journalist in der *stern*-Redaktion ja nicht ahnen.
Der Redakteur kannte zwar meine Adresse. Aber er hatte sie sich falsch zurechtgelegt: ich wohne wohl – bei meinem Lebenswandel, dem riesigen Garten und der Gelassenheit – in einer der üblichen Villen an der Heimhuder Straße nebst Parklandschaft und sei gerade mit der Jolle auf der Alster, möglicherweise just unterwegs zur knechtenden *stern*-Redaktion im „Affenfelsen", einem klotzigen Betongebirge am Ufer gegenüber der „Landes-Spielbank" im *Interconti Hotel.*
Was sollte ein reicher Junge auch sonst tun? Zu *Marquardt* gehen und noch mehr Musik kaufen? Capuccino trinken als genüßliches Zeichen einer „Gegen-Kultur"?
Die Story aus Vermutungen und Vorurteilen ging jedenfalls schnell herum auf den Fluren von *Gruner + Jahr.*
Ich wusste nicht, wie. Aber nichts war schlimmer als die Langeweile, der Überdruss und Neid in Redaktionen. Ich sage nur: Vorsicht bei der Berufswahl! Lieber nichts mit Medien.
Ich überlegte sogar, ob ich mir aus Daffke „I am sailing" von Rod Stewart als Jingle auf meinen Anrufbeantworter aufspielen sollte.

Von da an war ich zumindest in einigen Redaktionen nicht mehr der „schräge Typ" mit dem *Enterprise-Communicator*-Anstecker, der sich bloß mit „Sub-Kultur" und „so´n Scheiß" auskannte.
Und der mit zweidrei Zeilen aus der „Heimhuder" orientierungslose *Playboy*-Leser von nah und fern mit einem irren Currywurst-„Gourmet-Tipp" dazu gebracht hatte, mit dem Porsche oder dem getunten BMW zwischen Behelfsheimen in Bostelbek gleich neben der Raffinerie bei der *Siedlerklause* vorzufahren. Einer, der den Nerv besaß, in einem Nebensatz Bing Crosby zu einem schwarzen Sänger und Comedian umzufärben – und damit einen Redakteur zu düpieren, der das drucken ließ. Nein, nicht alle haben da gelacht.

Mir wäre von da an jede „Story" über oder mit „Pop-Stars" ohne eine Kummer-Falte abgenommen worden.
Da war ich endlich quasi amtlich, per Flurfunk anerkannt. Auch kein Flüchtlingsbengel mehr. Und machte mich schon wieder „vom Acker", den ich staatlich vergünstigt kaufen konnte. Typisch „Generation Null Bock".
Aber in jenen Monaten mochte ich einfach nicht mehr über „Gegen-Kultur" schreiben. Es war vorbei.

„Bye bye,/ Junimond,
es ist vorbei,
vorbei,/ vorbei."

Und ich wusste nicht, wann, wie und wieso.
So wie mit dem großen *Marquardt*-Universum, das sich allmählich mit „Fred vom Jupiter" von Andres Dorau quietschend ausschlich:

„Er kam vom and'ren Stern,/
er landete nicht gern./
Es musste aber sein.
Der Sprit ging aus./ [...]
[Refrain:] Fred vom Jupiter, Fred vom Jupiter/
– der Traum aller Fraun.
Du machst mich schwach.
Fred vom Jupiter, Fred vom Jupiter/
– bleib' für immer hier,/
geh doch nicht fort!"

Vielleicht, weil die alten Song-Texte gleichwohl blieben?
Oder ich sie mehr verstand als je zuvor? Falls man überhaupt „deutsche" Texte verstehen konnte, von den englischen gar nicht zu reden.
Dabei hatte sich nicht wirklich etwas geändert. Außer „wir".

Es schlich sich eine andere Entfremdung ein. Da war beispielsweise an einem Nachmittag ein langes Kamin-Gespräch in einem kleinen Hotel auf St. Pauli mit dem melancholischen Kevin Ayers, bei dem er seine Bärenfellmütze nicht absetzte, als müsste sie ihn wärmen bis zum späteren Auftritt im *Logo* bei der Universität.

Der Tonband-Mitschnitt verstaubte seither auf meinem *Uher* im Sekretär. Gestoppt und nie dem Gerät entnommen.
Der „Journalismus" des täglichen Verwurstens aller Gelegenheiten war damit für mich vorbei.
Da hatte ich mich so lange danach gesehnt, schreiben zu können, wo und was ich wollte – und als es so weit war, mochte ich nicht mehr. Der Fluch wich so wie der Schrecken des Heribert G. über den „21st Century Schizoid Man".
Doch die Ayersche Wehmut begleitete nun fortan all meine Lieblingssongs von ihm. Die ich erstmals auf „Shooting at the Moon" hörte, die Horst mir aus London ratlos mitgebracht hatte. Es sei ein „Insidertipp", sagte er achselzuckend. Später entdeckte ich die „Confessions of Dr. Dream" bei *Marquardt*, aber ich verstand zu wenige der textlichen Andeutungen, war wie betäubt von der unglaublichen Sprecherstimme und der irrwitzigen Gitarrenarbeit von Ollie Halsall, der auch schon den „Leppo" bei den *Rutles* gespielt hatte:

„It begins/ with a blessing/
and it ends/ with a curse;/
making life easy,/
by making it worse.
My mask is my Master,
the trumpeter weeps./
But his voice/ is so weak
as he speaks from his sleep,/ saying:
Why,/ why,/ why,/ why/ are we sleeping!"

Da waren wenig später einige nach der Heimkehr gefertigte, kaum leserliche Notizen von einem Abendessen mit Joan, die jahrelang die Lightshows für *Jefferson Airplane* und *Greatful Dead* komponiert und mit ihrem Mann John aufgeführt hatte.
Ich legte sie, wieder zuhause und verwirrt, in eine Schublade und schloss das Fach ab.
Sie verblichen, gesäumt von tanzenden Stockflecken auf und unter den blauen und roten Schreib-Linien.

Joan hatte mir in einer Pension an der Mundsburg vorgebackene Pasteten auf einer Camping-Kochplatte bereitet und bei einem schrecklichen Kabinett dem „ersten netten Deutschen“ von der Leber weg aus ihrem Leben erzählt, so als säße stattdessen ihre Freundin Grace Slick mit am klapprigen Tisch.

„Ssprekken Sie nich'/ mit einem Deutssschen,/ wenn Szie/ müden sind.“

Ich hatte plötzlich das Gefühl, ich könnte mit dem Schreiben über angebliche „Pop-Kultur“ genau das verraten, was ich endlich gewonnen hatte, als die Haare bereits schütter wurden: Die Ruhe beispielsweise, die sogar jene notorisch Lärmenden, die ohne Rücksicht Rückkoppelnden und die dauernd Quengelnden auszeichnete, die ich so sehr bewunderte.

Denen ich immer näher war als allem um mich und doch immer so fern.

Nur was machte diese vermeintliche „Nähe“ aus?

Die „Pop-Musik“, die Songtexte oder das, was dazu geschrieben worden war, beispielsweise in der *Sounds*, dem *Musikexpreß* und *Spex*? Was hatte ich da nicht alles erzählt bekommen.

Seit wann hatte ich eigentlich das Lesen von „Fachblättern“, von Illustrierten wie dem *stern*, des „Nachrichten-Magazins“ *Der Spiegel* aufgegeben?

Seit einer wie ich dort schrieb? Ich sah das als böses Omen.

„It begins/ with a blessing/
and it ends/ with a curse.“

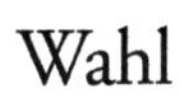
Wahl

Die Einladungskarte für ein Treffen mit Jack Bruce im *Hotel Hafen Hamburg* hatte ich auf der Rückfahrt von dort weggeworfen. Dabei war sie schon seinerzeit eine Rarität.

Als er in die *Turm-Bar* kam, fragte er verdutzt gefragt, ob ich denn wohl „die Hamburger Presse" sei.

Ich schaute gerade auf die Landungsbrücken hinunter. Mit leichtem Schwindel, wie hypnotisiert: In der Tiefe wogte die Elbe grau und alles verschlingend.

Die Anderen seien vermutlich noch aufgehalten worden, murmelte ich. Außergewöhnliche redaktionelle Verpflichtungen gewiss. Bestimmt irgendwas von weltpolitischer Bedeutung. Wie immer. Wie überall.

Er habe davon gehört, sagte Jack Bruce leise. Wahl in Skleswеak-Holl-Sdzein. Dieser „nette Typ, Mr. Burn", wolle nach Jahrzehnten „die Konservativen" ablösen, diesmal.

Ich zuckte mit den Achseln. Eigentlich nicht möglich.

Der Barkeeper sollte erst in Stunden seine Schicht beginnen. Ich hatte Durst, Jack Bruce noch nicht gefrühstückt.

Er lud mich ins Restaurant ins Erdgeschoss ein, damit ich ihm – ohne diesen verdrehten Fernwehblick auf die Elbe – erzählen könne, für welches Publikum er am Abend da in der *Fabrik* spielen solle:

„Komischer Name für einen Club!"

Ob ich den Drummer und den Gitarristen kennte, die für seinen Auftritt zugemietet worden seien?

Ich lächelte zuversichtlich: Jaja, sicherlich doch. „Zabba" würde ihm genauso gut gefallen wie seinerzeit Ginger Baker.

Jack Bruce seufzte tief.

Nein, nein, nur sein Spitzname würde nach Frank Zappa klingen. Als Drummer mache er aber deutlich weniger Rock-Theater und moderne Musik läge ihm nicht.

Ich beeilte mich zu schwören, dass der Gitarrist oft und zu Recht mit Eric Clapton verglichen würde. Jack Bruce stöhnte.

Aber Björn Engholm sei „auf jeden Fall ein guter Kerl, charmant und aufrecht".

Ich hätte ihn „gerade neulich getroffen", als er unter Gewerkschaftskollegen „seine Politik" erklärte. Schleswig-Holstein sei ein zurückgebliebenes Land zwischen zwei Küsten. Außerdem neben der DDR und Dänemark, bislang noch von Bauern, Freiherrn und Superschlauen dominiert – das solle sich nun ändern. Aber der Teufel stecke im Detail.

Jack Bruce stocherte die Schnittbohnen quer durch die blassen Kartoffeln. Das klinge alles gar nicht gut. Ob ich noch ein paar Stunden erübrigen könne oder schon Besseres vorhabe? Ich solle ihn abends bloß begleiten, damit er „nicht mehr zu reden brauche". Alles sei gesagt.

Ich bestellte ein *Astra*, weil die Weinnamen nicht mein Vertrauen erweckten und ich sowieso keinen Bissen runterbekam von meinem Pannfisch.

Nein, Begleitschutz sei gewiss nicht nötig.

Einer wie er bräuchte keinen Beistand falls andere, so wie ich, peinlich würden. Sonst hätte ich ihn doch nicht mit „Mr. Bruce" angeredet, sondern das sprachlich im Englischen gleich klingende „Du" und „Sie" genutzt, um zum Vorna-

men überzugehen und somit vertraut zu wirken. Vielleicht war es auch das erste Mal, dass er quasi gesiezt wurde?
Jedenfalls Frank Eyssen, der ihn für die Veranstaltung im Auftrag der SPD engagiert habe, sei ein „netter Kerl" und habe offenbar Geschmack, was schon die Wahl der Mitmusiker zeige. Aber „his comrades" wüssten den seltenen Besuch womöglich ebenso wenig zu schätzen wie offenbar die Lokaljournalisten. Immer derselbe Quark war denen lieber als ein Teil von *Cream*.
Andererseits hatte die SPD ja „Burn" Engholm immerhin in ihren Ortsverein eingeladen. Obwohl sie ihn in Hamburg sowieso nicht wählen durften. Das zeigte doch Humor.
Jack Bruce runzelte die Stirn. Ich beeilte mich zu sagen, dass ich aber jedenfalls kaum einen anderen Song so sehr liebte wie „I feel free". Da könne die Wahl in Kiel ausgehen wie sie wolle und egal wie das Konzert in Hamburg heute liefe.

Jack Bruce zuckte mit den Achseln. Wenn ich wolle, könnten wir nachher Ginger Baker und Eric Clapton anrufen, und ich solle denen mal erzählen, warum ich denn den Song auch nach über zwanzig Jahren nicht vergessen hatte. Sie jedenfalls mochten ihn von Anfang an so gar nicht.
Das wollte ich lieber nicht. Hasenfuß eben.
Ich begleitete ihn in die *Fabrik*, faselte in der Garderobe irgendwas vom *Release Music Orchestra*, bei dem Zabba spielte, bis ich merkte, dass Jack Bruce mich auf die Probe gestellt hatte. Er kannte die Mitmusiker längst von einem gemeinsamen Konzert im *Hamburger Stadtpark*. Besser jedenfalls als ich sie. Und das waren Hamburger!
Ich wartete, bis Engholm im Saal vor klatschenden Genossen sprach. Sie waren von sich und ihrer Berufung an diesem Tag ebenso verzückt wie die angerückten Hamburger Journalisten, die Jack Bruce auch nun nicht treffen wollten.
Dann verschwand ich durchs dunkle Altona, eilig am bevölkerten Spritzenplatz vorbei, zur S-Bahn. Bis zur übernächsten Station, dem Atombunker „Reeperbahn", feierte das übliche „Partyvolk" übermütig.

Da kam die Melodie wieder, jener somnambule Bruce-Gesang, ein perlendes Piano zur Phrasierung bevor Claptons Gitarrensolo Fragen und Antworten mitsang:

“I can walk down the street,/ there´s no one there/
though the pavements are one huge crowd./
I can drive down the road/ my eyes don´t see/
though my mind wants to cry out loud!”

Am Jungfernstieg verhallte dieser Klang im Kopf.
Noch zwanzig Minuten stille Fahrt bis Harburg. Dann war auch der schwindelerregende Blick vormittags von der Bar und nun beide Male von den Brücken hinab auf die wogende Elbe vergessen.
Die quälende Erinnerung verschwand, wie mein Vater 1962 Nachts zitternd von der Schicht heimkam und ängstlich berichtete, er habe es mit der Straßenbahn „gerade noch“ aus Wilhelmsburg rausgeschafft. Das Wasser komme, eine mächtige Flutwelle werde uns treffen.
Am anderen Morgen nahm er mich bei der Hand und ging mit mir zur *B 73*. Wir sahen die Senke hinter den Bahngleisen nach Cuxhaven hinab, in der unser Kleingarten lag. Tote Kühe dümpelten dort in öliger Brühe.

Noch ein letztes Mitternachtsbier im *Petra und Peter*, nahe der S-Bahn-Station „Heimfeld“. Nur betrunkene Handwerker im *PePe*, Ecke Thörlstraße.
Vor der Kneipentür ein klappriger VW-Lieferwagen mit dem Aufkleber „Volksschule 1966“ auf der Rückscheibe.

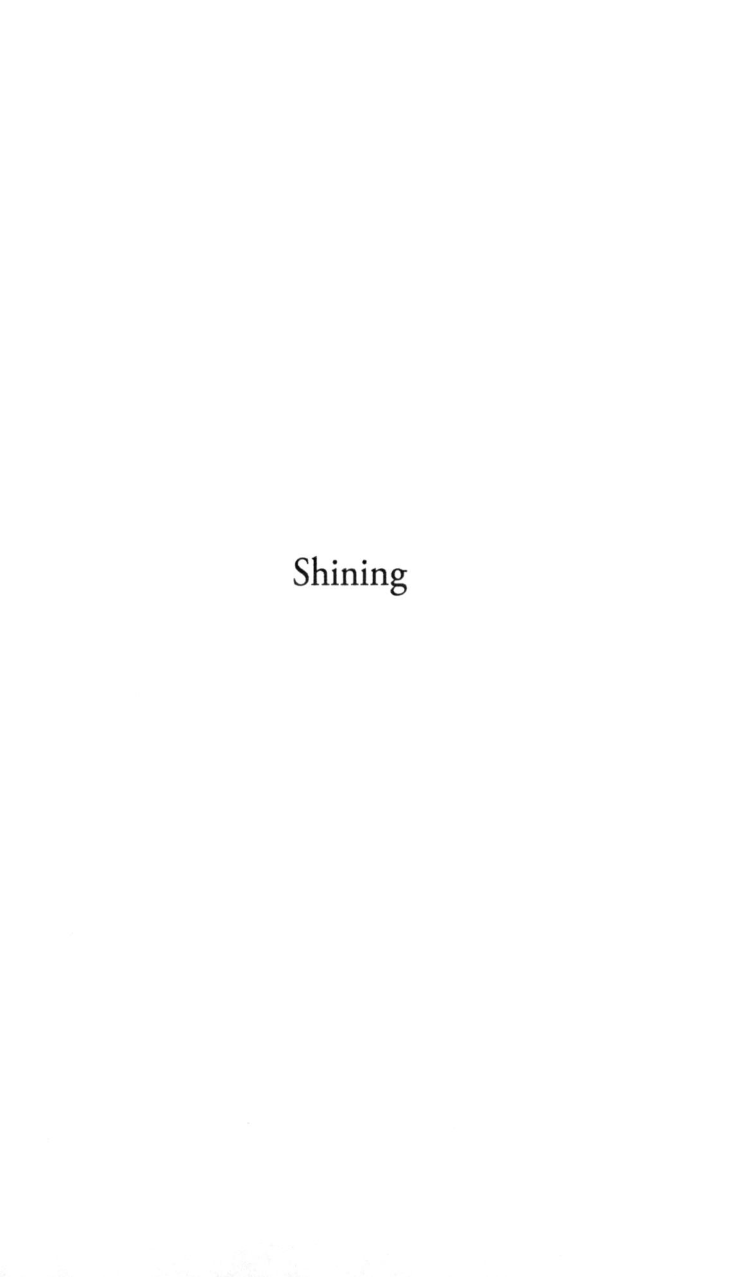

Shining

Wenn mein Kopf „mein“ Museum sein könnte – ich hätte alle Platten wieder bei mir. Sie alle und noch viel mehr. Oder noch viel weniger?
Aber wäre ich dann „zuhause“? Vielleicht sogar wieder bei mir? Oder bloß so wie ein Pappaufsteller, gedruckt von einem Foto meiner „Jugend“-Jahre, direkt neben einer Wachsfigur von mir mit ehrenhaftem Haarkranz? Oder bloß wie ein Flüchtling mit einem amtlichen Ausweis, dass er nicht geflohen sei, von Nirgendwo nach Nirgends. Einer, der wieder „von vorne“ anfangen müsste mit dem, was er lange hinter sich gelassen hatte – aus welchen Gründen auch immer.
So war das mit der Kopflast. Oder wenn man Röhren-Radios, die kaum Musik mit rückkoppelnden, brüllenden E-Guitars sendeten, nur nutzte, um damit Gitarren bis zum Heulen zu verstärken: Womöglich etwas zu flach für eine ganze „Generation Pop-Kultur“? Aber mehr Tiefe war nie.
Jedenfalls wäre mit einem Kopf-Museum „meine“ Leere verschwunden. Der Klang „meiner“ Generation allerdings auch, wie auch immer sie hieße.

Das, was „uns“ für ein paar Jahre ausmachte, fehlte zweifellos in jeder rekapitulierenden „Sammlung“: jene verschrobene Live-Musik – jedes Wochenende experimentierende, brüchige Band-Besetzungen.
Kurzum: der ganze „unprofessionelle“ Mist, der ebenso vergnüglich wie inspirierend war. Und eben selten festgehalten wurde.
Da half kein nostalgischer Rückblick voller „persönlicher“ Notizen. Wir „gingen“ damals einfach zu einer irgendeiner Combo, deren Drummer gerade mal ein paar „Freunde“ angerufen hatten. Hatten Drummer denn Freunde?
War der überhaupt noch „deren“ Drummer? Oder schon ein anderer? „Wir“ erkannten dort in der „Jugendzentrumsinitiative“ oder einer maroden Kneipe sofort zwei andere Bands auf der Bühne wieder, die wir schon wochenlang nicht mehr gesehen hatten. Ach so! Deshalb hatten „wir“ deren Sound und Songs „lange nicht gehört“. Die Umbesetzung, das Mischen, hatte „sich gelohnt“. Für eine Woche mindestens.
Wie hießen die noch gleich? Alle hatten irgendwie komische Namen in Harburg, so wie die Straßen. Die Band von Carlo hieß ausgerechnet *Altona*, nicht Harburg – beides ehemals reichsunabhängige Städte, die mit Hamburg nichts zu tun haben wollten. Eine aus der Heimfelder Straße hieß natürlich *Heimfeld*, aber nicht „Straße“. Im Nachbarhaus hatte später die *Betty Ford Houseband* ihre Anlaufstelle. Und später an der Elbe: Konzerte mit *A Horst with no name*.

Hatte es sich „gelohnt“, sowas scheinbar Beliebiges und Kurzzeitiges zu wissen, womöglich länger als einen Monat zu erinnern? Irgendwelche Bandzusammensetzungen so zu kennen wie anderenorts Vertriebenen-Stammbäume?
Oder „Star-Tenöre“, die den Komponisten, den sie interpretierte, nie kennengelernt hatten?
Das erinnerte mich an die unsäglich intensiven Minuten mit „Refried Boogie“, der ja zudem noch eine ebenso lange B-Seite hatte – *Canned Heat* waren eine jener international nur durch einen einzigen Hit bekannten Bands.

Sie verkörperten ihren, für einen Blues ungewöhnlichen, Titel „On the road again". Ansonsten kannte sie kaum jemand. Ständig wechselten die Gitarristen, Bassisten, ja sogar Sänger. Mal spielte John Mayall das Piano, mal Mick Taylor oder Walter Trout die Gitarre – absolute „Stars" davor und „danach". Ohne dass jemand Aufhebens darum gemacht, von „Super-Band" gefaselt oder es überhaupt nur bemerkt hätte. Diesen Musikern gefielen die pickligen Jungs von *Canned Heat* aber offenbar so gut, dass sie unbedingt „dabei" sein wollten, wenn auch manchmal nur für kurze Zeit.
Ich weiß nicht einmal, obwohl ich jedes Mal dabei war, wie die elfte oder zwölfte Band hieß, in der ich Robby wiedermal trommeln sah. *Fishface Orchestra*? Mit fünf Bassisten und drei Keyboardern – wieder so ein Fall für die ungeklärte deutsche Pop-Geschichte.
Unter ihnen war Volker sowas wie der Anführer. Er inspirierte und war zurückhaltend ein Teil eines irgendwie Ganzen, das es ohne ihn nie gegeben hätte.
Ich hatte ihn in *Der Moorburg*, dem letzten Widerstandszentrum gegen die „Hafenerweiterung", mit den *Sirenen* wundervoll ironische A-Capella-Sets proben gesehn. Mit der Harburgerin Riekje, der – laut einhelligen Medienberichten – der „großen" Hamburger „Blues-Hoffnung". Sie heirateten im Hamburger *Literaturhaus* an der Alster, in Anwesenheit der Humpe-Schwestern und einiger seinerzeit aktuellerer Prominenz, deren Namen ich vergessen habe.
Volker vagabundierte. Mal inspirierte er die fiktive Band *Bandits* für eine Filmmusik. Mal begleitete er Rio bei einer seiner letzten Touren – jener, der „König von Deutschland", bei der Zugabe mit einem verschmitzten Hofnarren Volker am Akkordeon, nur leise zur Seite. Na und? Was sagte das? Dass Volker einer der großen, stillen Stars der „deutschen" Pop-Musik war, den kaum jemand kannte und dessen Arbeiten vermutlich zum großen Teil unveröffentlicht sind. Dass Robby „überall" getrommelt hatte, beispielsweise in der Band, aus der später mal *Clowns & Helden*" entstand.
Aber kaum einer im Publikum „kannte" ihn.

Oder was sagte es, dass Udo Lindenberg mal in Hamburg bei den *City Preachers* oder mal *Atlantis* an den Drums saß? Und davor in namhaften Jazz-Formationen.
Bloß weil nach einer Reihe von Misserfolgen seine „Discographie“ späterhin ansehnlicher sein mochte, war seine „Biographie“ nicht von vornherein interessanter als Robbys.
Es war auch keine soziologische oder feuilletonistische Zwangsläufigkeit gegeben, ihn in irgendeine „Sammlung“ oder sonstige Einsortierung aufzunehmen, schon gar nicht eine „sub-kulturelle“, wenn eine Etikettierung gefragt war.
Es sei denn in „seiner“ Provinz, wo alles anders war und „man“ wartete, das endlich einer „groß rauskam“.
Wo die Verwüstung so groß und die Welt so klein war, wenigstens einen der „ihren“ dort (und nur dort) zu ehren.
Und irgendwer würde seine aufgenommene Musik im Plattenschrank verwahrt haben. Oder seinen Borsalino vielleicht oder eine seiner (als „Wortmarke“ geschützten) *Likörellen*.
Enthusiasten könnten sicherlich zahlreiche Reliquien beisteuern...

Immerhin wurde die Lederjacke, die Udo Lindenberg einst dem DDR-Staatssekretär Erich Honecker als Verwandlungsumhang geschenkt hatte, für 7.500 DDR-Mark vom *Volkseigenen Betrieb Jugendmode* in Rostock ersteigert und gelangte nach der „Wende“ ins *Kulturhistorischen Museum Rostock*.
Und seine *Likörellen*, hochprozentige Aquarelle von verschwommenem Wert, wurden zur seinerzeitigen Eröffnung der *Walentowski-Galerie* in der seinerzeit noch „neuen“ *Europa-Passage* vorgestellt. Lange vor Meschede.
Wie aber fänden sich all jene ungezählten, manchmal nur für ein paar Wochen oder gar Monate „populären“ Songs?
Solche, die für ein oder zwei Momente irgendwo, vielleicht auch nur in einer Clique, gesummt wurden? Die aber von Mal zu Mal wie Hymnen auftauchten – irgendwo, irgendwie, irgendwann.
Wie Jimi Hendrix in „Castles made of sand“ sang:

„There was a young girl/ whose heart was a frown/
because she was crippled for life,/
and she couldn't speak a sound.
And she wished/ and prayed/ she could stop living/
so she decided to die.
She drove her wheelchair/ to the edge of the shore/
and to her legs/ she smiled: 'You won't hurt me no more!'
But then a sight/ she'd never seen/ made her jump and say:
'Look, a golden winged ship/ is passing my way!'
And it really/ didn't ever stop.
It just kept on going.
And so castles/ made of sand/
slip into the sea.
Eventually."

Das war keine so freundliche „Postcard" von der See, wie sie die *Bonzos* verschickt hatten. Kein Gruß, aber ein melancholischer, fast fatalistischer Abschied.

Da hast Du (Schlösser) auf/aus Sand gebaut. Die beliebte deutsche Redewendung ähnelte vordergründig und lakonisch der balladenhaften Beschreibung eines Scheitern oder einer tiefen Verzweiflung, ein Lebensgefühl, das die *Jimi Hendrix Experience* 1967 auf dem Album „Axis: Bold as love" in einigen der Titel hatte anklingen lassen. Wer sang sowas nach, auf einer „Party" oder unter der Dusche?

Die Hymnen aus Harburg, Hameln oder Würzburg wurden vermutlich nie in einem Studio „ordentlich" vom Leben abgenommen und in Spuren geordnet. „Major Companies" hatten eine zeitlang überhaupt kein Verständnis dafür, dass eine Band wie *Ihre Kinder* zwischen 1969 und 1973 deutsch sang, lange vor Udo Lindenberg.

Eine „deutsche" Band hatte Englisch zu singen! So wie ein ausländischer Musiker eben Deutsch singen musste.

Es fänden sich also vermutlich keine nach und nach abgespielten „functional tapes" für „Gegen-Kultur", die schon seinerzeit kaum jemand hören wollte oder konnte. Fern vom Einkauf oder poppigen „Shoppen".

Weit weg von verpeilten Filialen internationaler Konzerne, in denen die Statthalter ihren Chefs und auch „dem Publikum" gefallen wollen – nicht aber Musikern.
Alles inzwischen wohl lückenlos überspielt von irren Eichhörnchen! Kein Fahrstuhl, kein Weg nach oben. Selten ein Durchgang in andere Abteilungen. Nur Flure.
Es war insofern alles andere als „funktional", was Musikerinitiativen von den Siebziger- bis zur Mitte der Neunzigerjahre erreichen wollten. Wenn auch begründet-
Es war anfangs schwer, beispielsweise eigene Labels und Plattenvertriebe einzurichten.
Als aber endlich alles „klappte" (als hätten „Major Companies" nicht längst die Lust am nachwachsenden Rock-Rohstoff verloren), da hatte sich die Idee der „Autonomie" verselbständigt. Sie war nie etwas anderes als bloß das Achselzucken über dämlichen Konzern- und Parteistrukturen, wo zumindest Deppen, die keine Band und keine Ahnung hatten, „Karriere" machten.

Solche merkwürdigen „Biographien" machten gar keinen Sinn, jedenfalls nicht dort, wo angebliche „Street Credibility" zählte, sondern nur, wo andere vermuteten, dass sie vorhanden sei, weil sie selber keine hatten.
Der tragi-komischste Fall – wie bei Doof und sowieso Dick – war Sigmar Gabriel (SPD), der vom Ritter Gerhard zum „Bundes-Pop-Beauftragten" entmannt wurde.
Oder Dieter Gorny (SPD), der dann in direkter Partei-Erbfolge der unschlagbaren Dauer-Wahlmisserfolge vom inzwischen mühselig in Koalitions-Pokerrunden durchgesetzten Bundeswirtschaftsminister Sigmar Gabriel zum *Beauftragten für kreative und digitale Ökonomie* berufen wurde.
Und so war es inzwischen überall bottom-down ausgerichtet, von der „Spitze" bis zur „Basis", nur ohne Grundlage: Studierende an der staatlichen *Pop-Akademie* in Mannheim wollten bloß noch „ihr" vermeintlich eigenes „Projekt" möglichst „professionell" voranbringen.
Woher, wohin, wozu – alles egal.

Hauptsache, irgendwas mit „Pop", wie es inzwischen Werbebanderolen in der U-Bahn für eine konkurrierende private „Akademie" annoncierten.
Aber nur, weil es in den Siebzigerjahren noch nicht klappte mit einer „alternativen" Ökonomie und einem wörtlichen, kleinen „Kulturbetrieb", war das noch lange keine „Gegen-Kultur" – auch nicht, im offenbar so vordergründig gemeinten, absurd schnöden Kontrast (zur fett bis zum Ersticken) subventionierten „Hoch-Kultur".

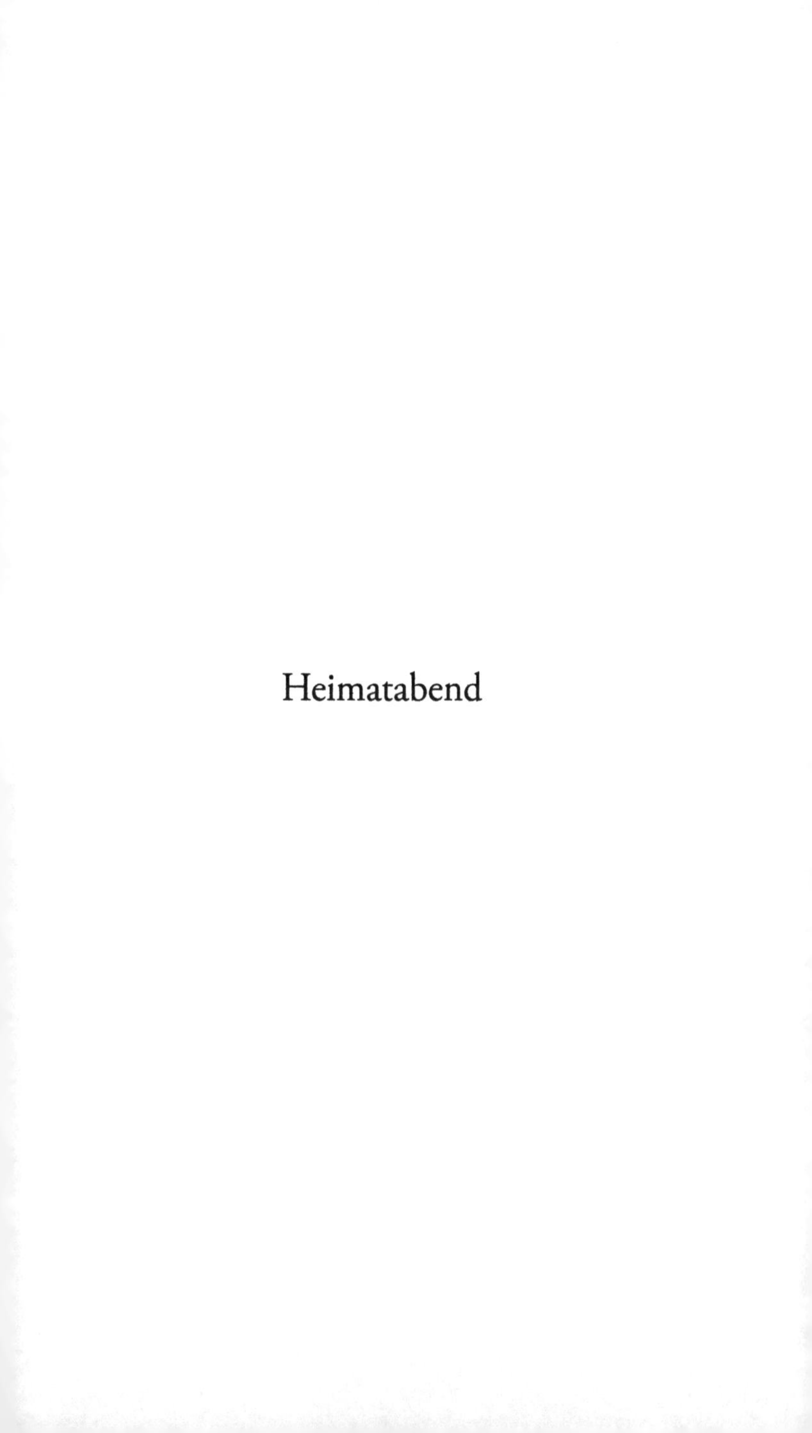

Heimatabend

Carsten beispielsweise nahm sogar irgendwann mit Freunden aus zig anderen Harburger Bands drei LPs auf. Allerdings waren die Songs aus der allerersten Besetzung, *Zulu*, wohl verlorengegangen.

Sie waren in den Siebzigerjahren damit bei Stadtfesten im *Phoenix-Viertel* und bei Bürgerinitiativen-Versammlungen gegen die Räumung von Altenwerder und Moorburg gefeiert worden. „Neckermann macht´s möglich", schunkelte Carsten mit dem Publikum und alle lachten über die ihnen verschmitzt vorgehaltenen kleinen Lügen, mit denen sie wie in einem ständigen Versandhandel lebten.

Ich erstarrte, weil ich da erst begriff, dass meine Eltern nur mit Lumpen am Leib in Deutschland „angekommen" waren. „Ohne Habe", wie man in Deutschland so nett verächtlich sagte. Und vorerst „ohne Bleibe".

Nichts war ihnen „geblieben". Nichts, außer ein Leben, von dem sie bis dahin nicht mal wussten, wie und ob sie es führen wollten. Und nun?

Sie mussten erst alles „neu" kaufen – ohne das zu wollen.

Mein Vater war aus der Kriegsgefangenschaft in Frankreich nur entlassen worden, weil die *Hamburger Hochbahn* für ihn unbekannterweise „bürgte". Und er bedankte sich bei Deutschland bis ans Lebensende mit Sparen und Kaufen.
Es blieb nichts von all dem und ihnen, als sie schließlich in einem Altenheim in Berlin starben.

Ende der Achtzigerjahre „landete" Carsten dann endlich einen „großen" Hit: „Ich liebe Dich". Das war 1987 keineswegs der übliche Lovesong.
Dazu war der posenhafte Blick nicht sentimental genug.
Die *Clowns & Helden* machten sich musikalisch über sich selbst lustig; Carsten hatte sich sie sich als „Rocktheater" vorgestellt. „Von beteuerten Gefühlen und anderer Kälte", hieß die erste Langspielplatte der Band, die unter Freunden bloß noch „Klaus und Helga" genannt wurde.
Jahrelang noch gab es Cover- und Dancefloor-Versionen wörtlich „in aller Welt". Carsten erfuhr erst durch GEMA-Abrechnungen davon.
Die Band war da längst aufgelöst. Die anderen waren pleite, verschuldet, verheiratet, Hausmeister, dauerbekifft und ohne jene Liebe, die sie gospelhaft angejodelt hatten.
Joachim beispielsweise verdiente sich einige Monate lang bei diesen „Clowns" das Mittagsessen als Roadie. Leere Öltanks zu reinigen, hatte ihn nicht ausgefüllt. Aber der blecherne Hall im ätzenden Dampf war genial.
So tourte auch er mit ihnen durch die Lande. Immer wieder spielte er mit dem zweiten Sänger, Wolfgang, hinter der Bühne kleine Pantomimen und frühe skurrile Comedy-Szenen. Bald zogen die Beiden selber monatelang durch Kneipen, Clubs und Jugendzentren, als *Tenement Funsters*.
Es wurde trauriger. Erst Jahre später improvisierte Joachim einige seiner Wandergitarrenlieder, die ihn treuer als die Freunde begleitet hatten, ein einziges Mal mit einer Band auf der Bühne. „Stillstand" hieß „sein" Hit, ganz im Stil der *Helden* – der ab da nie wieder gespielt wurde. „Weiterziehn" hieß eine andere, improvisierte Nummer.

Carsten zog in den Neunzigern mit einem Bassisten und einem Drummer zusammen. Sie filmten für den NDR ein „Videotagebuch" ihrer Band *Roh* – alles andere als Direct Cinema, aber ehrlich so gut es ging.
Das Debütalbum von *Roh* „Wie krieg´ ich die Zeit bis zu meiner Beerdigung rum" handelte von Tod, Schokolade und der *Kelly Family*.
Zwei Jahre später erregte „Was viele nicht zu singen wagten" viel Aufmerksamkeit immerhin bei Jugendredakteuren, da auf dem Album vor allem Leserbriefe aus der legendären Illustrierten *Bravo* vertont waren.
Horst hatte 1990 in seiner Dekade-Sendereihe „Countdown 2000" eine jährliche Jahresendshow eingerichtet, den „Heimatabend".
Auf dem *Kampnagel*-Gelände in Barmbek wurde aufgezeichnet, was sich im Land stetig veränderte, meist mit vielen disparat eingestreuten Kabarett-Nummern.
Es wurde von Jahr zu Jahr absonderlicher: ein Kessel Buntes mit einer fortgesetzten Soap und allerlei merkwürdiger Pop-Musik, live eben auch mit *Roh*, mal mit *Station 13* aus Alsterdorf oder Jung-Rappern aus Wilhelmsburg.
Alles, was nun gerade „angesagt" war.
Also nach wie vor keiner Ost-Band, obwohl Horst 1997 das Musical „Elixier" für die *Prinzen* inszeniert hatte. Aber schon, als ich ihn zufällig im ICE auf dem Weg zu Proben in Leipzig traf, hatte er die Lust an der Idee verloren. Was sei das für eine morbide Grundstimmung, die von dort komme – „schlimmer als bei uns".

Eines Tages stand Dieter aus Bielefeld vor der Tür und wollte sich in der früheren Schiffsschraubenfabrik *Kampnagel* dies Theater mal ansehen: Clowns, die noch billiger als Professoren waren. Das müsse „man gesehn haben".
Bald würde er pensioniert sein und nach Italien ziehen, in den Süden, fern ab von der Universität in der Bielefelder Provinz. Endlich „aussteigen", mit Meerblick.
So der Plan. Er starb an seinem letzten Vorlesungstag.

Mein Vater Bruno kam nie zu dem, was er sich möglicherweise vorgenommen hatte. Der Keller mit seiner Bastelecke blieb fortdauernd verrumpelt. Die Werkzeugkiste, die er an Weihnachten geschenkt bekam, nachdem *Pitralon* und *Irish Moos* zu regelmäßig auf dem Gabentisch gelandet waren, verstaubte.
Er hätte, als er seine spätere Frau Elly nach den Jahren der Gefangenschaft in Frankreich wiedersah, ihr vielleicht gern einen feinen Holzkamm für ihr lockiges Haar schenken mögen. Dazu wäre vielleicht nur ein Pfund Butter als Tauschwährung nötig gewesen.
Für Elly ging Liebe durch den Magen, auch wenn man es ihrer Küche nicht anmerkte. Sie hätte dem nicht erst vom Krieg abgemagerten Bruno womöglich ein „gutes Stück Butter" irgendwo besorgen wollen, für das sie ihre widerborstigen Haare hergäbe. Davon konnten sich andere Echthaar-Perücken fertigen oder ein Uhr-Band flechten lassen.
Als es ihnen „wieder Gold" ging, kaufte Elly sich einige Kunsthaar-Perücken, die sie auf weißen Plastikköpfen im Schlafzimmer aufreihte.
Sie waren morgens, falls Bruno noch von der Nachtschicht schlief, rasch aufzusetzen. Der Wasserboiler brauchte zudem nicht aufgeheizt zu werden.
Das ging ruckzuck.
Bruno bekamm mit den Jahren vom fetten Essen ein „Wohlstandsbäuchlein", die damals gängige Gastritis und schließlich einen Schlaganfall.
Er verbrachte Jahre auf dem Sofa neben Elly.

Was wird „bleiben", wenn ich eines Tages „den Löffel abgebe", mit dem ich versuchte, meine Suppe auszulöffeln? Ein Teller voller Rote Bete an Groschenhäufchen?
Eine verschrammte *Fender Telecaster*? Eine abgestoßene, sandfarbene *Gibson S 1*? Ein angekautes Plektrum?
Der Eindruck schindende, kreuzschwere *Les Paul*-Nachbau der deutschen Forma *Hoyer* war längst „versetzt".
Mehr bliebe nicht. Keine Rückkopplung.

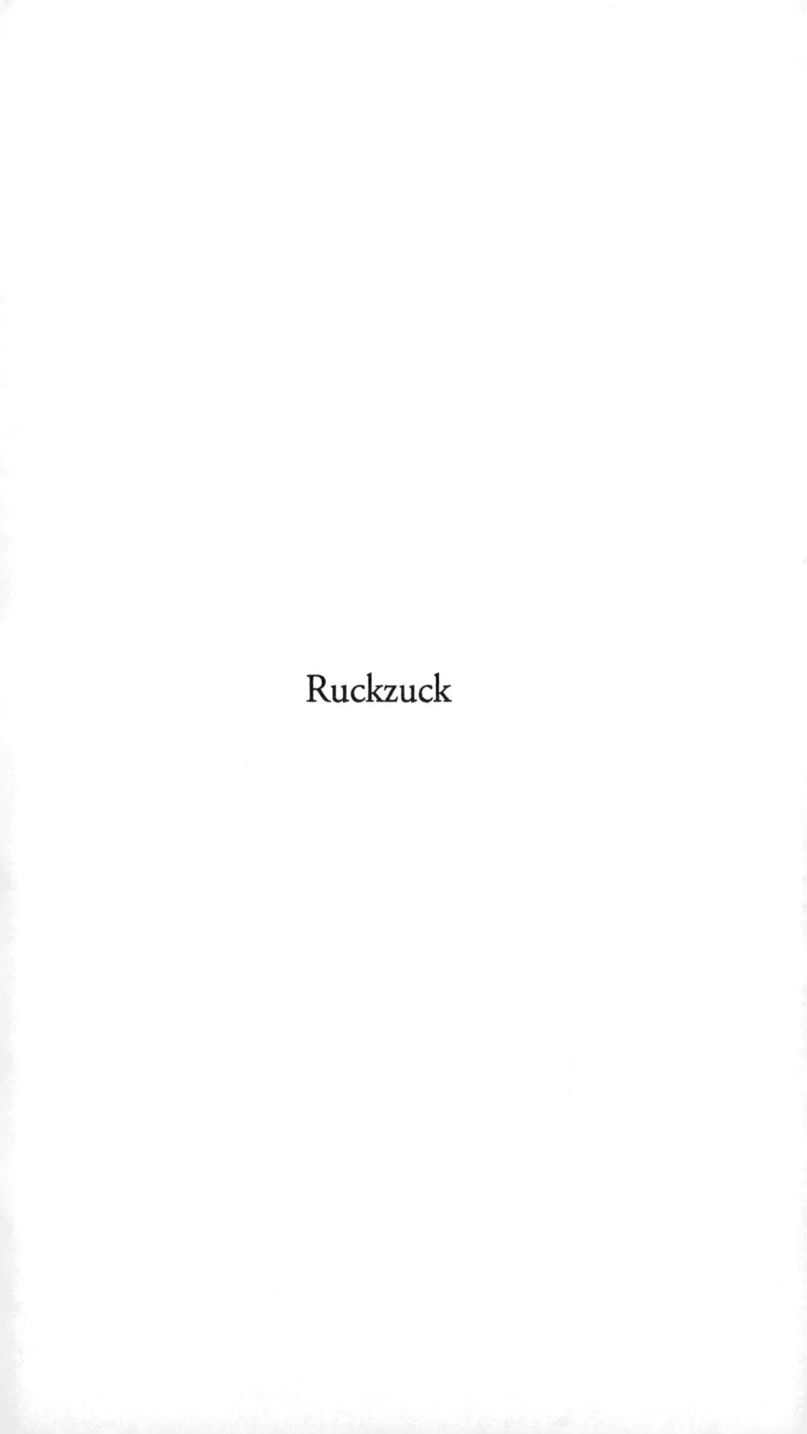

Ruckzuck

Würde es sich denn überhaupt lohnen, jene Musik zu erinnern, die ich bereits vergessen und andere höchstwahrscheinlich nie kennengelernt hatten?
Was ich von „meiner" Pop-Musik erinnerte, war fest mit Situationen oder Erlebnissen verbunden, die andere ohnehin nicht kannten.
Eine Rekonstruktion war deshalb schwierig, wenn nicht gar unmöglich. Und vielleicht auch unnötig.
Die Regale müssten allerdings nicht ganz leer bleiben. Nicht dass es nicht genügend Ausstellungsstücke gäbe, die – in einem entsprechend gestalteten Setting weiterführend Stimmungen und Assoziationen auslösen könnten – unabhängig vom kleinen Kopf-Museum und ohne konkrete Verbindung.
Es genügte womöglich ein erklärendes Schildchen darunter, egal, ob es wirklich mit den Erinnerungen oder dem verbundenen Ereignis zu tun hatte.
Beispielsweise hatte ich Eintrittskarten aufgehoben, die der „Allgemeine Studentenausschuss" (AStA) der Universität Hamburg mutmaßlich im Kartoffeldruck angefertigt hatte.

Im *Audimax* spielten donnerstags am frühen Abend Bands zum gleichbleibenden Einheitspreis von fünf Mark.
Auf dem Weg in den „Philosophenturm", zu einem Seminar über die Geschichte des Antisemitismus, das mein alter Oberstufen-Geschichtslehrer Uwe Lohalm nun auch an der Universität unterrichtete, bog ich zwei Mal ab, weil ich an den Tagen den Fußweg in den dreizehnten Stock scheute, aber mehr noch die Fahrstühle fürchtete.
Ich setzte mich lieber wieder in den großen Saal, in dem ich vormittags eine „Ringvorlesung Politikwissenschaften" und anderentags „Öffentliches Recht" hörte.
Dann dort lieber mal *Kraftwerk* mit „Ruckzuck" und *Ton Steine Scherben* mit „Alles verändert sich, wenn Du es veränderst" lauschen:

„Ein Baum kann nicht blühen,/ wenn keine Sonne scheint.
Und es gibt keinen Fluss,/ wenn kein Regen fällt.
Und es gibt keine Wahrheit,/ wenn wir sie nicht suchen.
Und es gibt keine Freiheit,/ wenn wir sie nicht nehmen.
Alles verändert sich,/ wenn du es veränderst.
Doch du kannst nicht gewinnen,/ solange du allein bist."

Sinn machte in diesen Ertüchtigungs-Titeln aus dem Album „Warum geht es mir so dreckig?" von 1971 kaum. Da war sogar ÖR noch sinnreicher.
Tautologien in Texten wurden nicht besser, wenn sie wie ein ironisches Zitat auf deutschen Eifer oder eine Widerreden zur urdeutschen Angst vor „Veränderung" daherkamen. Oder eine Totschlag-Bekräftigung wie „Ruckzuck" zu persiflieren schienen.
Beide Bands hatten mir bis dahin auch musikalisch nicht viel „gesagt".
Aber sie konnten offenbar zaubern: Der tägliche professorale Muff versickerte plötzlich rasch in der Holzvertäfelung.
Die Hörer klammerten sich an runtergeklappten Tischchen in den Sitzreihen fest, um nicht von der Wucht des Konzerts auf den Campus geschleudert zu werden.
Das „Audimax" war plötzlich wie ein zwischengelandetes Unbekanntes Flugobjekt, in einer lebensfremden Erdbahn.

Bei jedem Blick auf die verbleichenden, schlichten Eintrittskarten freute ich mich. Es war wie 1993 in der abgründigen Komödie „Last Action Hero", in welcher der arme Junge Danny mit einem goldenen Ticket, das angeblich einst dem Magier Harry Houdini gehörte, durch die Leinwand zu seinem verehrten „Helden" Jack Slater, dargestellt von Arnold Schwarzenegger, vordringt, um das Böse zu bekämpfen. Er trifft all die großen „Ermittler" der Schein-Welt, all die aufrechten „Helden" der Leinwand.

Doch am Ende gleiten die Schurken von der Fiktion durch die Filmleinwand in die „reale" Welt und morden „tatsächlich". Georg Seeßlen hielt die an den Kinokassen gescheiterte „Materialschlacht" in *epd-film* für einen

> „puren Anti-Spielberg. Eine Geschichte der Desillusionierung, die es schafft, nicht zynisch zu sein."

Wer bei mir die AStA-Tickets in den Neunzigern oder Nullerjahren als Lesezeichen im Bücherbord zwischen „Global 2000", Günter Zints „Gegen den Atomstaat" und Werner Piepers „Widersteh Dich" entdeckte, fragte meist so:

> „*Audimax*? Die haben echt im *Audimax* gespielt? Ach Quatsch – was ist das denn für ein Fake?"

In der *Fabrik*, ja, das wäre gerade noch hingegangen für „die *Scherben*". In der *Honigfabrik* vielleicht, in Wilhelmsburg.

Aber *Kraftwerk*? Die hätten nun wirklich eigentlich in der neo-barocken *Laeisz-Halle* auftreten müssen. Oder was?

Dann fiel der Blick oft auch noch auf ein kleines rotes Plastik-Thermometer, unter dem *Rio Reiser* und in „kindlich" designter Handschrift „Dr. Sommer" stand:

> „Morgennebel liegt/ über der Straße,
> die erste U-Bahn schreit,/
> das Radio berieselt/ die verpennten Katzen,
> leise rufen mich die Matratzen.
> Ich leg' mich hin/ und bin breit.
> [Refrain:] Dr. Sommer – wann kommst du wieder?
> Bringst die Sonne in unsere Lieder,/
> taust das Eis auf/ in unseren Seelen,/
> bringst die Blumen,/ die uns fehlen."

Den Klimawandel, den menschen- und den musikgemachten, hat dies *WEA*-Label-Gimmick leider nie gemessen.
Aber es schlug etwas aus, sobald jemand darauf sah. Es war eine angenehm diffuse Reaktion. Nichts Physikalisches, nichts Konkretes. Erinnerungsstaub. Partikel einer Ferienfreude, Kindergejuchze am Strand in der Ferne, das Schnarren von Wellen auf dem steinigen Strandsaum. Allerdings kam der nette kleine „Sommer"-Hit Wenigen in den Sinn.
Na gut. Das, sowie der *Höfner*-Bass von Joachim, wären dann auch schon die einzigen ausstellbaren Artefakte für „mein" Museum mit ansonsten leeren Regalen und Vitrinen. Kein Blickfang, keine regelrechte „Attraktion".
Aber auch keine Hybris und Phantasmagorie. Und mit denen – selbst, wenn es mündliche Erklärungen dazu gäbe – kaum jemand etwas anfangen wollen würde oder könnte. Beispielsweise mittels einer Einleitung zu einem denkbaren Objekt „Abgebrochene rote Ziegelmauerkante":

> Übrigens nahmen die *Beatles* am 23. Juni 1961 einige Bänder in der *Friedrich-Ebert-Halle* auf, dem Geburtstag meiner Schwester Brigitte (bloß ein paar Jahre später als der). Ich bin dort dann (noch später) zum *Gymnasium für Jungen* gegangen. Aber mich hätte nur Vicky Leandros in ihrem roten *Mercedes-Cabrio* auf dem Schulhof fast mal überfahren.

Allerdings fände ich solche typischen, verwirrenden Zeitzeugen-Erinnerungen geradezu beruhigend sinngebend. *Aardman Animations* hatte lange vor dem Kinofilm „Chicken Run" für die *BBC* und das Bildungsprogramm *Channel 4* niedliche Knetfiguren lippen-synchron „O-Töne" scheinbar die „eigene" Lebensgeschichten oder Geschichte „authentisch" wiedergeben lassen. Zootiere wie beispielsweise ein migräniger Löwe „berichteten" von ihrem stressigen Arbeitsalltag, so als gäben sie einem gelangweilten Psychotherapeuten oder einem Feldforscher mäkelnd Auskunft. Ein netter alter, typisch britischer Herr näselte 1989 in „War Story" aus dieser Serie, wie er damals im Luftschutz sich tapfer gegen die deutschen Angriffe gewehrt hatte.

Die Situationen mit den amüsanten Figuren, ihrer stilisierten oder karikierenden Mimik ließen die dazu überhaupt nicht passend scheinende Oral History im O-Ton komischerweise glaubwürdiger wirken als die realen Personen es mit ihren Aufnahmen je erreicht hätten. Diese Verfremdung machte sie absonderlicherweise „echter".
Die Realität wurde mit ihren Erinnerungen „neu" vermessen. Wo waren die Abweichungen, die Lücken zwischen dem wieder Hervorgeholtem und dem Dokumentierten. Auf was wiesen sie hin?
An „Chicken run" war, das bemerkte ich erst Jahre nach der *Filiale für Erinnerung auf Zeit*, nicht nur die perfide Konstruktion des Lagers bezeichnend, sondern das pop-kulturelle Anknüpfen an Film-Geschichte: Richard Attenborough hatte 1962 in Süddeutschland den Lager-Ausbruch alliierter Soldaten aus Nazi-Gefangenschaft am Ende des Zweiten Weltkrieges episch als „The Great Escape" verfilmt (Regie: John Sturges).
Die tatsächliche Anekdote der Kriegsgeschichte vom 24. März 1944 im niederschlesischen Sagan, 160 km südöstlich von Berlin, wurde – vermeintlich dokumentarisch – mit Starbesetzung inszeniert. *Aardman Animations* zitierten nun wesentliche Passagen dieses Kino-Welterfolges mit seinen possierlichen Knetgummi-Hühner anstelle der heldenhaften, am Schluss allesamt draufgehenden Soldaten. Ausgerechnet mit Stop-Motion und Knetgummi wurde die verzweifelte Situation der Lagerinsassen und ihrer entmenschlichten Wächter herangeholt an weit später geborene, von den reproduzierten und zugespitzten Rollenklischees irritierten Betrachter.

Ganz andersherum erschien es mir 1989, als Horst mit mir über das Drehbuch zu seinem ersten Kinofilm „Hard days, hard nights" über „die Beatles in Hamburg" sprach. Sein Blick fiel in eine meiner unaufgeräumten Zimmerecken, auf eine abgeschrammelte *Fender Telecaster* und einen abgewetzten *Fender*-Kofferverstärker.
Er sah hocherfreut drein:

„Sind das Originale aus den Sechzigern? Toll."
Ich nickte. Für eine golden lackierte *Gibson Les Paul* wie bei *T. Rex* und einen *Marshall*-Turm wie bei *The Who* hatte es halt nicht gereicht. Wozu auch?
Also hatte ich in einem Trödel-Keller bei der *Phoenix-Gummifabrik* die olle *Fender* (Jg. 1962) für zweihundert Mark erstanden. Den Amp mit undefinierbar braunem Bezug (Jg. 1964) wiederum hatte ein Kunde des *Musikhaus Lebens* in Zahlung gegeben. Er hatte jahrelang bei Familienfesten eine *Farfisa*-Heimorgel darüber gespielt, um damit mittlere Tanzsäle wie in der *Majestätischen Aussicht*, der *Eichenhöhe* und der *Goldenen Wiege* mit Gassenhauern und Schlagern zu beschallen. Nochmal zweihundert Mark.
Beide Verkäufer begriffen erst Jahre später, was sie da verhökert hatten. Gelegentlich sprachen sie mich verbittert an, wenn sie mich zufällig trafen.
Auch wenn mein Leben nicht daran hing: Ich wollte diese zugefallenen Schätze ihnen nicht wieder hergeben.
Auch nicht an Horst ausleihen. Nicht mal für einen Tag, ob er „hart" sei oder nicht. Er fragte hartnäckig. Sie wären für den Spielfilm „gut versichert" und die Requisite-Miete für mich werde wie ein warmer Regen sein.
Ich schüttelte den Kopf.
Ich verlieh „meinen" Klang nicht. Denn er war anders als der anderer, die dasselbe Equipment benutzt hatten, in der *Majestätischen Aussicht* oder sonstwo. Es war egal, ob es die *Beatles* „hätten sein können" oder es tatsächlich der Hobby-Schlagermusiker war.
Dabei ging es keineswegs um die unmögliche Bewahrung „meines" Klanges. Der war ja bereits verschwunden. Aber nun „meine" Instrumente dadurch zu musealisieren, als träten sie für und mit anderen auf, kam mir wie Verrat an „meiner" Musik vor – meinem Lärm.
Ich hatte Horst ja auch mit keinem Wort bezeugt, ein Vertreter der „Gegen-Kultur" zu sein, obwohl es für Außenstehende so aussah. Genau so, wie sie oder Horst es sich vorstellten.

Ändern würde diese Verweigerung nichts. Es erschwerte lediglich meine Vereinnahmung durch seine andauernden Projektionen. Russen schon beim Brötchen-Kauf aufhalten.
Auch wenn ich nur „gewinnen“ konnte. Der Preis war mir zu hoch, egal, wie viel Geld ich bekäme.
Schon 1967 hatten *The Byrds* ironisch beschrieben, dass die Welt so viel einfacher sei als gedacht und mit Rock noch um so vieles leichter würde, nur nicht das Leben:

> „So you want to be a rock and roll star?
> Then listen now to what I say:/
> Just get an electric guitar/
> then take some time/ and learn how to play."

Ich mochte zudem die ganze Film-Idee nicht: Dass arme Jungs aus Liverpool anreisten und erst Hamburg dann „die ganze Welt“ eroberten. Wer kam auf sowas?
In solch einem Sozialkitsch würde ich jedenfalls nicht einmal als Requisiteur eine Rolle spielen wollen. Selbst wenn er „wahr“ wäre. Warum dann so tun, als gehörten meine Gitarre und der Amp den „Fab Four“?
Das Drehbuch, das die vorgeblich bloß rekonstruierende *Beatles*-Geschichte mit ausgedachten Szenen und in den Mund gelegten Sätze konkretisierte, gefiel mir noch weniger. Sollte deren, von Horst ausgeschmückter, wenngleich trister „Traum“ von der „Großen Freiheit“ schon die ganze „Pop-Kultur“ gewesen sein?
Würde daraus am Ende ein Museumsfilm mit Pappfiguren in einem Dirnen-Disneyland St. Pauli werden? Die dem Betrachter ihre zweidimensionale Zunge herausstreckten wie auf einem *Stones*-Cover. So als wäre dies kess!
Warum trat denn in der geplanten Anfangsszene von „Hard days, hard nights“ kein realer deutscher Postbeamter auf, der in seiner „Freizeit“ mit seiner Frau nebenberuflich einen Trödelkeller betrieb? Und in der Band *Rusty Red* den Bass spielte, der sich Drummer Manni kurz anschloss? Der Trödel-Beamte nun aber in typischer Monty-Python-Rolle als rettender, aber etwas unheimlicher Band-Mobile-Repair-Man?

Er hätte die nachempfundenen *Beatles* beim Verlassen Harburgs wieder auf Touren bringen und „sein" Instrument heldenhaft als Preis der Pannenhilfe zurückverlangen können:

> Dies gute *Fender*-Stück hat ein Eichhörnchen unter Vorspiegelung falscher Werte mir entwendet, isch schwörrr. Gebt die Saiten frei, Sire! Sie sei wieder mein!

Allein die Vorstellung, irgendwelche Schauspieler würden mit meiner Gitarre ausgerechnet einen Yeah-Yeah-Yeah-*Beatles*-Hit oder einen Bill-Haley-Rock `n` Roll-Song anstimmen, verursachte mir Wadenkrämpfe:

> „Du hast ihr/ weh getan,
> sie wusste nicht/ warum
> du warst nicht schuld/ daran
> und drehtest dich nicht/ um.
> Oh, ja sie liebt dich,/
> schöner kann es gar nicht sein.
> Ja, ja, sie liebt dich/
> und da solltest du dich/ froin, ooohhh!"

Dann lieber als Abbitte hundertmal „Venus" in der Version der Fernsehwerbung für einen gleichnamigen Frauen-Rasierer von *Gillette* hören (Missionline für Mädels: „Lerne, wie man sich rasiert).

Ich schüttelte den Kopf und sagte, dass ich nicht glaube, dass das besonders „authentisch" sei, selbst wenn John oder George jemals eine bau-ähnliche *Fender*-Ausstattung gehabt hätten.

Horst murrte:

> „Man kann es auch übertreiben mit der Detailgenauigkeit."

So wie ein Tor zu einer Gedächtnisstätte letztlich doch bloß nur ein Tor war? Das aber für eine inszenierte Fiktion von „Holocaust" ausgetauscht worden war, um eine Geschichte über die Geschichte zu erzählen?

So wie eine kleine Lücke auf einem Exerzierplatz, die zeigte, dass hier mal ordnungsgemäß eine Baracke stand, in der Menschen ihrem Tod entgegen leiden mussten – und welche leicht verrückt worden war?

Wie detailliert auch immer eine „Biographie“ zu lesen oder anzuhören wäre, sagte wohl nichts oder nur Nichtiges über den Verlauf eines Lebens. Und eine inszenierte „Biographie“ wurde nicht durch Schauspieler glaubhafter, sondern möglicherweise durch Comedians wie den *Rutles*, den *Monty Python Flying Circus* oder Knetgummi-Figuren.

Manchmal erzählten die Lücken allerdings mehr über das, was ungesagt blieb, als die niedergeschriebenen Kapitel, an die sich der Erzähler erinnerte. Dass ich mal Pimpfe in „unserer“ Bäckerei in Heimfeld traf – darüber lohnte sich gewiss kein Berichten, so bizarr diese Augenzeugenschaft auch klang.

Aber es war geschehen, auch wenn die Umstände Teil einer Fiktion waren.

Es war irgendwie vertrackt mit dem Zeitzeugentum und den Relikten, die zwischen Reliquien und Repliken changierten und bei ihrer Präsentation oft in die unheilvolle Nähe von Chargieren und Uminterpretieren gerieten.

Was war denn so falsch daran, als „Gegen-Kultur“ erkannt und bezeichnet zu werden, wenn man sowieso keine war?

„And with your hair swung right/
and your pants too tight, /it‘s gonna be all right.
Then it‘s time/ to go downtown/
where the agent man/ won‘t let you down.”

Von meiner Autofiktion war die Fiktion des „Tadellöser“-Spielfilms von Eberhard Fechner, einem langjährigen NDR-Redakteur, nicht nur räumlich gar nicht so weit entfernt: ein paar Papp-Putzrisse an die Fassaden in der Wattenbergstraße geklebt, ein paar Pflastersteine auf der Meyerstraße rausgerissen, wie von Bomben.

Was war da falsch? Denn beispielsweise war ich doch damals „dabei“ in Heimfeld, als „die Russen“ durchmarschierten.

Aber die Geschichte hatte ein anderer bloß erfunden. So wie Horst die von der Harburger „Gegen-Kultur“. Na und? Meine Rolle in einer Geschichte, die am Rande einer Geschichte spielte, war doch auch wörtlich nebensächlich – und von Walter Kempowski überhaupt so nicht vorgesehen.

Zumal sogar seine Helden der Geschichte „Tadellöser & Wolff" bloß Nebenfiguren in der großen Geschichte waren, deren Opfer sie wurden ohne es überhaupt zu bemerken.

Horst lud mich verstimmt ein, „wenigstens zu den Dreharbeiten" an den Harburger Elbbrücken zu kommen, die immerhin ich ihm als vordergründiges Symbolbild vorgeschlagen hatte. Dort hätten seine *Beatles* am „Tor zu Hamburg" die erste Panne auf ihrem noch langen Weg. Motorversagen, laut seinem Drehbuch.
Vielleicht auch Hunger oder Heimweh, war meine Idee.
Ich war doch kein Pimpf, der in Heimfeld noch Brötchen holte, wenn „die Russen" nicht kamen. Wieso bloß hatte Horst ausgerechnet auf diesen einen „Tipp" gehört?
Als er mich einige Jahre davor fragte, ob er wohl Robert Musils „Mann ohne Eigenschaften" zu Ende lesen solle, hatte ich ihm geraten, es unbedingt weiter zu versuchen.
Aber Horst fing lieber Thomas Manns „Zauberberg" an.
Später zahlte es sich aus. Er schrieb an dem dreiteiligen Film über „Die Manns" mit.

„Tonight we sleep/ on silken sheets.
We drink fine wine/ and eat rare meats.
On Carousel and gambling stake/
our fortunes speed, and dissipate."

Es gab eine komische Nähe zwischen jener Lübecker Bürgerfamilie, den Romanfiguren der Schriftsteller Thomas und Klaus und dem, was Horst aus der Lektüre auf sein Leben bezogen hatte. Was wäre geschehen, wenn er wenigstens die sie darstellenden Schauspieler getroffen hätte, so wie seine „Beatles"?
Mir waren – nicht nur wegen der Bäckerei-Episode – die tragischen Kleinbürger von Walter Kempowski näher.
Was hätten sie sich später mal als Eigenschaftssticker auf das Heckfenster ihres Kleinwagens geklebt?

Vom T-34 verschont.

Was wäre von hinten von mir zu sehen?

Kein Führerschein.

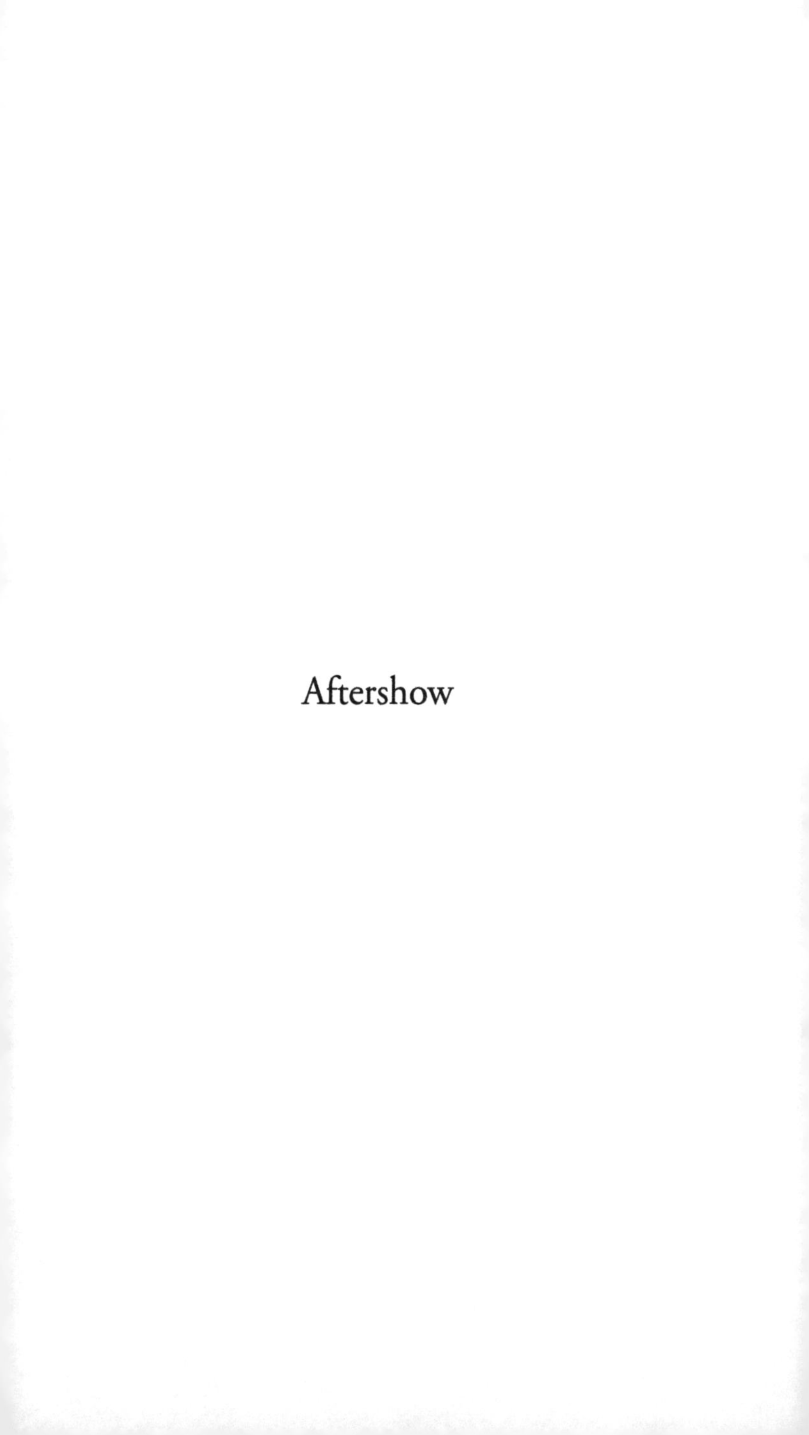

Aftershow

Ich blieb jedenfalls zuhause im Bett. Denn ich hätte – in der Blickachse der Kamera – womöglich unwillkürlich von der Wirklichkeit abgelenkt auf die verdammte Instantkaffee-Fabrik gesehen. Den Geruch hatte ich ohnehin in der Nase, sogar ohne erst am Ufer zu stehen. Die Nähe würde es für mich nicht besser riechen.

In meinen Gedanken verband ich zudem ein geschichtlich völlig anderes Bild mit den Brücken über den unruhigen, dunklen Fluss: Nicht die *Beatles*, wie sie am 16. August 1960 nach Hamburg gelangten, in Horsts Film wie Flüchtlinge, allerdings mit einem schrottigen Van und ihrer Habe.

Vor meinen Augen sah ich vielmehr, wovon mir Nachbarn erzählt hatten: in welcher unheimlichen Stille am 3. Mai 1945 die Siebente Britische Panzerdivision zunächst mit Jeeps der siegreichen Kommandeure von Harburg aus über die Elbbrücken rollten, um die Stadt mit Soldaten jener Verbände zu übernehmen, die ein wenig weiter elbaufwärts bei Hopte und Geesthacht gerade die Elbe überquerten. Die Kapitulation hätte schon früher ausgehandelt werden sollen.

Doch diese enttäuschte Erwartung wurde von der gerade erlebten Angst nicht in Unruhe oder Hektik verwandelt.
Sie glitten dahin und ließen so kurz vor dem Ziel vergessen, was wenige Tage zuvor geschehen war.
Am Abend des 25. April griffen hundertundzwanzig Jugendliche als „Kampfgruppe Panzerteufel" diese übermächtigen Truppen an.
So als gelte es einen wunderbaren, phantasievollen und menschenliebenden, deutschen Lebensstil im Landkreis mit dem eigenen Leben zu verteidigen.
Die Hälfte der „Halbwüchsigen" aus den Kiekeberg-Dörfer Sottorf, Alvesen, Ehestorf und Vahrendorf kam dabei um – jung gestorben wie Pop-Stars, nun Helden des mörderischen Populismus der NS-Zeit, die Sympathie für den Teufel im gern genutzten Totenkopfsymbol ausdrückte.

Please allow me/ to introduce myself?

Knapp ein Jahr später, im März 1946, begannen drei Überlebende des „12. SS-Ausbildungs- und Ersatzbataillons", in Vahrendorf einen „Soldatenfriedhof" anzulegen und die Gebeine aus verstreuten Massengräbern umzubetten.
Am 27. April 1947 wurde im Westen des Dorfes, auf dem Krähenberg, ein „Ehrenfriedhof" eingeweiht.
Es war „ein Glück", dass „die Russen" nie bis Harburg kamen, wurde nachts nach Familienfesten geraunt, wenn die Stimmung selig und schwer vom Alkohol wurde. „Uns geht es ja noch Gold", wie die Helden in Kempowskis „Tadellöser & Wolff" immerzu seufzten.
Dem Roman von 1971 ist das Motto „Alles frei erfunden!" vorangestellt.
Gewiss. Nur im Film gelangten „die Russen" über Nacht nach Heimfeld.
Für manche, wie meine Eltern, endete die Flucht vor ihnen erst in Bönningstedt, dann in Harburg.
Was von dieser „anderen Seite" kam, im „neuen" Deutschland, ahnten sie nicht.
Welcher Schrecken noch?
Welche Angst vor sich selbst?

Meine schlechte Laune mit vielen schrecklichen Assoziationen setzte sich fort, als die *Rolling Stones* 2008 den Jubelfilm von Martin Scorsese „Shine a light" auf der Berlinale promoten wollten.
Hatte die Ikonisierung in „One plus One" von Jean-Luc Godard aus 1968 filmisch und musikalisch nicht genügt?
Darin war desillusionierend zu beobachten, wie sehr sich die *Rolling Stones* quälten, im Studio den Song „Sympathy for the Devil" zu „erfinden" – so wie gerade „sich selbst".
Was sagte die hemmungslose Hommage „Shine a light" noch anderes? Erschienen die *Rolling Stones* – vierzig Jahre sowohl nach dem Hit vom „Street Fighting Man" als auch nach „One plus One" – nun endgültig musealisiert? Oder waren sie in dem vermeintlich dokumentarischen Scoreses-Streifen so etwas wie in der Museumspädagogik das Konzept von einem „Living Museum"?
Und wie nahm sich daneben 2020 ein deutsches Film-Epos wie „Mach' Dein Ding" (offizielle Kategorie „Drama/Musik") über Udo Lindenbergs Kindheit, Jugend und Karriere aus?
Was wollten *Kraftwerk*, als sie sich selber im April 2012 im *Museum of Modern Art* achtmal ausstellten?
War das eine „Musealisierung", wie Diedrich Diederichsen seinerzeit im *Tagesspiegel* meinte? Wozu denn? Um den Publikum noch mehr Material zur Interpretation zu überlassen – oder aus purer Selbstvermarktung?
Und was versuchte Marius Müller-Westernhagen im November 2019 mit seinem „Pfefferminz-Experiment", das er eigens „in Woodstock" aufnahm? Obwohl das gleichnamige Festival – auch ohne ihn – dort gar nicht stattfand?

Film-Dieter, der „seine" Karriere dem Umstand verdankte, dass seine damaligen SPD-Ziehväter von Film ebenso wenig verstanden wie von Pop-Musik, hatte die *Stones* „eingeladen" und plante „eine Session" für eine der „Aftershow-Partys" der *Berlinale*. Da wolle er als Gastgeber mit meinem Equipment „standesgemäß" auftreten.

Aber auch ihm lieh ich meine Schnäppchen nicht. Erst die geschauspielerten *Beatles* und nun auch noch die aus einer Dokumentation gefallenen *Rolling Stones*?
Ich fürchtete jeden Akkord, der auf meinen Museumstücken gespielt würde. Ich war zu alt für so einen Scheiß!
Ich hatte inzwischen jeden Ton gnädig vergessen, den ich mit ungebändigten Röhren der Radios oder der Amps erzeugt hatte. Außer ein paar nicht endender Rückkopplungen, mein traumhafter Tinnitus.
Und das peitschengleiche Zischen einer geschmolzenen E-Saite.

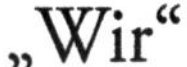

„Wir“

War am Ende ich seit Jahrzehnten reif fürs Museum? Für einen Pappaufsteller im Rahmen eines „Heimat-Museums“, beispielsweise in Harburg?
Einige „persönliche“ Lebensstationen sprachen sogar mehr dafür als für ein Krämerladen-Artefakt aus Altenwerder in Altona: In meiner „Jugend“, Anfang der Siebzigerjahre, wurde ich ja bereits in einer Fernseh-Dokumentation ausgestellt – als „Gegen-Kultur“, also keine Kultur, aber so gut wie. Eine graue Vorstufe oder der Rest vorm Niedergang.
Auf der Ersten Pop-Dekadentagung 1979 trat ich neben Professores sogar schon – nach nicht einmal zehn Jahren – als lebender „Experte“ für unheimliche „Subkultur“ auf. Ach herrje, kaum zu leugnen. In den Achtzigerjahren hielt man mich in einigen Redaktionen sogar für einen versnobten „Pop-Freak“, der hedonistisch segelte, woher der Wind wehte.
Das war eine etwas andere Abfolge, als sie ansonsten entlang der üblichen „Generationen“-Etikettierungen zugeschrieben würden. Aber immerhin: ein wenig interessant.
Ein biographischer Hinweis könnte insofern lauten:

Viel gelernt, nur nicht Gitarre. Viel vergessen, vor allem das Leben. Ohne Pop. Mit Prominenten gejammt bevor jene bekannt wurden. Immer auf dem Sprung, aber nie sehr weit.

Und in den Neunzigern inszenierte ich zu allem Überfluss sogar selber „Gegen-Kultur", als wäre ich schon halb ein Horst. Zwar nicht in deren jeweiligem vermeintlichem „Zuhause", in Liverpool, in Memphis oder Woodstock, sondern direkt am Ort, wo das Glück einst von den *Beatles* und anderen gesucht worden war und jetzt die Touristen hinströmten: Im März 1995 ließ ich als Regisseur in der live produzierten Show „Fünfzig Meter Große Freiheit" Carsten über den Kiez rennen, vorbei an all den grellen Clubs und „Attraktionen" der „Großen Freiheit".

Er rannte in Antjes grauem *Klepper*-Mantel vor allem gegen eine nieselige Feuchte an. Immer wieder. Von vorne, vom Straßenanfang, dann zurück.

Am Ende suchte er in einer Seitengasse einen Regenbogen oder einen Goldtopf. Oder bloß Schietwetterschutz.

Vor einem Puff verschnaufte er und sang selbstmitleidig, wie schwer das Leben als Millionärskind mit all den Klavierstunden sei. Der Gitarrist Jürgen Kumlehn aus dem Alten Land begleitete seine „Biographie": Ein schweres, aber nicht untypisches „deutsches" Schicksal, ganzganz einfühlsam, mit einem schematischen, niemanden weckenden Blues.

In einem Kiezimbiss auf der Ecke zur Reeperbahn traf Carsten späterhin Clemens Maria Haas, den realen Sohn des legendären *Lindenstraße*-Darstellers „Dr. Dressler". Der Currywurst-Gast trällerte einen Song von einem verheißungsvollen Leben „In Keuschheit und Demut".

Alles in dieser Inszenierung „Pape vom Kiez" war irgendwie – trotz oder wegen – der leer laufenden Show sehr ermutigend und aufbauend.

Geradewegs so bejahend wie „die Pop-Musik" und Popmusik-Geschichte teils wahrgenommen wurde und wird. Zumindest sofern nur das musikalische Produkt, zumal die „Hits" oder das legendäre „One-Hit-Wonder", betrachtet wurden sowie die drumherum gestrickten Legenden.

Oder war dies eine nachempfundene „Tragical History Tour“ von der Art wie die *Rutles* das Spielen mit „Originalen“, Kopien oder Covers sowie verrückter Gegen-Reden auf *Beatles*-Alben wie „Sgt. Pepper Lonely Hearts Club Band“ tauften? Also eher so etwas wie eine narzisstische Verletztheit – bloß als Showcase?
Das klang schräg nach. Wie ein versandendes Echo.

An manchen Tagen konnte ich mir meinen grummelnden Unwillen nicht erklären, gar nichts beitragen zu können zur Erhellung dessen, was bei mir selbst oder nur für mich im Dunkeln lag.
Ich kam jedenfalls immer weniger mit meiner „Geschichte“ und meinen Geschichtchen klar: Was war das denn nun für eine merkwürdige Periode der „Gegen“- oder „Pop-Kultur“, von der inzwischen gelegentlich nostalgisch und auch als Qualitäts-Etikettierung von Kriterienlosen geredet wurde?
Carsten Pape war davor und danach jedenfalls immer wieder mal pleite. Clemens Maria Haas lebte seit 2016 als „Aussteiger“ in Italien. An den Klippen von Lerici sang er, der 1983 mit *Steinwolke* und dem Titel „Katherine“ wochenlang „Erfolg“ hatte, für Touristen zur Gitarre.
Der „private“ Sender *vox* stellte sein Schicksal in der Serie „Good bye Deutschland“ aus. Alltags-Kultur 2021.

Dauerte „die Pop-Kultur“ wirklich noch an? Diejenige, von der auf der Ersten Pop-Dekadentagung völlig unterschiedlich von Band-Mitglieder und von Wissenschaftlern gesprochen wurde?
Was meinten seinerzeit die Teilnehmer mit dem Begriff „Gegen-Kultur“? Insbesondere jene, die am wenigstens mit ihr zu tun hatten – sich aber allerlei spekulativen Zuschreibungen bedienten, es könne irgendwie um „Befreiung“, Wild- und Schönheit (oder sowas) gegangen sein?
Auf Dauer von bloß fünf Jahrzehnten sah so manches anders aus: Der Nicht-Erfolg namenloser Jugendlicher unterschied sich am Ende gar nicht so sehr vom Ruhm und raschem Ver-

gessenwerden schon nach wenigen Jahren – ob man nun in Norddeutschland im Fernsehen in einer aufklärerischen Serie sowie dem *Früchtenich* aufgetreten war oder wie *Jefferson Airplane* im *Fillmore-West* in San Francisco oder wie *The Who* im *Marquee Club* in „Swinging London", vielleicht sogar bei Horst im *Beat-Club* zu Bremen.
Was war, wenn sich – anders als zuvor – kaum noch ein Journalist für den einstigen „Pop-Star" der *Cream* interessierte? Für einen, der zwischendurch auch mal mit dem legendären Kip Hanrahan jammte – und nicht nur mit „Zabba" aus einer Band hinter Buxtehude?
Und der andererseits immer noch, so prägnante Songs schrieb wie „Theme for an imaginary Western". Sogar seine spätere Band *Mountain* spielte den Titel immer wieder, allerdings als Hardrock-Version.
Und noch so einmerkwürdiger Schwank: Unsere Band „erstand" immerhin deren *Orange*-Verstärker und -Box. Denn nach einem Hamburg-Auftritt blieb das Equipment einfach bei *George* in der Gärtnerstraße stehn. Es war günstig zu haben gewesen. So wie meine erste Ausrüstung.
Aber ich klang damit nicht einmal entfernt nach *Mountain* und schon gar nicht nach dem Western-Thema. Das wollte ich auch gar nicht. Es war einfach nur schön so.
Vorsicht beim Kauf oder Leihen oder Verleihen von gebrauchten oder eingewachsenen Gitarren und gilbigen Verstärkern, sagte ich gern Jugendlichen, die kaum eine Ukulele auf die Bühne tragen konnten. Mein Ruf verhallte.

Es wäre sowieso müßig für eine „Pop-Kultur", die in den Neunzigerjahren schon längst zu Dekorationszwecken wie eine Girlande für Gutelaune benutzt wurde.
Deshalb wurden diese Anekdoten nicht wie in einem Tagebuch schnöde das „Schicksal" erduldend chronologisch verkettet. Dies hätte einen inneren Zusammenhalt vorgegaukelt. Im Nachhinein sähe manches vielleicht wie ein „Fortschritt" aus, was von Anfang an mit der Wegrichtung „Gegen-Kultur" auf die Einbahn-Straße gebracht worden war.

Ich hatte meine „Street Credibility" ohnehin verspielt. Angeblich den höchsten Wert der „Pop-Kultur".
Also, was soll's? Als ich mit Jack Bruce so redete, als sei er in einer Straße wie der Heimfelder groß geworden, hatte ich ihn nicht vor seinem Auftritt in der *Fabrik* gewarnt.
Wieso hatte ich bloß auf das vorherige „Gespräch" mit Björn Engholm vertraut? Weil Politikwissenschaft und Parteien-Politik nichts miteinander zu tun hatten? Ich Trottel.
Da wussten bereits viele – Burn und unser Gewerkschafterkollege Klaus N. ebenso wie einige in der *Spiegel*-Redaktion – von den miesen Machenschaften des Ministerpräsidenten Dr. Dr. Uwe Barschel (CDU), seines Gegenspielers.
Und von dem, vom *Axel-Springer-Verlag* abgestellten „Medien-Referenten" Reiner Pfeiffer, der die Intrigen mitspann.
„Street Credibility" sah anders aus, keinesfalls so wie Barschels „Ehrenwort"-Schmierentheater oder Pfeiffers vorgebliches Whistleblowing beim *Spiegel*.
Aber meine Zusage, Jack Bruce sei in der *Fabrik* bei den „Genossen" gut aufgehoben, war nicht besser gewesen.
Der von der *Sozialdemokratischen Partei* 1987 für einen „Pop-Star" gehaltene Björn scheiterte an eben dieser Inszenierung eines ausgeliehenen Images vom ehrbaren Jungen.
Schon ein paar Jahre später, 1994, zog Herr Engholm der Erinnerung an die *Fabrik* das Vergessen seiner eigenen Vergangenheit als Atomkraftwerksgegner vor und unterschrieb einen „Beratervertrag" mit *PreussenElektra*, die mit Konservativen und bürgerkriegsähnlichen Polizei-Einsätzen die „sicheren" Meiler in Schrott-Meiler Brokdorf und Brunsbüttel durchgeprügelt hatten.
Was machte die vermeintliche „Nähe" zu denen aus, die ich mit ihrer weltläufigen Pop-Musik („Just because we get around.") bewunderte und ihnen doch so fern blieb?
Es war wohl etwas anderes, was in ihren Songs und ihrem Auftreten anklang und mit den Jahren immer unmoderner schien: ihre Integrität.
„Credibility" war dafür ein viel zu unseriöses Wort. „Wir" jedenfalls waren nicht kreditwürdig.

Ich hatte meine „Stunde Null“ ohnehin verpaßt. Am gleichen Tag [illegible]“
Also, was sollte [illegible] Mit [illegible] er in diese [illegible] gewordene [illegible] ich [illegible]
[illegible]
Wie [illegible]
[illegible]
[illegible]

[illegible]

Angemessen [illegible] Ge-
nossen gut aufgehoben, war nicht besetzt gewesen.
Die [illegible]
[illegible]
[illegible] Inhaber [illegible]
Schon ein paar Jahre später, 1964, war [illegible]
Erinnerung an die [illegible] des Kongresses [illegible]
gangen [illegible]
[illegible] die mit Konser-
vativen und [illegible] Polizei [illegible]
[illegible] Brokdorf und [illegible]
[illegible] hatten.
Was machte die [illegible] „Nähe“ zu denen aus, die ich mit ihrer weltläufigen Rap Musik (just because we get around) bewunderte und die doch so fern blieb?
Es war wohl [illegible] in ihren Songs und ihrem Auftreten [illegible] den [illegible]
schien, die [illegible]
„[illegible]“ war [illegible] „Wir“
[illegible]

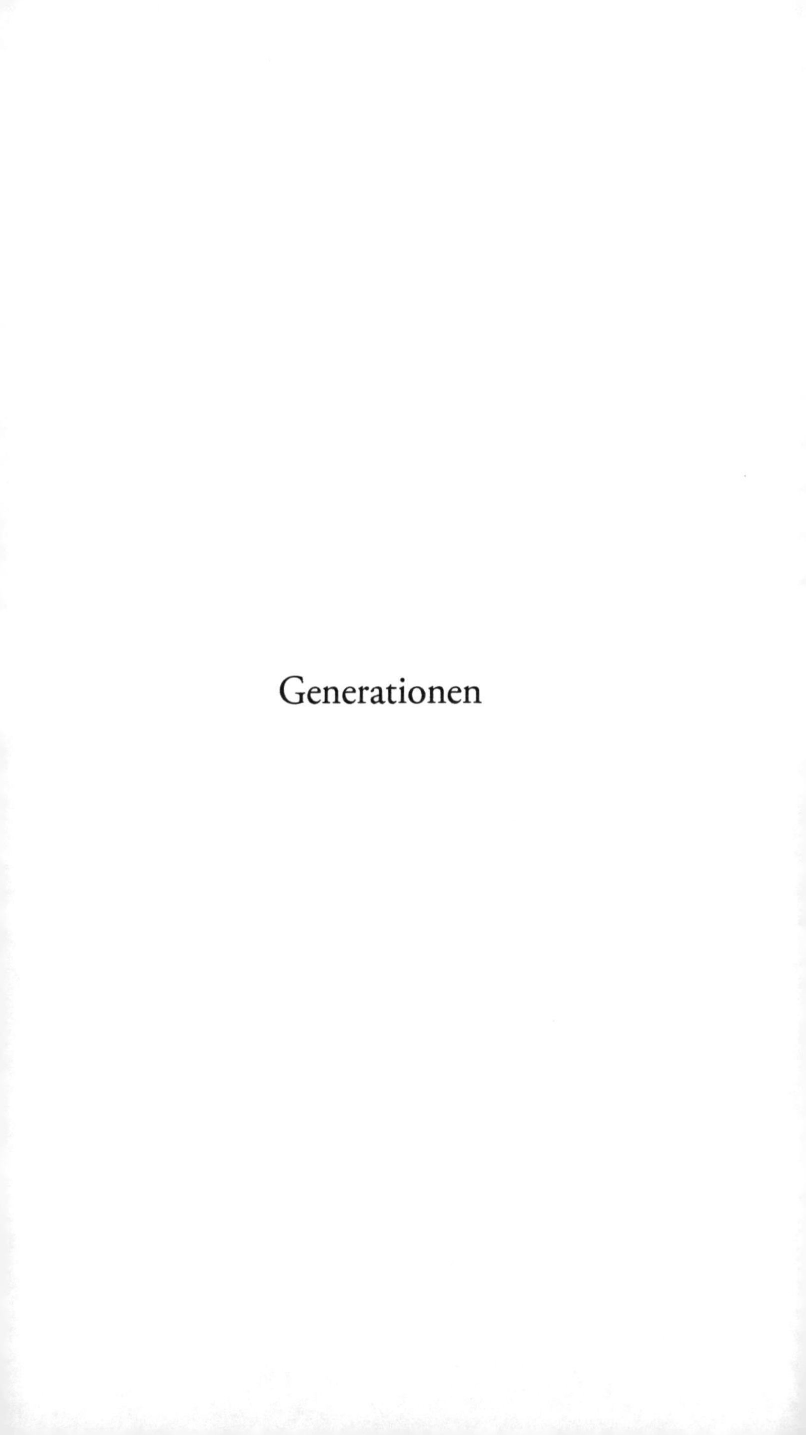

Generationen

Wie sah denn – weit weg von Horst – das „my“ aus, das Pete Townsend dem internationalen „Generations“-Geschwätz entgegensetzte?
Es war weit mehr als nur ein schlichtes „Yes“ – oder ein unausgesprochenes No, was man in dem Hörspiel „Thommy“ (1969) und dem Bandenkrieg-Epos „Quadrophenia“ (1973) hinter den gewaltstarken Bildern ahnte.
Es ging den *Who* zumindest um das „Dazugehören“ zu einer Szene, beispielsweise den „Mods“, aber wenig um „Aussteigen“, in die nächste Katastrophe nach dem „Elternhaus“. Schon gar nicht um „Rebellion“.
Und was war das? Flugblätter gegen Nazis in der vermeintlichen „Schule fürs Leben“? Oder die Vereinsmeierei in „Rockmusiker-Initiativen“? Ging es im weitesten Sinne und umfassend um „Analysen“ auf „Dekadentagungen“? Nö.

„Why don‘t you all/ f-fade away!/
([Chor:] Talkin’ ‘bout my generation)
Don‘t try to dig/ what we all/ s-s-s-say./
([Chor:] Talkin’ ‘bout my generation)

I'm not trying to 'cause a big/ s-s-sensation./
([Chor:] Talkin' 'bout my generation)
I'm just talkin' 'bout/ my g-g-generation./
([Chor:] Talkin' 'bout my generation)/
My generation!
This is/ my generation,/ baby!"

Aber die Frage war vor allem: Wer überhaupt oder was war, nach meinem Erleben, „meine" Generation?

Ich lud Horst nicht zu den Pop-Dekadentagungen ein, obwohl er sowas wie die publizistischen Erstrechte am Etikett deutscher „Subkultur" nachgesagt bekam.

Hingegen Abi Wallenstein, den Klaus Wellershaus mir ans Herz gelegt hatte, damit ich endlich mit meinen Gitarren was Gescheites anfangen könne. Abi interessierte kaum, was „wir" dort redeten.

Ich war jedenfalls glücklich, dass Abi auf der Zweiten Pop-Dekadentagung in Düsseldorf erdigen Elb-Blues spielte, während um uns die erste „Pop.Komm-Messe" einige Wege zur „Vermarktung" von Deutsch-Pop suchte.

Die sich – schon nach einem Jahrzehnt – als Sackgassen oder Gasse alter Säcke erwiesen.

Zu den wenigen, erstaunlichen Karrieren jener Jahre zählte beispielsweise Dieter Gorny aus dem *Gemeinsamen Kultursekretariat der NRW-Städte* in Wuppertal.

Er taufte als frisch bestallter Geschäftsführer den *Verband der Phonowirtschaft* in einen der „Musikindustrie" um – eben jenes Label, das wir in den Siebzigerjahren als Schrecken um „uns" aufgebaut hatten wie einen Kordon aus Knoblauch und Kruzifixen.

Denn deren Verwertungslogik ging kaum über das Schlachterhandwerk hinaus. Was auf den Plattenteller kam, war Wurst. Was und wie Pop-Musiker sich ernährten, arbeiten konnten und mochten (und nicht nur Teil eines normierten Produktionsablaufs waren), spielte im Konzern-Denken keine Rolle, solange ein paar Typen kurzzeitig „Erfolg" hatten und wenn es sein musste, damit „reich" wurden.

Das Tragische war allerdings, dass Kultur-Beamte, die selber nie etwas herstellten, aber damit ihren Unterhalt verdienten, die Mär von dem „freien Spiel der Kräfte“ stumpfsinnig predigten. Ebenso wie Politiker, die Musikwirtschaft als ihre selbstregulierenden Kultursortier-Instanzen einsetzten.
Wer unbedingt diese „Negermusik“ machen wollte, sollte das doch bitte in der „freien“ Wirtschaft tun. „Der Markt“ regele, was selbst „Kulturpolitiker“ nicht einmal von Ferne kannten.
Armseligkeit war allerdings kein Zeichen für Integrität. Hönhisches Behördendenken: Sollten die deutsche Pop-Musik-Initiativen doch zusehen, wie sie zurecht und zu Verträgen kamen und dann zu ihrem Recht.
Die *Byrds* hatten doch schon versprochen, dass man nichts zu verlieren hatte, wenn man alles Aug in Aug aufgab:

> „Sell your soul to the company/
> who are waiting there/ to sell plastic ware.
> And in a week or two/ if you make the charts/
> the girls ‘ll tear you apart.
> The price/ you paid for your riches and fame/
> was it all a strange game? You‘re a little insane.
> The money, the fame, and the public acclaim.
> Don’t forget/ who you are, you‘re a rock and roll star.”

Zehn Jahre später spielte Roland aus der Heimfelder Straße bei der Dritten Pop-Dekadentagung, im *Blankeneser Konservatorium*. Überwiegend waren 1999 Hörfunk-Journalisten gekommen. Sie hatten mit vielem gerechnet, aber nicht mit einem dünnen, bleichen Solisten, der klassische *Beatles*-Stücke kühl und jazzig zupfte und dazu sang, als sei er einer keltischen Mittelalter-Band entlaufen:

> „Was, der hat mit Joe Pass einen Improvisationsabend gemacht? Wo, im „Rieckhof“? Was ist das denn? Ach, Quatsch. Das hätten wir doch mitbekommen.“

War sowas auf der Mitte der fünf gespiegelten Jahrzehnte-Beobachtungen schon eine Pop-Provokation oder noch Understatement?

War das „unsere“ oder überhaupt eine „Generation“? War das „unsere“ Musik? Zum Glück nicht.
Aber was sollten dann in diesem Text überhaupt die unsäglichen Tüddelchen jedes Mal um „wir“, „uns“ oder „mein“? Fehlten bloß noch welche um das Ich.
Suchten „wir“, die vermeintlich „revolutionäre“ oder zumindest „progressive“ Generation, diese sprachlich schützenden Gänsefüßchen, um gewissermaßen – wie bei einem Pluralis majestatis – etwas vorzutäuschen?
Wie soziologisch war denn solche Satzzeichen-Markierung?
Wie glaubhaft war diese pingelige Distanzierung noch eingedenk der weitaus bekannteren oder bislang unerwähnten Vereinnahmung, als die „Zukunft“ noch Vergangenheit war?
Was war das für eine „Gegen-Kultur“, die sich in einem flauen „Wir“-Gefühl in den Siebzigerjahren kurzzeitig in ihrer „Blase“ fand, wie später absurd ungerecht über nachgewachsene „Generationen“ gespöttelt wurde.
Spätestens, als die „neue deutsche Welle“ die Aufbruchstimmung gerade zu bestätigen schien und die Neunzigerjahre die Erfolge der ersten Schritte der „Selbstorganisation“ stabilisierten, platzte die „Blase“ wie aus Seife...
Diese praktischen „Antworten“ auf kaum gestellte Fragen waren höchstwahrscheinlich ebensowenig befriedigend wie die „Mode“ der Achtziger.
Zumal kaum noch, wie in dem seinerzeitigen Bandnamen, von „Helden“ auf ihrem unerschütterlichen Weg die Rede war, sondern häufiger vom Wandel hin zu „Clowns“.
Auch nicht von „Stars“, sondern rückblickend und erst recht verklärend vom spirituellen Sternenstaub, von dem Joni Mitchell im Titel „Woodstock“ von Ferne bereits sang.
Verkürzt und dadurch ungewollt noch pathetischer klingend: „Wir“, das war weit mehr als nur jene „my friends“, mit deren Hilfe einige Typen wie Carsten, Martin (das Tier), Joachim oder Roadie-Detlev oder Gärtner-„Minky“ bloß ein wenig singen und spielen wollten.
Für sich, für „uns“.
Wir hatten genug „Street Credibility“. Wir hassten sie sogar.

Wir spürten gegenseitig die letzte uns bekannte Integrität und mieden ängstlich die umgebenden Anmaßungen und Vereinnahmungen.
Wir balancierten.
Nach einer im Nachkriegs-Deutschland immer noch von Eltern und Lehrern oft verschwiegenen „Vergangenheit" und der großmäulig angekündigten, aber verweigerten „Chancen-Gleichheit" – von der Schule bis zur Lehre oder dem Studium einte „meine Freunde" unser absehbares Versagen: Wie sollten wir denn „unser" Leben „anders" gestalten als mit den offenbaren Lügen unserer Eltern, der blinden Anpassung an Rituale, um (trotz der seit Jahrzehnten üblichen Rekrutierungen) an „gute Jobs" kommen, bloß um nicht mehr „von der Hand in den Mund" zu leben?
Noch banaler gesagt: Diese verabscheute Gegenwart im Ghetto war zugleich „unsere" einzige, auch einigende Zukunftsperspektive, selbst wenn wir an „No future" glaubten. Vor dem Horizont musste es nicht genau so immer „weiter" gehen! Schon gar nicht so, wie es sich Udo Lindenberg mit Likör ausmalte.
Das kannten „wir" bereits von unseren Eltern: Das Davor war allenfalls schon ihr „Danach" geblieben. Bestenfalls roch es anders, weniger nach Schwefel, mehr nach *Old Spice*.
Oder man konnte es sich schön saufen, mit *Mariacron*, *Oldesloer Korn* oder Grappa mit von Hohenstauffen.
Aber so viel „Schnaps" gab es nicht. Horizont musste man ertragen können. Das konnten wenige.
Wir wollten nicht „anders" leben, sondern überhaupt. Kein Konzept, kein Plan, nur Klang und schwere Füße.
Sowas Plattes war nicht „visionär", sondern nur pekuniär zu bewältigen. „Wir" wollten Demokratie nicht erst „wagen" müssen. Viel zu aufwändig. Wir hatten gar keine andere Wahl, als sie unter uns mehr schlecht als recht zu erproben. Dies allerdings war schon genügend „Kampfansage" gegen jene, die sich in ihrer miefigen Karriereplanung eingemauert hatten und zwischen ihren partei-politischen Selbstschußanlagen verrotteten.

Es gab ja nur dieses „eine" Leben – mehr hatten „wir" nicht in die Waagschale zu werfen. Wir waren weit entfernt von dem pseudo-psychologischen „Coaching"-Gewäsch, das sich andere mit gescheiterten Ehen und zerbröckelten Finanzierungsumschichtungen fürs „Eigenheim" wie verzaubert anhörten: „Jeder" könne „sich selbst" jeden Tag „neu erfinden". Viel Vergnügen dabei!
Wir hatten schon Mühe genug, „wir" selbst zu bleiben. Wir hassten es bereits, eine Erfindung anderer zu sein, so wie in der Erzählfigur des „Gegen-Kultur".
Und erst recht mochten „wir" nicht auch noch unser Leben gegen eines tauschen, in dem wir nicht mehr „wir" waren. Wer wären wir dann noch? „Danach"?

Es gab für uns nicht den „kurzen" Weg mit der S-Bahn über die Elbe, um dann auf St. Pauli einen „Welterfolg" haben. Der uns ins eigene Museum brachte?
Wir taten das, was wir gerademal konnten: Wir verkauften selber Platten.
Das Münchner Label *Trikont* hatte uns 1973 Musterköfferchen mit Alben verschiedener Bands zusammengestellt. Die Vertriebsidee hieß *Schneeball.* Damit ging ich zu *Radio Marquardt* und bot *Embryo, Munju, Ton Steine Scherben, Missus Beastly* oder *Sparifankal* für deren Sortiment an.
Erstmalig kaufte der verdutzte Plattenumdreher nun mir Pop-Musik ab!
Ihm schien es offenbar weniger ungewöhnlich. Er dachte wohl: Wer so oft bei ihm internationale Bands gehört hatte, der wusste gewiss, was es in Deutschland an Schätzen zu bergen galt – mit solch absonderlichen Namen.
Manni, der Drummer, verdiente „sich" mit den Vertriebstantiemen oder im Direktverkauf Geld „dazu", nicht wie andere Lehrlinge nach Feierabend mit Werkstattwagenaufräumen oder Pfandkisten sortieren und stapeln.
Er „vertrieb" die uns bekannten Bands aus anderen Musikerinitiativen, die wir dann auch mal zu Konzerten einluden. „Der Rubel" rollte.

Einmal im Jahr dealte Manni aus den Manteltaschen heraus auch mit dem *Roten Lehrlings-Kalender*, der handfeste Tipps für Auszubildende, Adressen, Cartoons und Plattentipps weitergab.
Indes raste Traktoristen-Jürgen, wenn er Zeit und Sprit übrig hatte, mit dem *R 4* über die Dörfer, um mit „deutscher" Pop-Musik aus alternativer Landwirtschaft zu versorgen, wo Hunger oder Völle herrschten.
Wir wollten vom Provinziellen möglichst weit weg, indem wir hinfuhren. „Wir" brachten „unsere" Pop-Musik, oft „progressive" in die letzten Winkel, sogar bis nach Bielefeld. Wie wären wir sonst je nach Ost-Westfalen-Lippe gekommen oder ins erz-konservative Würzburg?
Und umgedreht: Wir erfuhren viel über Schorndorf oder Herford, wo „wir" sonst nie im Leben hingekommen wären. Erst dort bemerkten wir so richtig, wie kleinstädtisch und im Geist dörflich der aufgeplusterte „Hanseat" war (klang wie ein billiges japanisch-spanisches Auto-Modell, der *Han Seat* mit doppelten Airbags).
Dort gab es schon Jugendzentren und Selbstverwaltung, dass uns die Spucke wegblieb. Wo lag eigentlich Harburg?

Zugegeben: Das war alles andere als „international" gedacht oder gar anti-provinziell gefühlt.
Die kleinen, lokalen Grenzen waren sowieso rasch in alle Richtungen und Stilen überschritten, weil diese merkwürdige Musik aus allen Ecken Westdeutschlands „uns" verband, die alles andere als urwüchsig oder gar folkloristisch klang.
Eine Band aus Bayern setzte beispielsweise zwar Blasinstrumente ein, aber so wie Jazzmusiker dies in den USA und Großbritannien seit Jahrzehnten getan hatten, nur nun eben „mit" Rockmusik in Gestalt eines außergewöhnlichen Gitarristen oder ungewöhnlicher Perkussion oder indischen Saiteninstrument kombiniert.
Keine Band aus Norddeutschland wäre hingegen seinerzeit auch nur im Alptraum auf die Idee gekommen, Elemente des „regionalen" Shantys aufzugreifen. Bis auf Achim Reichel.

Ausgerechnet nach fünf Jahrzehnten voller musikalischer Experimente kostümierten sich Seebären-Avatare billig als *Santiano* und wurden so, mit Flunder-Marketing, erfolgreich. Ebenso wie sich gänsehäutend solch Dauer-Gefühls-Dusel wie Max Giesinger in den Charts etablierte, der konsequent monoton und stereotyp für die Nach-Nuller-Schnullis textete und schrammelte.

Vielleicht hatte er auch bloß nachts Träume von Wadenkrämpfen. Das soll ja vorkommen:

„Muss immer in Bewegung bleiben.
Auf den letzten Metern wieder alleine
Der Junge,/ der rennt.
Lebe auf der Überholspur,
doch komme niemals an.

Der Kabarettist Jan Böhmermann ließ angesichts solcher Zeilen lieber gleich einen Zoo-Affen typische Giesinger-Textteile zu einem Prototypen kombinieren, sein künstlicher Hit-Titel „Menschen-Leben-Tanzen-Welt“:

„Was du hast/
können viele haben. / Aber was du bist,/ kann keiner sein.
Es ist ein schönes Gefühl/
Zu wissen,/ dass du da bist.
Ich brauch mal wieder/ Zeit mit dir.
Das Schwarze mit der blonden Seele,
der gute Stern/
Auf allen Straßen.
An alle da draußen,/ anders sein, ist gut.“

Wirklich affig.

Sollte das bisschen Änderung im Alltag reichen für die Etikettierung als „Generation“? Für fremde Projektionen, da geschähe wohl etwas „Progressives“?

War es „progressiv“, nicht dem Gangstermilieu zu entkommen, sondern es wie ein Schild vor sich zu tragen?

War es „Revolution“, den Zaren oder den Generalbundesanwalt Siegfried Buback zu töten, der Deutschland mit der „Spiegel-Affäre“ in eine ernste „Krise“ der inneren Freiheit gestürzt hatte? Das war keine „Gegen-Kultur“.

Gangsta

Burkhard Driest, amtlicher Gangster und eine zeitlang gern gesehener Vorzeige-Macho, dessen Baumarkt-„Charme“ beispielsweise Romy Schneider in einer Talkshow verfiel, rief mich 1975 an. Er wolle eine „Vorabend-Serie“ um eine „junge Rockband“ drehen, „so mit der ganzen Thematik Lehre, Liebe und Frust“ und so. Den hätte ich nicht mal mit einem „Du“ siezen wollen.

Ich fuhr dennoch mit ihm nach Neu Wulmstorf in den Probenkeller zur „Hardrockband“ *Aphanes*, deren ruhiger Gitarrist Michael selbst von „unseren“ Gästen wie dem *Embryo*-Gitarristen Roman Bunka verblüfft bewundert wurde.

Burkhard Driest (Jg. 1939) sah mürrisch drein. Ihm gefiel die „laute Mucke“ nicht, jene merkwürdige Mischung aus Hardrock und Westcoast, also irgendwie typisch zwischen Zentral-Harburg und Hausbruch entstanden. Der grölende Sänger Kai, der stille Gitarrist Jens, der wuschelige Drummer Norbert und der coole Bassist Wolfgang waren fortan „unsere“ Fernseh-Vorzeige-Lehrlinge, allerdings nur in der seichten Soap „Zwischen Achtzehn und zwanzig“ (NDR, SFB).

Wir liebten ansonsten jedes ihrer Konzerte. Aber ihre Songs wurden dadurch keine „Hits".

Sie waren „nur" Hymnen am Ort, beispielsweise wenn sie das Grundthema des ZDF-„Auslandsjournals" rockig verhunzten.

Kai, der Fernmelde-Elektriker, strandete später und für Jahrzehnte bei den *Geilen Partyvirtuosen*. An der Gitarre nun Wasser-„Wolles" jüngerer Bruder Lutz, der nach dessen Krebstod zuerst den *Friedensblitz* weiterführte und sich dann der „Aquafotografie" widmete, dem Ablichten von Babys mit Müttern und sonstigen Entdeckungsreisenden unter Wasser.

War das „progressiv", was da bei uns „abging"?

Darüber dachten „wir" jedenfalls nicht nach. Nicht am Anfang, nicht am Ende – in der Mitte schon gar nicht.

Wir hatten einfach zu viel zu tun, mit uns, mit allem. Beispielsweise mit eintrittsfreien Open-Air-Festivals im *Harburger Stadtpark* oder Konzerten in Jugendzentren, Kneipen oder der *Friedrich-Ebert-Halle*.

Wir erwirtschafteten damit genug Geld, um sogar ein großes „Büro" für die *Arbeitsgemeinschaft Harburger Rockmusiker* (AHR) in einem leerstehenden Bauernhaus an der Friedhofstraße zu mieten.

Wochentags ermöglichten „wir" Schlüsselkindern das gemeinsame Lernen oder Hilfe bei Hausaufgaben.

Am späteren Nachmittag war es eine Teestube für Noch-Jugendliche wie Olaf, dem späteren „besten Freund" von Roadie-Detlef, oder Schon-Lehrlingen wie Renken, die kaum Geld für einen anderen Feierabend hatten, außer mal für ein Billardspiel oder Pommes bei „unserem" Griechen Krisomalos nahe dem martialischen Krieger-Denkmals vor der *Johannisgemeinde*.

Gegenüber, *Bei Oma*. schlugen die Älteren wie „Wolle" abends pünktlich ab 20 Uhr ihr Quartier auf. Im Keller probten *Altona* mit unserem Schul-Idol „Carlo" und „Lupus" am Saxophon, der später das *Consortium* mit täglicher Live-Musik eröffnete.

Abends stritten und planten zu der Uhrzeit noch zweidrei Dutzend Musiker aus Harburg und dem Umland in hektischen Projektrunden oder der verqualmten „Vollversammlung“, wie „unsere“ Einnahmen weiter einträglich umgesetzt würden. Mal war Joachim der Vorsitzende, mal Irene, die nicht nur unwillige Jungs zur Tanzschule eingeladen, sondern später das Parkett der Rechtspflege studiert hatte und dann die notwendigen Formalia gelassen beherrschte.
Für diese elende „Organisiererei“ – nämlich all die ungezählten Anträge bei Ämtern, die nervenden Absprachen mit Polizei, Feuerwehr, *Deutschem Roten Kreuz*, Tief- und Gartenbau-Referat, bornierten „Anliegern“ oder aufgebrachten Nachbarn, an- und abgrenzenden Kleingärtnern, dem verständigen Würstchen-Brutzler der Wahl, der uns „reichlich“ Standgeld für seinen Imbiss-Wagen „löhnte“, dem Finanzamt für Körperschaften, der Bezirksverwaltung und den stupenden Abgeordneten – für all den Kram, der einen „Jugendlichen“ gemeinhin nicht belastete, gab es nach wenigen Wochen schon mehrere Aktenordner in der Bäckerei-Wohngemeinschaft in der Wattenbergstraße. Wer ein Vorhaben übernommen hatte, schlug darin nach, hakte Aufgabenlisten brav ab und verteilte Arbeiten weiter, manchmal sogar an Schüler, die Flyer für Konzerte verteilten.

Kurzum: Ein kleiner Haufen Enthusiasten hatte bloß sich selbst verantwortlich viel Spaß an ätzenden Aufgaben, die manche der heutigen „Kulturmanagement“-Bachelors allenfalls vom Hörensagen und Auswendiglernen kennen.
Ungelernte und Lehrlinge, Studierende aller möglichen Fachrichtungen und mürrische Berufsanfänger arbeiteten am dem, was ihnen erst später Spaß machte und wovor sie bald keine Angst mehr hatten.
Einige engagierten sich plötzlich zusätzlich in Bürgerinitiativen, beispielsweise gegen die Planierung der Elb-Landschaft, gegen Gentrifizierung oder gegen Atomkraftwerke. Manche organisierten überregionale „Feste“ mit, beispielsweise zur Rettung Altenwerders.

Oder organisierten „Öffentlichkeitsarbeit" für Freunde, die vor Gericht standen, weil sie „den Kriegsdienst verweigert" oder rohe Eier auf Nazis geworfen hatten.
Andere ließen sogar ihren „Beruf" oder das Studium sausen. „Grauer" fertigte Flightcases für tourende Bands. Jörn übernahm die *Trikont*-Musterköfferchen und baute im Laufe der Jahrzehnte mühselig einen mittelständischen Vertrieb auf, „independent" zwar, aber mit Millionenumsätzen und dutzenden Mitarbeitern in Harburg.
Das aber war nicht der „Erfolg" oder das Besondere, das sich zu erwähnen lohnte. Sich stetig selbst vergewissert zu haben, was „wir" tun wollten oder nicht, und wie das mit anderen ginge, die wir über unseren Dunstkreis hinaus stetig kennen und schätzen lernten, war für „uns" eine bis dahin nicht gekannte demokratische Lernerfahrung. Dies erst machte mich zum Politologen, nicht das Studium.
Wir brauchten alles andere als „die Institutionen" dazu, die Deutschland zu diesem Zeitpunkt überreichlich hatte und seither kaum substantiell erneuerte oder sinnvoll ergänzte.
So wie beispielsweise jene stetig kommenden und gehenden Kultusminister*innen oder Senator*innen, deren Posten nach Parteiproporz mal an „Parteilose" verschachert oder einfach so vergeben wurden, beispielsweise an eine „Journalistin" der *Bild* oder sonstiger Schrecken aus den Katakomben einer immer noch vor allem sich selbst erhaltenden Verwaltung.

Und nach der „Rebellion der Jugend" wurde es keineswegs besser.
In Harburg meinte die örtliche SPD einen der ihren, Günter H., der gerade durchs Jura-Staatsexamen gefallen war und keine Verwaltungsausbildung hatte, einfach so zum „Referenten" für „Stadtteilkultur" machen zu müssen; der käme schon mit „Jugendzentrumsinitiative" oder einer *Kulturwerkstatt-Harburg* zurecht. Es war eine teure Altersversorgung schon für einen jungen Mann. Der lernte bis zur Pensionierung jedenfalls nichts dazu, was der „Gegen-Kultur" im Bezirk irgendwie zugute kam.

Überhaupt war es so, dass in der „Lokalpolitik“ es nur jemand (wenn auch wohl bezahlt) notgedrungen aushielt, wer „den Sprung“ über die Elbe „nach Hamburg“ nicht geschafft hatte. Wer dort aber noch nicht bis Bonn oder Berlin weiter gekommen war, der musste allerdings schlimmstenfalls von seinen dümpfelnden „Genossen“ im Wahlkreis Harburg „aufgestellt“ werden wie eine Pappfigur im Museum der Politik, um für irgendwas „gewählt“ zu werden.
So sicherte sich Herbert Wehner (SPD) im Wahlkreis Harburg „seinen“ Platz im Bundestag, später auch Hans-Ulrich Klose (SPD) oder Klaus von Dohnanyi (SPD), bei dessen Namen „Minky“ schon wieder tobte.

Auf der „großen Bühne“ ging es dann nicht anders weiter: Der Macho-Kanzler Gerhard Schröder (SPD) ernannte seinen „jungen“, aber in Hannover erfolglosen Nachfolger Sigmar Gabriel 2003 zum *Beauftragten für Popkultur und Popdiskurs* (Spitzname: „Siggi Pop“).
Im März 2015 „berief“ der inzwischen nach parteilichem Gerangel zum Bundeswirtschaftsminister beförderte Sigmar Gabriel den alten NRW-Kumpel Dieter Gorny zum *Beauftragten für kreative und digitale Ökonomie.* 2019 wurde im *Deutschen Bundestag* sogar mal über die Situation der „Clubs“ in Deutschland debattiert. Huch.
Tim Renner, den ich von gelegentlichen Zusammentreffen bei Klaus Wellershaus und in der Redaktion des Stadtmagazins *Tango* kannte, hatte 2013 den selbstverliebten, rechten SPD-Kanzlerkandidaten Peer Steinbrück mit solch poppigen Parolen wie „Breitband für alle“ und dem Werbesong „(Wir sind) Zuhaus“, wie es hieß, „beraten“. Vorher hatte er *Rammstein* zu einem Produkt (voller problematischer Nazi-Symbolik) gemacht. Ein zweifelhafter Aufstieg.
Die Partei dankte ihm für die verlorene Wahl dann 2014 immerhin mit einem Posten als Berliner *Staatssekretär für Kultur*, an der Seite des bekennenden Partygängers und spassigsten „Bürgermeisters“ der hemmungslosen Verschwendung, Klaus Wowereit. Arm, aber nicht sexy.

Dort konnte Tim ohne fachliche Rücksichten als vermeintlicher Reformer zwei Jahre berlinerisch „hausen".
Für den angestrebten Erfolg reichte es auch da nicht. Er hätte einfach nett und bescheiden Journalist bleiben sollen.
Ich sah selten etwas Traurigeres als Tim, der 2017 an einem wackeligen Wahlstand des „Bundestagswahlkreises Berlin-Charlottenburg-Wilmersdorf" vor dem *Rewe*-Markt am Kurfürstendamm irgendwie wartete – genau dort, wo auf Rudi Dutschke geschossen worden war.
Als Exot – mit Professur an der Pop-Akademie Mannheim – gesellte er sich zu den SPD-Suchenden mit seinen lustigen Hashtags *#timrennt* und *#wirklichmachen*:

> „Die digitale Gesellschaft braucht eine bessere Grundsicherung für alle Bürgerinnen und Bürger, ein moderne Bildungspolitik und mehr digitale Kompetenz in der Politik. Die Kreativstadt Berlin braucht eine Bürgerversicherung für alle, die natürlich auch Selbständige absichert."

Sein Wahlkampf, den er trotz vieler innerparteilicher Querelen und der Webseite www.bundesrenner.de durchstand, brachte ihn nicht in den *Deutschen Bundestag* oder in der schrebergarten-wüchsigen SPD voran.
Auch sein nächster Anlauf, dann eben im Herbst 2021 in den Bundestag zu kommen, scheiterte. Die Bundesfamilienministerin, Doktor-Arbeit-Verteidigerin und SPD-"Shooting-Star" Franziska Giffey hatte ihm den sozial abgerissenen Bezirk Neukölln nahegelegt, den sie eine zeitlang „verantwortete" bis sie in den Bundestag gelangte. Tim strauchelte.
Während seine ständige Gegenspielerin sich in Szene setzte: Ende November 2020 schämte sich die Kulturstaatssekretärin Monika Grütters (CDU) nicht, im *MoMa* (dem „Morgen-Magazin", ZDF), ausgerechnet in der *Berliner Philharmonie* den Eindruck zu erwecken, als bekämen „Soloselbständige" bereits ein bisschen „Novemberhilfen" – als Ersatz für die angeordnete, völlige Erwerbssperre aufgrund der Corona-Pandemie. Zeitgleich verpulverte sie hunderte Millionen für das *Humboldt-Forum* voller kolonialer Raubkunst in einem nachgebauten „Preußenschloss".

Der „Wirtschaftsminister" Peter Altmaier (CDU), Jg. 1958, hatte es nach Wochen der wortreichen Ankündigungen und nach Jahrzehnten der verstrichenen Diskussionen über die Problemlage von Freiberuflern da nicht einmal fertig gebracht, die töffeligen Beantragungsbedingungen online bekannt zu machen.
Das war faktisch und wörtlich: Gegen Kultur! Als „Politiker" mit dem Arsch komplett einzureissen, was Menschen sich und anderen über Jahrzehnte aufgebaut hatten.
Oder einfach mal nichts zu tun, womit die Regierung warb.

Vielleicht hätte das alles auch ganz anders kommen können, was ab den Siebzigerjahren in Deutschland abseits der „Kulturpolitik" allmählich hier und da Formen annahm. Aber nun verendeten die „Alternativen" im staatlichen „Lockdown" sang- und klanglos.
Die wenigen etablierten Firmen hatten eben keine Finanzpolster und bekamen keine Milliardengeschenke aus „Überbrückungshilfen" wie beispielsweise die *Lufthansa.*
Im Kleinen kehrte nun die Krise zurück, die sich in der Branche jahrelang abgespielt hatte: die „großen" Major Companies setzten ein paar Produkte – am besten weltweit – durch, solange sie astronomische Umsätze versprachen. „Danach" wurden jene Musiker vergessen.
Immerhin waren ihre Platten, CDs oder digitalisierte Aufnahmen nicht gänzlich verschwunden.

Joachim stand spät am Abend, mal nach Sitzungen der *AHR* oder späterhin, wenn es ihm an seinem Schreibtisch zu dunkel und zu eng wurde, auf seinem winzigen Balkon in der Grumbrechtstraße, oberhalb des Garagenhofs, in dem „unsere" Band mal experimentiert hatte.
Er war niemals in New York, mit all den grell bunten Leuchtreklamen. Joachim sah stattdessen täglich auf ein funkelndes Meer aus Lichtern an Türmen, die feurig spien. Die Raffinerie surrte und zischte.
Er prostete ihr mit einem Glas *Racke Rauchzart* zu.

[illegible]

Diese [illegible] gar [illegible] sehr [illegible] seine [illegible] und bekamen keine Mill[illegible] [illegible] wie beispielsweise [illegible]

[illegible]

Immerhin waren [illegible] [illegible] nahmen nicht [illegible]

Joachim [illegible] spät am [illegible] [illegible] in der [illegible] des [illegible], in dem „unsere“ [illegible]

[illegible]

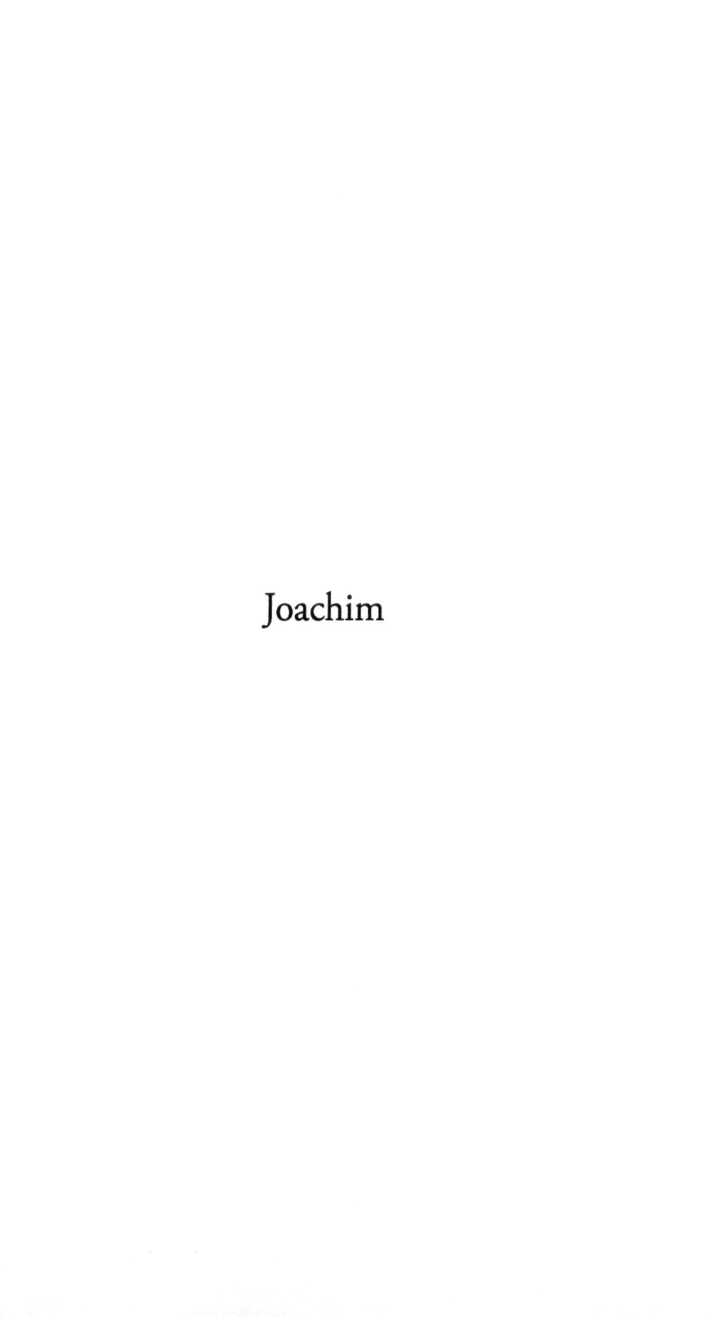

Joachim

Als sich Weggefährten am Tag, als Joachim 42 Jahre geworden wäre, in der Neuen Straße im Hinterhof der Live-Musikkneipe *Consortium* versammelten, dachten sie nicht mehr an die gemeinsame Arbeit in der *Arbeitsgemeinschaft Harburger Rockmusiker e. V.* oder später im Kulturverein *Mummel Organisation*. Die Freunde schwiegen.
Der ungebeten hingekommene Vater Heinz hatte „eine Runde Doppelkorn" spendiert.
Die blasse Mutter fragte leise beiseite:

„Wer war mein Sohn?"

Die ausgewachsene Ute scherzte:

„Versauft nicht mein Erbe."

Vater Heinz blieb ruhig. Er war „stolz". Joachim schrieb, um „über die Runden" zu kommen, zuletzt Moderationen für die ZDF-Sendung *Marianne und Michael.* Die Beiden hatten ihm eine Grußkarte geschrieben, bevor er an Krebs verendete.
Joachims *Golf* aus der *Rolling Stones Edition* war vom Krankenhaus-Parkplatz geholt und „abgestoßen" worden.

Mike von *Mummel* kaufte bei der Wohnungsauflösung dem Vater eine weiß lackierte *Fender*-Gitarre und den zugehörigen Koffer-Amp (japanischer Herstellung, Baujahr ungewiss) zähneknirschend ab. Joachim hatte sie sich zwei Wochen zuvor für die letzten Stunden vom seinem letzten Geld zugelegt. Vater Heinz hätte sonst „keine Ruhe" gegeben:

„Ist so gut wie neu. Was sollen wir denn damit?"

Da spukte in meiner Erinnerung wieder die Cutterin Dagmar, die – anstelle von Joachims Schwester Ute – das „Zuhause" verließ, „She ´s leavin´ home".

Sie war im *Beatles*-Lied ein Hasenfuß – wie „wir" es vermutlich waren. Das Mädchen schreibt deshalb bloß einen Zettel an die Eltern. Zum Reden reicht ihr Mut nicht.

Vielleicht würde sie ohnehin nicht verstanden werden („leaving the note/ that she hoped/ would say more"). Unverstanden in ihrer traurigen Hoffnung, durch einen Schritt vor die Türe endlich „frei" zu sein:

„Quietly turning the backdoor key,/
stepping outside,/ she is free."

Wie irrig diese Erwartung war, markierten die *Beatles* bereits deutlich, indem sie ihrem schmalzigen, balladenhaften Abgesang vom wortlosen Abschied in derselben Melodie einen versetzten, pathetischen Männerchor hinzufügten. Er anverwandelte den Schmalz – gemäß Shakespeares Theatralik – süßlich in beißende Schuldzuweisungen:

„Stepping outside,/ she is free.
She... [Chor: 'We gave her most of our lives.']
...is leaving [Chor: 'Sacrificed most of our lives.')
...home [Chor: 'We gave her everything money could buy.']"

Die Mutter begreift die Eigenständigkeit der Tochter als Angriff auf ihr eigenes Leben – das ihr nun scheinbar vergeblich erscheint.

Die Tochter interessiert dabei gar nicht. Sie ist lediglich eine Projektionsfläche. Ebenso wie es ansonsten „Langhaarige" in zerrissenen Jeans „Gegen-Kultur" für jene waren, die Nylon-Hemden und atemschnürende Binder schätzten.

Das „Elternhaus" bot keine Chance auf eine „Alternative".

Es war zudem weder Dagmars, noch Ute Absicht oder eines sonstigen „Babys“ Schuld.
Aber so ging es für „Jugendliche“ als einzige zugewiesene Karriere – ohne dabei zu stolpern – konsequent die Treppe hinab:

„Picks up the letter/ that‘ s lying there/
standing alone/ at the top of the stairs/
she breaks down/ and cries to her husband:/
‘Daddy, our baby‘s gone.
Why would she treat us/ so thoughtlessly?
How could she do this/ to me?’
She... [Chor: ‘We never thought of ourselves.’)
is leavin‘...“

Die „Flucht“ aus der Familie, das „Aussteigen“, vielleicht in das erste selbst gewählte „Zuhause“, womöglich in ein anderes „Wir“, wurde zugleich zu einer Hölle aus Selbstvorwürfen und obendrein „Schuld“-Zuweisungen – immer schon, aber nun erst recht – verständnisloser Eltern. Es war nur Abbitte denkbar, wie sie Heintje mit „Mama“ erfleht hatte. Sie lag in der Musiktruhe bereit, bevor überhaupt ein Abschiedszettel geschrieben war.
Dagegen half nur vermeintliche „Opposition“. Das Ganze „Aussteigen“-Ding war eine Art säkularer Firmung, eine lästige Konfirmationsunterrichtung für kleine Traktoristen. Aber dazu brauchte es ein unsoziologisches, lediglich praktizierenes „Wir“ – keine vermeintlich „progressive“ Gesinnung oder Vision.
Im Grunde hatten *Foyer des Arts* schon 1982 auf ihrem Debüt-Album „Von Bullerbü nach Babylon“ es bestens in dem kurzen Song „Familie und Beatmusik“ zusammengefasst.

Diese Anmerkungen sollten nicht einer oberstufenhaften Text-Auslegung und auch nicht dem gängigen pseudopsychologischen Geschwätz gleichen, mit dem sich immer wieder über größte Katastrophen hinweggetröstet wurde. Es war lediglich die Beobachtung des Alltags: Weit führte das „Aussteigen“ da nicht.

Die tröstende Musik konnte die gängigen Texte im Täglichen allerdings nicht überspielen. Die schmerzenden kleinen Verletzungen, die würgende Vereinnahmung.
Das hier von zwei Seiten zitierte Stückchen „Pop-Kultur“ der *Beatles* jedoch nahm die schnöde Situation ernst, aus der für Einzelne kaum ein Weg hinaus führte.
Nicht viel anders waren die Botschaften in „Castles made of sand“ versteckt.
Oder in dem – in Deutschland 1983 komplett missverstandenen – „Strandgruß“ mit dem fröhlichen Refrain „Vamos al la playa“: Das *Duo Righeira* sang von der Meeresverschmutzung und einer Atom-Explosion, die den Badenden in Zeiten der „NATO-Nachrüstung“ einen speziellen Teint einbrannte.
Erinnerung auf Pop-Hochglanz, für den Ententanz.
Das strahlte nicht wie die „Postcard“ von den *Bonzos*. Und es war längst nicht die subtile Postkarte, die *Procul Harum* mit „Grand Hotel“ 1973 versendet hatten: Darin war keinesweg von einem Saisonende am Meer die Rede, sondern vom Ende der schnell vergehenden Pop-Kultur:

„Tonight we sleep/ on silken sheets.
We drink fine wine/ and eat rare meats.
On Carousel and gambling stake/
our fortunes speed, and dissipate.
It‘s candlelight/ and chandelier
It‘s silver plate/ and crystal clear.
The nights we stay at Hotel Grand.
Tonight we dine/ at Hotel Ritz.“

Das war kein Lechzen nach dem „großen Leben“, in dem das kleine immer noch falsch und vergeblich war. Mit Streichern und *Swingle-Singers*-Sound klang eine „Generation“ aus.

Dies ist die womöglich die einzige, realistische Botschaft zu der übergroßen Erzählung von einer „Gegen-Kultur“ – jedenfalls zu der, die ich verpasste: Die Texte als Zeit-Dokumente zu verstehen, zwar aus aktuellem Anlass ins Ohr gelangt, aber nur kurz und doch für sehr lange.

Sie über den Tag hinaus im Kopf zu behalten wie ein unendliches langes Murmeln oder das Geräusch vom Aufschlagen der Wellen am Strand. Ihnen zu lauschen, wie sie inne plappern mit anderen Songs, auch wenn sie längst vielleicht schon nicht mehr klangen, sondern nur das, was sie in „uns" anstießen.

„Stikken in/ mine huken,
stikken in/ meine chaut.
Fuehle mine glas/ mit mine ausch/ pukken.
Sprekken zee nicht/ mit inem Deutchen/
venn zee mueden zint."

Was wollte Grace Slick 1971 mit ihrem Radebrechen ausdrücken? Eines, wie es später umgekehrt als krauses Denglisch in der Werbung für Markenprodukte variiert wurde beispielsweise als Lebens-Tipp „Come in and find out".

Wer stach da in die Hacken und in die Haut? Warum sollte sich jemand ein Glas mit seinem Erbrochenen füllen lassen? Bloß um nicht mehr mit einem Deutschen „sprechen" zu müssen, wenn man müde war?

Es gab viele wilde Spekulationen um die Bedeutung des Textes von „Never argue with a German if you're tired". Joan hatte nur den Kopf geschüttelt. Grace habe oft mit ihrem deutsch-stämmigen Gefährten und Gitarristen bei *Jefferson Airplane*,Paul Kantner, häufig alkoholisiert und sinnlos gestritten. Mehr nicht, aber auch nicht weniger.

Aber wie kam dann der Untertitel „Euopean Song" auf das Album?

Alles nur kleine Missverständnisse? Oder war da die Sprache schon am Ende und brauchte dafür einen Song? So wie die Schauspieler im Stummfilm nicht einer Tonspur bedurften, sondern der sie – vor der Leinwand – begleitenden Musik.

Im Grunde hatten *Foyer des Arts* wiederumn schon alles 1988 auf dem Album „Ein Kuss in der Irrtumstaverne" gesagt. In dem wabernden Song „Könnten Bienen fliegen", erfuhr ich endlich, wenn auch verspätet, was es mit dem Gequatsche im „Aufklärungsunterrricht" wohl unausgesprochen auf sich gehabt hatte:

„Könnten Bienen fliegen,/
herrschte Pracht/ in jedem Garten.
Doch die fahren Bahn und kriegen/
Streit am Fahrscheinautomaten. [...]
Könnten Herzen schlagen/
schlügen sie aus lauter/ Liebe.
Doch sie rascheln nur nervös/
wie jugendliche/ Diebe.
Könnten Menschen sprechen/
zersprāng die Welt in tausend/ Stücke.
Sie sprechen nicht. Und manche springen/
still von einer S-Bahn-Brücke."

Im Alltäglichen wurde allerdings auch deutlich, wo die Unterschiede zwischen einem „Wir" und dem gern verfluchten, aber unbestimmten „Die" lagen, zwischen dem Verlassen des „Zuhauses", dem „Aussteigen"-Wollen und dem lebenslangen Verhaftetsein.

Von der Rolle der Musik ein Mal abgesehen.

Horst feierte 1987 die Premiere seines „Doku-Dramas" mit dem bezeichnenden Titel „Reichshauptstadt privat" im *Metropolis-Kino*, das sich der eigenartigen „Ästhetik" Fritz Langs verpflichtet fühlte.

Wie „privat" war die NS-Zeit mit Blockwarten und „Geheimer Staatspolizei" (Gestapo) gewesen?

Die damalige, von vielen Anstaltsinsassen bewunderte NDR-Fernsehspiel-Chefin Doris J. Heinze, die später wegen ihrer hemmungslosen Selbstbedienung im Sender vor Gericht stand, gab sich im *Metropolis* noch die Ehre.

Die Hamburger Presse war reichlich erschienen. Was sollte man mit einem späten Vormittag unter der Woche sonst schon anfangen? Und dann mit einem leckeren Catering von *Movie Mampf*!

Bei einer kurzen, aufgeregten Ansprache vor der Leinwand musste Horst husten. Seine besorgte Mutter sprang in der hintersten Sitzreihe des Saales auf und brachte ein Bonbon nach vorne, damit sich „der Junge" beruhige.

Es war liebevoll und innig, gewiss – aber „wir“ wären an seiner Stelle vor Scham im Boden versunken. Horst dankte gutmütig, wie das oft seine Art war.
Diese Mutter war nicht mit einem Köfferchen wie das Mädchen in „She 's leavin' home“ fortgegangen, wie es meine Mutter Elly ein Mal und nur für einen Tag am Ende der Siebzigerjahre getan hatte, als sie die Ehe nach über zwei Jahrzehnten und ihr Leben mit Mitte Fünfzig nicht mehr ertrug. Horsts Mutter war „ihm“ geblieben, sie ohne Vorwürfe, er ohne Schuld.
So war im Übrigen auch der Film: Er zeigte die NS-Zeit als eine gescheiterte Liebe so „privat“ wie jemand es glauben mochte, der sie eben nicht erlebt hatte und der die Brutalität der Geschichte im Kreis einer Zurückgezogenheit und Familie ausblenden mochte.
So wie die ganzen Achtzigerjahre waren: ein einziges Musical und „Saturday Night Disco“. So wie in der Fiktion „Tadellöser & Wolff“ das reale Ende der Vierziger- und gemütlich beginnenden Fünfzigerjahre.
Das war jedenfalls nicht so verstörend wie die kurzeitige, gefangene „Privatheit“ zwischen Winston und Julia in „1984“, die George Orwell bereits 1948 kommen sah.
Was war noch oder schon „privat“?
So wie Das von bezahlten Konservativen um Helmut Kohl (CDU) ab 1984 „eingeführte“ Privat-Radio und -Fernsehen? Oder später die Blockwarte in „sozialen Netzen“ mit ihren „Chat-Gruppen“?
Ab 2014 nutzte die unheimliche Ausspähung von Accounts auf *Facebook, Instagram* und *Twitter* den Konservativen, die mittels „Mikrotargeting“ ihre „Wahlkämpfe“ in den USA verdeckt und gezielt ausrichten konnten mit der Hilfe der Firma *Cambridge Analytica.*
Nein, *Cambridge Analytica* war keine Hardrock-Formation, die laut auftrat.
Sie machte erst durch den Whistleblower Christopher Wylie auf sich aufmerksam. „Nerds“ hatten die Regentschaft von rechten *Republikanern* ermöglicht.

Der Soundtrack zum Fernsehfilm „Reichshauptstadt privat", der übrigens als Musical konzipiert wurde, war ein einzigartiges Kaleidoskop modernisierter deutscher Musikbefindlichkeiten – von „In der Nacht ist der Mensch nicht gern alleine" bis hin zu „Und über uns der Himmel", erschienen bei *Illusion Records*. Genial.
Musik konnte nachträglich auch eine „zeitgemäße" Inszenierung wieder zu einem Stummfilm machen.

Diese hier an wenigen Beispielen aufgespannte, ambivalente Breite der pop-kulturellen Ein- und Vermischungen war allerdings – bis zuletzt – schwieriger zu leben als es in den erwähnten Anekdoten klang.
Denn das „Wir" kennzeichnete ja eben nicht eine soziologische oder geschichtlich abgegrenzte „Generation" oder bloß eine sozial deklassierte „Kultur" in lockerer Symbole-Gemeinschaft. Die losen Zusammenhängen schwanden vielmehr oft rasch zu einem „Ich" – wenn es gut ging, keinem ego-zentrierten und keinem einsamen.
Da halfen international keine „Solo-Karrieren" wie bei Jack Bruce, Rod Stewart oder Joe Cocker, schon gar nicht die deutsche „Solo-Selbstständigkeit"...
Was, wenn aber nichts nachklang, im Kopf? Dann, wenn man des Trosts aus unbestimmtem Klang bedurfte.

„Ja,/ das bin mein. Ja,/ das bin Du.
Du,/ das bin ich./ Versssuch essss!

Viele Harburger gingen an der Friedhofstraße vorbei. Dorthin, wo niemand gern hingeht. Sie waren in Gedanken, und bemerkten das Büro der wilden Jungs nicht.
Andere waren irritiert und neugierig, aber sie hätten sich nie hereingetraut. Dazu gehörte Antje. Ihre Eltern hatten ihr den „Umgang" mit den Langhaarigen verboten.
Sie machte nicht einmal einen Versuch.
Was wäre aus Antje geworden, wenn sie in ihrer behüteten Jugend aus dem Reihenhaus-Idyll in Seestücken mit einem Köfferchen hätte fortgehen wollen?

Einige Freunde Joachims ließen im lokalen Anzeigenblatt, das er früher auch ausgetragen hatte, eine kleine Todesanzeige drucken.
Zu mehr hatte es seelisch und finanziell nicht gereicht als zu der Zitatzeile:

„Hinterm Horizont geht's weiter".

Wer war dieser „Sohn"?
Vielleicht bloß ein Kind von Traurigkeit.
An meiner Flur-Garderobe hing seine im Dunkeln vergessene Baskenmütze vom letzten sonntäglichen Besuch. Wenn er mit den Eltern zu Mittag gegessen und zum Abschied mit ihnen „noch einen Korn" getrunken hatte, ging er seinen „Gang". Ich war nur eine seiner vielen Adressen. Bis zum Abend waren „wir" alle abgelaufen.
Mein „Museum". Ohne Mutter als Papp-Aufsteller.

Horst baute für Udo Lindenberg schon 1988 ein anderes, sehr privates Museum, mehr als mit nur einem Hut. In einer Hommage voller „Sentiment" ehrte er Udos Mutter „Hermine", so auch der Platten-Titel.
Den Reigen aus Chansons und Liedern aus den Zeiten ab 1929, ähnlich „zusammen" gefügt wie die Video-Clips in „Symapthy", reicherte Horst mit Kuriosa an wie „der letzten Tonaufnahme" mit Marlene Dietrich, die 1987 in ihrer Pariser Wohnung aufgenommen wurde, daneben auch Songs von Friedrich Hollaender, Theo Mackeben und Texte von Erich Kästner. 1991 wurde dann auch noch Vater „Gustav" mit einem gleichnamigen Album bedacht.

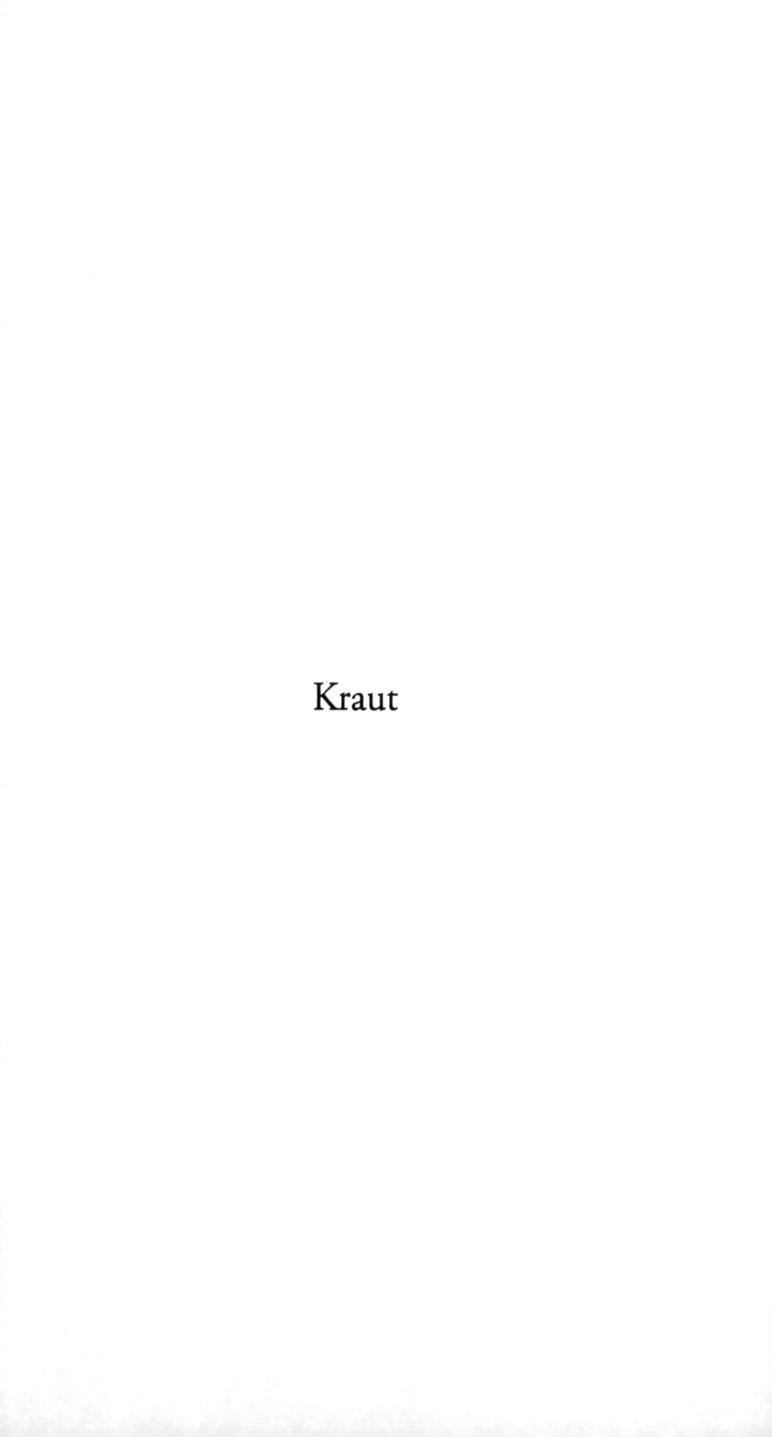

Kraut

Gab es – neben diesen berichteten oder richtig gestellten Alltäglichkeiten – denn gar kein Geheimnis zu „unserer" Musik, das die landläufige Rede von der „Gegen-Kultur" mehr noch gerechtfertigt hätte als das weit verbreitete Geschwätz vom „Aussteigen"?
War das denn überhaupt deutsche „Pop-Musik", die „wir" in den Siebzigerjahren so gern mochten – aber wahrscheinlich nach gängigen Definitionen und dem vorherrschenden, „populären" Publikumsgeschmack sowieso nicht machten?
Gewiss waren international beispielsweise die *Cream* die Creme dessen, was zu Recht und kulturgeschichtlich „Pop-Musik" genannt wurde. Sie knüpften an den Wurzeln von Blues und Jazz sowie Folk an – und nicht umgekehrt gedeutet, dass erst die US-Tournee der *Beatles/Rutles* diese Genres an den Mississippi und „in die Welt" brachte.
Aber was war national mit Bands wie *Amon Düül*, *Can*, *Kraftwerk*, *Ton Steine Scherben* oder irgendsoeiner mit vielen Bassisten und gar Trompete, mit Pauken und Namen, die nach kleinen Straßen klangen?

War das wenigstens ur-„deutsche" Pop-Kultur – scheinbar ganz ohne Vorbilder? Fast indigen, jedenfalls ohne ein musikalisch schrittweises Aufbauen auf gelebtem Brauchtum oder jahrezehntelanges Experimentieren mit „neuen" Formen? Einfach so spätestens in den Sechzigern vom Himmel auf den Horizont gefallen – pardauz? Ohne die „alten" Formen genau zu kennen, zu beherrschen und mindestens mäßig zu schätzen?
Nicht, dass dies eine Voraussetzung für eine national-kulturelle Innovation gewesen wäre oder aber eine kulturelle Beständigkeit gar hin zum „Krautrock" gegeben hätte, wie zumindest im Ausland eine musikgeschichtliche Sonderform genannt wurde – ohne eine stilistische, aber mit einer solchen (anfangs uncharmanten) historischem Zuweisung.

Es gab in den Siebzigerjahren durchaus in „ernster" Musik und Musique nouveau beschlagene Musiker wie beispielsweise Holger Czukay von *Can*, der schmunzelnd „Privat-Philharmoniker" auf seine Visitenkarte drucken ließ.
Oder solche, die – wie beispielsweise auch Frank Zappa in den USA – klassische Moderne studiert und der Musique concrète und dem wörtlichen Musik-Theater anhingen, also nicht als versüßender Überguss wie beim Musical.
Aber es gab in Deutschland eben alles andere als eine soziokulturelle Verankerung. Falls nicht gerade die punktuellen Eruptionen wie die „Schwabinger Krawalle" oder die „Demolierung" der Waldbühne sowie die bekannte „Hysterie" bei *Beatles*-Konzerten immer wieder fälschlich als Symptome einer „Rebellion" verallgemeinernd hergenommen wurden, so wie beispielsweise in den verklärenden Fernsehrückblicken von *3sat*, *Arte* und WDR nach den Nullerjahren.
Diese von Journalisten offenbar gern zitierten Anekdoten zu „Ausbrüchen" richteten den Blick bemerkenswerterweise nur auf „das Publikum", nicht aber auf die Protagonisten und ihre mystische Methode, solche offenbar lang verborgene „Ausbrüche" bei „Jugendlichen" mit Musik ausgelöst zu haben. Da ging der „Hut hoch".

Was, wenn „der Bart" längst „ab" war? Sich öffentlich an vergangene „deutsche" Pop-Musik – einerseits mit Abstand, andererseits mit zwiespältiger Leidenschaft – zu erinnern, war keineswegs ein angedeuteter Weg in ein bloß „privates", zurückgezogenes „Museum".
Denn den ersten Schritt aus dem beengten Kopf – weg von Assoziationen ums „Aussteigen" und provokativen Projektionen, von nichtiger Nostalgie und verschwundenen Klängen – war im intensiven Gespräch auf der Fünften Pop-Dekadentagung bereits im Austausch und mit vielen Argumenten 2019 mehr als nur rhetorisch gesucht worden.
Ob am Ende gar ein öffentliches, trotziges „Museum für deutsche Pop-Musik" entstünde, war erstmal so unerheblich wie all die angerissenen Fragen der praktischen Umsetzung. Wobei die Lösung von Problemen erheblich weniger an der „Machbarkeit" hing, als vielmehr an der voraussetzenden Integrität solch eines Vorhabens: Ein paar Artefakte zusammenzusammeln, ein Bord mit LPs und dann Pappfiguren aufzustellen statt überhaupt jene Menschen geachtet zu haben, die zeitlebens unbeachtet blieben, war genau so wie die gängige verächtliche „Kulturpolitik", die einer jahrzehntelangen kulturelle Planierung an der Elbe zusah – ohne mit der Wimper zu zucken.
Noch ein Mal: Was genau konservierte ein letzter, „im Original" verbliebener Kramladen in einem Hamburger Museum? Die darin aufgestapelten Dosen-Pfirsiche – oder die gefällten und mit Giftschlick beerdigten Obstbäume?

Die meisten von „uns" waren Ende der Achtziger- und Anfang der Siebzigerjahre gar nicht mit „Pop-Musik", weder mit dem aufkommenden Rock 'n' Roll noch dem gerade ausklingenden, während der NS-Zeit verbotenen „schwarzen" Swing „groß" geworden, sondern mit Hörspielen, dem kleinen Kino unserer Kindheit.
Reichlich übten wir uns in Büchern. Der kleine Joachim zeigte oft der Bibliothekarin, wo in den engen Räumen unter der Schwimmhalle beim Rathaus was stand.

Später studierte er das „Bibliothekswesen", sein Jugendtraum. Aber dieser Beruf war ihm, als es so weit war, zuwider. Da waren öffentliche „Bücherhallen" wie die am Gerhart-Hauptmann-Platz gleich an der Mönckebergstraße, einer der bekanntesten Hamburger Straßen, vom SPD-Senat bereits einer Imbisskette zum Burgerverkauf überlassen worden. Wozu Bücher verbrennen wie bei den Nazis oder in dem Roman „Fahrenheit 451", wenn es auch mit Fleisch ging?
Als Steppkes schmökerten wir ständig. Am Donnerstagnachmittag und am Sonntag-Vormittag schlichen wir zudem in abgewanzte „Lichtspielhäuser" (wie die *Passage* hinter *Karstadt* oder das *Odeon* in Heimfeld), zu haarsträubend unauthentischen, uns gleichwohl fesselnden Verfilmungen wie „20.000 Meilen unterm Meer" oder „Godzilla". „Wir" feuerten die „Akteure" auf der Leinwand an. Obwohl teils deren Fäden zu sehen waren oder die Pappmache-Metropolen schon bröselten, bevor animierte Urzeitviecher die Hochhäuser zerstampften oder Kriegsschiffe versenkten und Flugzeuge zerschmetterten.
Nach jeder Szene spendeten wir frenetisch Applaus ins uns umschließende Nichts, als seien wir nicht bloß vom Dunkeln behütete „Zuschauer".
Das Kino war „unser" großes Theater, unsere Bühne. Dort begann das „Wir". Aber wir applaudierten nicht bloß aus „Sympathie" für das „Monster", wir liebten „Godzilla". Wir litten mit ihm. Atombomben hatten es aus dem Urschlaf geweckt und fortan wurde es gepiesackt. Nun wehrte es sich redlich. So wie „Dr. Frankensteins" armes, aber gewalttätiges Geschöpf. So naiv für die gerechte Sache – als könnten Jugendliche aus Harburg nie mit Passagierflugzeugen ins *World Trade Center* steuern. Als hätten Jugendliche aus dem Landkreis nie eine britische Übermacht angegriffen.
Die „Erwachsenen" mieden solch ein ausfälliges Publikum gemeinhin.
Einige gingen lieber zum Frühschoppen nach gegenüber in die Kneipe., in der sich in den Zwanzigerjahren der „kommunistische Widerstand" gegen die Nazis organisierte.

War das der „Generationenwechseln"? Die einen wollten „nicht mehr sehen" – und keinesfalls mehr, als sie ohnehin gesehen hatten. Sie konnten nicht „glauben", was ihnen geschehen war und was eine „Zukunft" brächte. „Wir" hingegen „sahen" miteinander, was wir gar nicht sehen konnten. Sogar sahen wir darin, was käme oder lieber nicht...

Was wechselte da?

Es war jedenfalls nicht das Gezeigte oder das Gehörte – sondern die gemeinsame Art, das Erfasste abseits des Medium aufnehmen, ergänzen und daran teilhaben zu können. Die Bücher, die Hörspiele, die Filme, die Musik entstanden erst in „uns". Und vergingen dort. So banal, so „wahr".

Generationenwechsel?

Nein. Welche „Generation" denn? Es war vielmehr ein alle und alles umfassender Wirklichkeitsschwund. „Selbstvergewisserung", wie „wir" sie späterhin gesucht hatten, war hingegen inzwischen ein vergessenes „Konzept".

Die lautstarken Prediger der heiligen „Digitalisierung" versprachen seit der Jahrtausendwende ihren Gläubigen, dass „mit Flatrate" und „schnellem Internet" alles anders würde.

Menschen, die kaum noch miteinander telefonierten, „glaubten", dass in ihrem Smartphone das „Wissen der Welt" wie auf dem Laien-Lexikon *Wikipedia* abrufbar wäre.

Sie ließen sich „von niemandem" kontrollieren, sondern sammelten selber „ihre Daten" auf *Facebook*.

Sie brauchten keine „Diktatur" mehr wie in „1984", die minutenlange „Hass-Minuten" abhalten ließ, sondern „posteten" tagein, tagaus „hate speech" gegen Mitschüler, Kollegen, Andersdenkende.

Sie verwechselten Meinung mit „Voting" nach vorgegebenen Zeichen: „Daumen runter" bedeutete wie im Circus Maximus den Tod des anderen. „Daumen hoch" hieß nicht mehr wie die internationale Tramper-Geste, ich würde gerne „mitfahren" in ihrem Auto, sondern ich hochselbst befinde dieses oder jenes irgendwie für „gut", kann aber nicht ausdrücken, wieso und warum. Hauptsache „Popcorn-Kino". Oder die Schlimmste aller Idioten-Vorstellungen: „Kopf-Kino".

Sie „streamten“ sich allein in einem endlosen Fluss nächtelang „Serien“ bis zur Erschöpfung runter – möglichst „realistisch“, als Abbild eines Codes aus Pixeln zusammengesetzt. Endlich ein Puzzle, das passte? Manche hatten gerade ausreichend „Phantasie“, sich sowas vorstellen zu können.
Wechsel? Bruch?
Heutige Jugendliche „spielten“ mit „action“ und „Psychologie“ möglichst „authentisch“, dass sie es seien, die in der gekauften Inszenierung handelten und frisch und frei mordeten, wer sich ihnen in den Weg stelle.
Aber Lernen mit „Homeschooling“ lehnten sie ab.

Der einzige „Bruch“, den es in der deutschen Geschichte gab und der einer und der folgenden Generation hätte eine „Gegen-Kultur“ ermöglichen sollen, war die „Befreiung“ vom „Dritten Reich“, 1945. Doch die wurde von der geschlagenen Nazi-Clique, den ihnen Heimstatt gebenden Konservativen und einer unerschüttert weiterwerkelnden NS-Verwaltung konterkariert.
Das hätte eine Gegen-Kultur begründen sollen. Die „Studentenbewegung“ von 1967 und 1968 mit ihren Wohngemeinschaften, beziehungsarmen Paaren und scheiternden „Selbsterfahrungsgruppen“ sowie mit marxistischen „Schulungszirkeln“ reichte nur für zaghafte und verzagte Änderungen, die von den Erstarrten erst dann ausgerechnet als „68er-Diktat“ wahrgenommen wurden, als sie selber schon überhaupt keine eigenen Ideen mehr hatten.

Wann schliefen wir eigentlich? Nach der Dämmerung verband das Radio uns Eichhörnchen wieder mit der realen Welt. Allerdings auch dies mit gedämpftem „Spiel“ und Magie statt Animation: Fremde oder vertraute Geräusche wurden unser inneres Zuhause. Sätze verloren.
Stücke, die oft mit „Utopie“ oder „Dystopie“ etikettiert wurden, entwickelten sich zuerst in unseren Köpfen, als Theater der Klänge – aber zu keiner weiteren Auseinandersetzung bereit.

Und als wir erst mit wenigen Lötarbeiten aus dem Empfänger einen Verstärker unserer Gitarren gewannen, war es außen kurz mal mit der Stille vorbei.
Ein großer Schritt für uns, ein kleiner Schritt für die Menschheit. Wir lebten nicht mehr hinter dem Mond, sondern „lebten" das, was nun aus den Radios kam. Kein Sender, keine fremde Inszenierung, sondern manchmal unerwartete Harmonien und hervorgelocktes Pfeifen mit Vibrieren bis hin zum Klirren der Senderband-Scheibe.
Nur das Magische Auge blieb seltsam ruhig.
Wahrscheinlich wirkten „deutsche" Bands mitunter deshalb wie unvollständig. Ihre Musik war nur der hörbare Teil. Das Unerzählte entstand erst beim Zuhören als wörtliches Hör-Spiel.
Ton Steine Scherben gingen aus dem *Hoffmann's Comic Teater*-Kollektiv hervor und führten anfangs viele Elemente fort, die ihre „Vorstellungen" in doppeltem Sinne spiegelte. Carsten hatte *Clowns & Helden* zunächst als „Rocktheater" fern aller Inszenierung verstanden – bis die Plattenfirma das entschiedenere Befolgen von Hit-Schemata abverlangte. Joachims *Tenement Funsters* verbanden Comic-Pantomime mit ihren scheinbar davon los gelösten „Pausen"-Songs.
Das war weniger künstlerisch „ambitioniert" als vielmehr das naive Vertrauen darauf, dass das Publikum schon wüsste, wie es Ohren, Augen, Stimmungen, Assoziationen, Anklänge und Gedanken zusammenführen würde.

Im Publikum waren für „uns" nicht irgendwelche anderen. Sie waren ein Teil des geheimnisvollen „Wir". Sogar wenn sie nicht mit uns von Auftritt zu Auftritt pilgerten und Ausrüstung mitschleppten, solange wir keinen „Bandbus" hatten. Später brachte „Schnorchel" einen *Opel Kapitän* ein, in den wir die gesamte Anlage und uns pressten.
Sogar einer, der uns vermutlich nie gehört oder gesehen hatte, wie der scheue Frank Schulz, der für die Werbepostille *elbe-wochenblatt* und später den furiosen Roman „Morbus fonticuli oder die Sehnsucht des Laien" schrieb.

Er erzählte leider nicht von „uns“, sondern vom erlebten Rausch des Sounds in Harburg, den Jimi Hendrix in ihm auslöste. Frank schaukelte dabei in seinem *Opel Kadett* auf der *B 73* entlang der Industrie-Todeszone zur *Hexenklause*, um dort erst möglicherweise jenes wunderliche „Publikum“ zu treffen – möglicherweise solches wie uns, wenn wir nach einer Bandprobe (mit einem Dutzend Zuhörern) oder einem Auftritt (mit nicht viel mehr) uns Müdigkeit antranken.
Jahre später saß er samstags immer wieder zur Mittagszeit mit Harry Rowohlt auf der lauschigen Terrasse der *Bar Italia* und schmunzelte in sich, so als habe er diese merkwürdige kleine Geschichte von einem „Hexenritt“ gerade erst hinter sich gelassen. Sie plauderten so, als habe sich ihre gemeinsame Band eben aufgelöst. Harry brummte bärig. Eigenartig befreit, aber in keiner Sekunde einander fern.
Worüber sie redeten? Antje und ich hörten nicht zu. Wir freuten uns an der Stille und der kurzen Zeit der Sonne im Hinterhof an der Eppendorfer Landstraße.
Am Nachmittag würde ich wieder nicht segeln gehen.

Horst war dieses Suchen fremd, als er „seine“ Serie über „Subkultur“ drehte. Zwar war ihm „unser“ Schmunzeln nicht entgangen, als die *Mad Dogs and Englishmen* mit einer gospelhaften Bearbeitung das Publikum hineinsogen in das Stück „With a little help from my friends“, das in der naiven, stimmbrüchigen Singweise von Ringo Starr zuvor so einsam bettelnd und verletzlich geklungen hatte.
Horst nutzte nun nur dessen grellere Oberfläche.
Er begriff nicht die Tragik an der Geschichte: Joe Cocker zerbrach im März 1970 an seinem plötzlichen Erfolg, den er mit der *Grease Band* 1968 durch den Hit „Marjorine“ hatte. Er löste die Band auf. Innerhalb weniger Tage stellte der Musikproduzent Leon Russell ihm eine wilde Truppe mit zehn Background-Sängerinnen und Sängern, mehreren Schlagzeugern, Perkussionisten, Gitarristen und Bläsern zusammeng. Mit diesem bunten Zirkus traute sich Cocker wieder auf die Bühnen und auf eine lange geplante Tour.

Horst aber streute solche Clips wie „Zitate" in sein Plagiat von „Pop-Kultur". Nichts, was da in seinem Zusammenhang von Joe Cocker zu sehen war – aber alles an dem *Beatles*-Song von „Freunden" war wörtlich völlig abseits der Bühne: die Ängste, die Zusammenbrüchen, die klemmende Kreativität. Die Fernseh-Folgen deuteten die Zusammenhänge falsch an, betonten sie anders oder es gab sie gar nicht.
Dabei hatte er „meine" Band, als ich mich wieder traute, eine E-Gitarre anzufassen, erwartungsfroh ausgerechnet auf die Bühne des „Hauses der Jugend" gestellt, um im altbackenen NDR-Fernsehen was Ansehnlicheres zu sehen als einen Keller voll abgelatschter Fransen-Teppiche samt bizarr zerknüllter Bierdosen, mit Eierpappen statt Tapeten im Hintergrund.

Er hätte allerdings etwas anderes „zeigen" können: Die Hansestadt Hamburg hatte für ihre „Jugendpolitik" kein besseres Kürzel gefunden als das der Hitlerjugend (HJ).
Im Erdgeschoss kickerten Pubertierende, im Keller „probten" die aufmüpfigen „Alternativen" bis zum Stromschlag.
Zwei aus der Band und einige aus der Bäckerei-WG hatten einmal die Behördenräume in der Hamburger Straße kurzzeitig „besetzt", weil sie den Muff der schwarzen Nachkriegspädagogik lüften wollten. Zwecklos. Zum Glück waren alle weg bevor die Polizei anrückte.
Was wir dann im HdJ bei einem einmaligen Auftritt mit dreivier Akkorden runtergebratzt hatten, war zu harter „Rock" für Horst. „Wir" waren verstimmt, viel zu laut für die – leise Interviews gewohnte – Tontechnik.
Falscher Ort, falscher Groove, fiese Musik – echte Bilder. Es überzeugte ihn im Schneideraum nicht, um neben Joe Cocker nebst Glitzerbegleitung in die Sendung zu kommen.
Horst „liebte" zur der Zeit sowieso das gerade erschienene Album „Walk on the wild side" von Lou Reed.
Den hatten wir „früher" verehrt, als er in Andy Warhols Hausband *Velvet Underground* gewirkt hatte, ekstatisch und geheimnisvoll statt abgeklärt. Das war noch „genial".

Wir liebten „unser" Publikum, das fast ohnmächtig von unserem Krach wurde. Es litt wie bei einer Katharsis statt auf der wilden Seite zu schlendern. Es wusste ohnehin nicht, wie ihm geschah.

Denn wir spielten keine Songs, sondern hatten ein paar Akkorde abgesprochen und wie die Abfolge der namenlosen Titel und der Soli sein sollte. Ein bisschen jazzig improvisiert, aber mit der Energie späteren Punks. Von virtuosen „Läufen" oder fein abgestimmten Akkorden wären wir verstört gewesen, von „functional music" oder auf Massentauglichkeit getunten „Hits" wurde „uns" allen übel. „Wir" spielten strikt dysfunktional. Das klappte. Nur „reich" wurde man „davon" nicht.

Solcher „Lärm" ohne Text, solche „Negermusik", war halt nicht fernsehgerecht. Da trafen sich Horst und der von ihm inszenierte Heinz-Vater.

Dort hatten wir aber auch nie hingewollt. Im Erdgeschoss des *HdJ* hätten wir ohne „das Fernsehen" sowieso nicht auftreten dürfen.

Musik musste für und mit „uns" immer „live" sein, lebendig, ungebändigt, grell, taktlos – sonst war sie so tot wie die kombinierte Musiktruhe mit Zehn-Plattenwechsel.

Wir kopierten nicht, wir klangen wirklich so furchtbar: als müsste es erst noch „Musik" werden. So fraglos „unharmonisch", so kategorienlos. Keine Referenzen zu anderen Songs. Nie berühmt für „unser" Äußeres, hässlich, aber eben Jungs von nebenan, die niemand wirklich kennenlernen wollte. Wer schon trug (so wie der mattige Rhythmiker der Band) ständig Flanellhemden und dunkle Westen und dazu abgewetzte, kackbraune Cloggs – obschon er im Flur Kroko-Imitat-Stiefel für außergewöhnliche Gelegenheiten wie beispielsweise Auftritte stehen hatte?

Außer „Minky"? Es war nach der Rocker-Kutte auch seine „alternative" 70er-Kluft geworden: Weste und Cloggs.

Zudem: Wer wollte schon nach Harburg reisen, dem Tor zur Hölle an der *B 73*, um sich sowas anzusehen? Immerhin Freunde aus München, Vlotho oder Frechen. Danke.

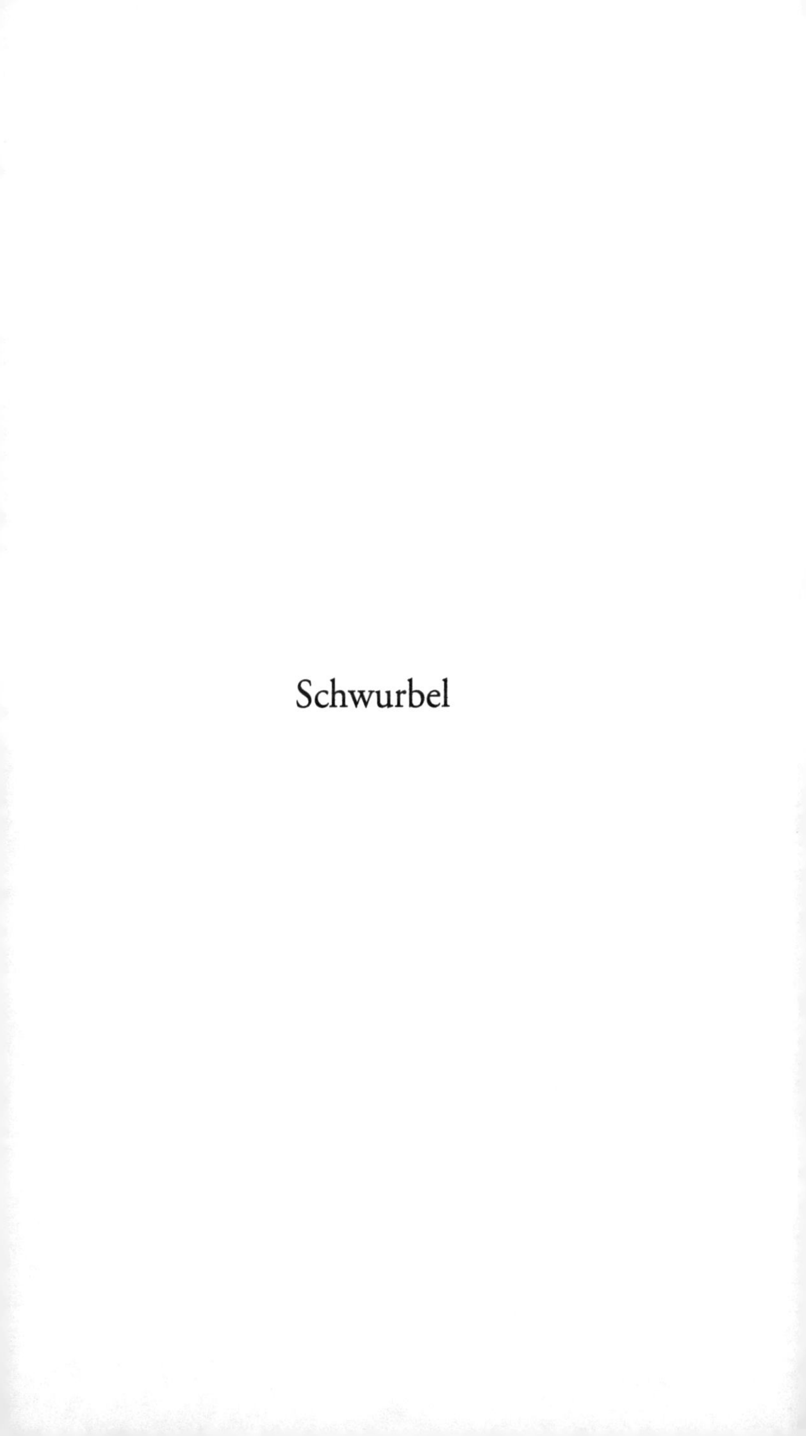

Schwurbel

Warum sich also über solch Dödeltum auf Pop-Dekadentagungen den Kopf zerbrechen und den Mund fusselig reden – während „Sympathy for the Devil" längst im NDR-Archiv verschimmelte?

Anfang der Neunzigerjahre ließ ich die Magnetbänder hervorkramen und auf Kosten des unachtsamen NDR aufwändig digitalisieren. Es gab 1992 sogar Geld für aktualisierende letzte Folgen zu „Als Helmut eines Tages...". Untertitel des Redakteurs Horst: „Zwanzig Jahre danach".

Danach? Horst wollte nun einen „jungen" Blick auf das „alte" Material werfen lassen – als hätte er seinerzeit wie ein „Alter" und nicht auch auf seine damalige Gegenwart geschaut.

So wurde mit den Jahren wohl aus wenig Abstand viel Distanz. Er hatte inzwischen neben dem Fulltime-Job in Lokstedt eine Drittel-„Medien-Professur" in Köln übernommen, freundschaftlich aufgeteilt unter dem malmenden Show-Moderator und Laienkoch Alfred Biolek und dem WDR-Kulturredakteur Hans-Jürgen Rosenbauer. Und damit deutlich preiswerter als Clowns.

Von dieser Medien-Hochschule brachte Horst den Examenskandidaten Rainer mit, der seine Abschlussarbeit drehen sollte, mit den „Aussteigern". Ich beriet dabei.
Helmut, Joachim und Renken schwebten in dieser Was-sonst-noch-geschah-Fortsetzung als Artisten ratlos in der Zirkuskoppel. Ohne Netz, ohne doppelten Boden.
Sie waren alt und brauchten das Geld. Helmut musste sich den „Zweiten Bildungsweg" finanzieren, Renken verdiente sich als Aikido-Trainer was dazu und Joachim war notorisch abgebrannt, inzwischen als „freier" Autor.
„Ihre" Pop-Musik war in den beiden Forsetzungsfolgen ebenso wenig zu hören wie am Beginn der Siebzigerjahre.
Helmut beispielsweise spielte zu der Zeit seine Wandergitarren-Songs inzwischen in einer Band mit klassischer Deutsch-Pop-Besetzung, mit Martin, „the animal", an den Drums, Bernhard mit seinen Keyboards und mir an der Rhythmus-Gitarre, mit wenig Krach. Helmut am Bass trat in Wollsocken und Gesundheitslatschen auf, beispielsweise in dem Titel „Weg von Zuhause", der 1988 für sich aussprach, was in „Sympathy for the Devil" nicht einmal anklang:

„Es gab einmal Zeiten, /da warst du zuhaus,
da warst du bei dir,/ brauchtest niemals hinaus!
[Chor:] Hinaus, hinaus, hinaus!
Dann bist du gegangen,/ schautest nicht mehr zurück.
Du glaubstest,/ Du findest woanders/ dein Glück.
[Chor:] Dein Glück, dein Glück.
[Refrain:] Weg von zu Hause!
[Chor:] Weg von Zuhause!
Weit musst du gehn,/ doch ein Ende der Straße ist niemals zu sehn.
Weg von zu Hause. [Chor:] Weg von Zuhause!
Du bist nur auf Reisen. [Chor:] Du bist nur auf Reisen,/ doch kommst niemals an.
Es gibt keinen,/ der dir deinen Weg zeigen kann/
keinen,/ der dir deinen Weg zeigen kann!"

War das wenigstens das „Zuhause", wie es in „She 's leavin' home" vorkam? In „Sympathy" kam es nicht vor.

Ich gab mit dezenten Rückkopplungen und Vibrato-Hebel seinerzeit meinen Senf zu Helmuts schlagerhaften Versen von jener Art, mit der Max Giesinger später Kasse machte. Mit den Ohren mochte ich nicht schlackern.
Kurz stellte ich mal dem käsigen Produzenten Udo von der WEA diese Songs vor, der mich bei unpassender Gelegenheit mokant gefragt hatte, ob ich „noch eine Band" habe. Ihn störte beim nervösen Abhören der „zu modische" *U2*-Sound des Sologitarristen Sascha und sowieso die Texte, die „in Ost-Berlin besser aufgehoben" wären.
Na und? Helmut kam aus dem Osten – nur dreißig Jahre „zu früh". Er sang, wovon er etwas verstand. Mehr nicht.
Aber in Plattenfirmen arbeiteten häufig und mit Recht Igoranten, denen nur Muster wichtig waren, die „Erfolg" garantierten. Alles andere war egal. Sie „produzierten" nur, was für kurze Zeit Kasse machte: Müll a la minute.
Dies erklärte seit den Siebzigerjahren, warum Musiker, die sich ihre Kreativität bewahren wollten, eigene Labels und Vertriebe gründeten, die zumindest Pop-Musik, die nicht „populär" am Umsatz gemessen sein würde, bewahrte. Oder?

All die kleinen Szenen, die sich um das Drehteam abspielten, bemerkte der Regisseur-Rainer gar nicht. Ich hatte ins skizzenhafte „Drehbuch" geschrieben, dass Joachim einen Sketch der *Tenement Funsters* aufführen möge.
Er spielte einsam auf der übergroßen Bühne des *Freitzeitzentrums Riekhof*, einem von örtlichen „Jung-Sozialisten" wie dem späteren „Stadtteilkultur"-Referenten Günter H. gegründeten Verein, der zwei Merkmale hatte: Er schloss sich ab gegen alle „anderen" Jugendlichen. Und er verhunzte den Namen des stadtbekannten Liberalen und von Nazis misshandelten Adolf Rieckhoff, bloß um irgendwie „urbaner" nach „Hof" zu klingen.
Joachim sah in den leeren, kaum beleuchteten Saal auf unbesetzte, steil aufsteigende Ränge. Einzig am Rand hockte auf Rampenhöhe ein Gast, an einem Bar-Tischchen mit einem Fassbier: Wolfgang von den *Tenement Funsters*.

Ungläubig starrte er auf seinen früheren, nun einsam spielenden Weggefährten: Das war also seine Vergangenheit?
Er ließ sich von Regie-Rainer befragen. Der kannte ihn nicht einmal als zweite Stimme von *Clowns & Helden*.
Wolfgang druckste über die gemeinsame Bühnenzeit mit Joachim, hilflos. Was sollte er da sagen?
Er war nun Hausmeister, verheiratet, Vater. Nachts jammte er ab und zu wehmütigen Blues im *Café Leben*.
Joachim schien ihn gar nicht zu bemerken.

Nebenan im kleinen Saal wartete Helmut an einem weiteren Tresen und rauchte nervös. Er wusste noch nicht, was er später dem Filmstudenten sagen wollen würde. Was, das Horst nicht schon falsch verstanden hatte?
Es war doch ganz anders weitergegangen, als „damals" dargestellt worden war. Helmut hatte seine Lehre als Fotograf und später als Repro-Vorlagen-Techniker doch noch beendet. Nun war er Vater, mit Reihenhäuschen. War das „Gegen-Kultur" gewesen – oder geworden?
In der *Sympathy*-Wiederholung wurde sein Part mit „Der Bildfälscher" überschrieben, was selbst die Bearbeitung von Fotos durch Retusche und sonstige Anpassung für Druckverfahren unzureichend beschrieb. Der merkwürdige Titel hatte weder mit der Authentizität von Fotos, noch mit dem Werk eines Fälschers zu tun – aber noch weniger mit dem bisherigen Leben Helmuts.
Schon gar nicht mit dem „danach" kommenden. Denn Helmut fand bald nach den Fernseh-Aufnahmen keine Arbeit mehr als Reproduktionsfotograf, zu unmodern der Beruf, zumal Ungelernte mit ein bisschen Software-Kenntnissen vorgaben, ähnliche Ergebnisse erreichen zu können.
Aber „Sympathy for the devil" war journalistisch eben auch keine handwerklich notwendige Langzeit-Dokumentation. So wie beispielsweise „Die Kinder von Golzow", in der Barbara und Winfried Junge in zwanzig Filmen zwischen 1961 bis 2007 achtzehn Menschen der Jahrgänge 1953 bis 1955 in einem Dorf der DDR begleiteten.

Dies war dem „Sympathy"-Setting durchaus vergleichbar. Bis auf den beinahe ideologischen Anklang: drüben „sozialistische", hier „Gegen-Kultur".
Nicht nur deshalb fiel das Ergebnis der beiden Beschreibungen von Lebenswegen also für Betrachter immer wieder anders aus: Dabei war es unerheblich, wie sehr sich ein „Staat" um „seine" Jugend kümmerte oder diese scheinbar gegen ihn aufbegehrte – mit deren Träumen und Chancen, ihren Versuchen und Scheitern, dem „Aussteigen" oder der „Flucht" hatte es nichts zu tun. Schon gar nicht mit „Pop".
Das war sogar in kürzeren Zeiträumen beobachtbar gewesen. Klaus Wildenhahn, ein Abteilungskollege von Horst, hatte 1971-72 mit der Handkamera in der Form des „Direct Cinema" Jugendliche in der *Johannis-Gemeinde* und Arbeiter der *Phoenix-Werke* porträtiert, die um ihre Jobs fürchteten: „Harburg bis Ostern" hieß die sorgsame Dokumentation, in der bereits viele der in diesem Text genannten Plätze, Zusammenhänge und etliche Personen in Harburg vorkamen.

Danach? Helmut jobbte zur Hälfte seines bisherigen Gehalts erst in einer „Behindertenhilfe", bildete sich jedoch jahrelang fort, um sozialpädagogisch eine „Gruppe" betreuen zu dürfen und zu können.
Die Einrichtung an der Elfenwiese bot einen Mailingservice für „mildtätige" oder besonders knausrige Geschäftsleute, die am Dumpingpreis sparten. Helmuts Verdienst reichte kaum, das nahegelegene Reihenhäuschen abzubezahlen und für die kleine Familie.
Der Barmann, der im Studentenwohnheim gegenüber dem *Rieckhof* wohnte, beugte sich freundlich zu ihm vor und flüsterte, als dürfe es niemand mitbekommen:

> „Auch, wenn wir im Moment keinen Betrieb haben – Du kannst hier nicht einfach rauchen, Alter."

Helmut sah ihn ratlos an:

> „Hör mal, ich hab′ den Laden hier mitgegründet. Das war eine scheiß-nervige Angelegenheit. Kannste mir glauben. Und Du kommst mir so?"

Damit schien die Sache vergessen. Der kellnernde Student trollte sich murmelnd:

„Kann ich doch nich′ wissen."

An dieser Story stimmte nichts. Aber Helmut wäre gern „dabei" gewesen, als „Jugendzentren" landauf, landab von Jugendlichen gefordert und gegründet wurden.

Doch er hatte damals anderes zu tun, als er vom „Zivil-Ersatzdienst" wieder zurück nach Harburg kam. Nachts, wenn er nicht schlafen konnte, baute er auf dem Küchentisch seiner kleinen Wohnung an der Eddelbüttelstraße aus Mehl, Apfelsinen, Licht und Schatten, Steinen und Papp-Aufstellern ferne Planeten auf, die durch „Table-Top-Fotografie" real aussahen. Seine Frau Ilona seufzte morgens.

Er wäre so sehr mit einer eigenen Lightshow mit der Progressive-Band *Gong* auf Tour gegangen. Aber Turbulenzen in der Band hatten einige nach Deia verschlagen, andere machten „solo" andere Versuche. Aber irgendwie kam er mit der schwedischen Spacerock-Band *Tribute* ins Gespräch und begleitete einige ihrer Deutschlandauftritte, in der *Fabrik* und anderswo. Es war wie ein Mal „Aussteigen"...

Das geschah alles erst nach „seiner" Zeit in „Sympathy for the Devil" und weit vor *Windows 95 b.*

Waren die Pop-Dekadentagungen nicht schon „Gegen-Kultur" genug, an und für sich? Sogar nachdem die „Musiker-Initiativen-Bewegung" auf der lokalen Ebene oder in den regionalen Szenerien verebbte? Es war doch immerhin eine erwähnenswerte, besondere Institution – ohne institutionell oder überhaupt eine Instanz zu sein...

Zwischendrin alle zehn Jahre jene kleinen Kongresse in Würzburg, Düsseldorf, Hamburg und Mannheim, wie Kristallisationspunkte der jeweils vorangegangenen Erfahrungen und Enttäuschungen.

Brauchten die inzwischen gesetzteren lokalen Szenen künftig öffentliche Förderung von Bandräumen oder feste Auftrittsorte? Brächten eigene Aufnahmestudios und genre-geprägte Labels „alternative" Vertriebsstrukturen?

Würde „Coaching“ in privaten oder staatlichen Akademien künftig „fit“ fürs große Geldverdienen machen?
Die Arbeitsrunden für den Alltag waren mitunter kurzzeitig perspektivisch, blieben aber konsequent reine Minderheitenveranstaltungen.
Zumal sie zudem das Publikum „außen vor“ ließen.
Das Schielen auf Quoten entweder für „Abverkäufe“ in Musikgeschäften oder das „Abspielen“ von „deutschen“ Bands in Rundfunksendern war nie „unser“ Thema. Schon gar nicht die verheißungsvolle Ewigkeit eines Erfolgs.
Vielleicht bloß weil zumindest „wir“ von Anfang an bis auf etliche, auch vergessene Ausnahmen keine großartigen Genies oder Solisten waren, sondern schlicht Musiker, die in ihrer Umgebung nicht von sowas leben konnten und es „nie zu was“ brächten, wie unsere Eltern oft düster murmelten.
Wir resignierten dennoch nicht, obwohl die „Biographien“ nie so viel hermachten wie jene „Lebensläufe“ derer, die uns gegenüber hinter Schreibtischen saßen, deren Kopfnicken beispielsweise das Leben mit Zu- oder Vorschüssen angenehmer machen konnte, wenn es ihnen denn genehm war.
Etliche hatten „zu Lebzeiten“ keinen weltweiten Erfolg, sondern bloß Ansehen in der Provinz.
Von den „Kompositionen“ allein konnte kaum einer leben.

Langhaarige

Kurzum: Es war vergleichbar mit den „klassisch" Gescheiterten zwischen 1730 bis 1830, Die wurden erst lange nach ihrem Tod, nämlich im 20. und 21. Jahrhundert, teils mit Milliardenbeträgen subventioniert.
Kirchen oder Fürsten waren allerdings zu ihren Lebzeiten für ihre jeweils spezifischen Szenen kärglich aufgekommen – vom harten Stoff um den verschwurbelten Wagner, über Leichtfüße wie Puccini, der nebenher in „Freudenhäusern" auftrat, bis hin zu Softies wie Mozart.
Sie hatten keinen dicken Detlev, der ihre Orgel schleppte. Schon gar nicht deren zwei. Die meisten konnten sich nicht einmal eine leisten. Sie konnten kaum zum Publikum gelangen. ÖPNV gab es ja noch nicht.
Mit ihren sonstigen Auftritten an fremdem Hof oder in fernen Gemeinden konnten sie zusätzlich nur wenig einspielen. Ihre „Werke" waren weder auf LP, Tonbändern noch auf CD erhältlich. „Ihr" Kram war seinerzeit ziemlich unpopulär.
Feudale Weltsicht: Nur der Kirchenmusiker, den „man" sich gerade noch leisten mochte, war es hernach wert, mit seinem

Ton-Satz durch die Jahrhunderte geschleift zu werden. Wenn er ein Werk allerdings „unvollendet“ hinterließ, musste halt im 21. Jahrhundert „künstliche Intelligenz“ ran, die sowieso von vornherein nicht hören konnte.
Solche langhaarigen Gestalten mussten über die Jahrzehnte und Jahrhunderte mittels hier und da nachgespielter oder als gecoverte Versionen von Orchestern mühselig am „Leben“ gehalten werden. Die Libretti wurden erst viel später, lange nach Händels Handel, in monströsen Betrieben mit noch riesigeren Verwaltungen gepflegt und gelegentlich zur Aufführung gebracht in leblosen, überbretzelten Musik-Museen.
Erst dank sehr großartiger Phantasie von Regisseuren wie Peter Konwitschny wurde dem oft bis zum Kitsch klischierten Spielen um „Liebe“, „Untreue“, „Ehre“, „Helden“, „Verrat“ und „Macht“ irgendeine Bedeutung, vielleicht sogar ein noch sublimerer Subtext und gar „Aktualität“ abgerungen.
Das war eine beachtliche Leistung. Denn was als archetypische, ja archaische Handlungsmuster in den Dramen beschönigt wurde, war purer Biologismus, wie ihn Nazis als „Kultur“ gepflegt hatten: „Der Mensch“ war so, alles Oper. Eifersucht, Neid und „Liebe“ waren angeboren.
Gesellschaft aber verging oder veränderte sich. Keiner „musste“ erst lernen oder bereits „wissen“.

Dass Horst irgendwann Opern zur „Hoch-Kultur“ umdeuten könnte (statt Pop-Musik-Dilettanten zur „Sub-Kultur“), war also bereits vergebens; es gab ja noch andere Regisseure des Da-Seins und des So-Bleibens.
Aber er hätte – mittels der erprobten Trickserei einer Kombination vermeintlicher Kontraste oder wahrgenommener Gegensätze, ganz wie ein modebewusster Journalist, der mal einen anderen Artikel über Heimatvertriebene im Blatt haben wollte – „der Oper“ auch eine irgendwie befreiende Wirkung anhängen können. Beispielsweise mittels des „Aussteigens“ aus Intrigen, Rache-Ritualen und selbstmörderischen Zwanghaftigkeiten.

Doch würden sich seinerzeitige Musiker wie Beethoven, Bach oder Verdi daran erfreuen können, was derzeit staatlich höchst subventionierte oder privat ehrgeizige Interpretatoren aus „ihren" Werken machten?
Neben Rockmusik-Irene in Hausbruch, in einer Waldvillen-Gegend, wohnte beispielsweise der Arzt Hans M., dessen Deutungen der wagnerianischen Welt dicke Bände füllten.
Sein Nachbar, der Musikprofessor und ehemalige „Präsident" der Hamburger Musikhochschule Hermann Rauhe, oder der „ehrbare Kaufmann", Schützenbruder und gerichtsnotorische Gerhard A. wussten von seinem Missionswerk zu berichten, das nicht immer Jeden überzeugte.
Eher brachte er Damen zur ambulanten Entfernung von Besenreissern, aber keinen Konwitschny zur inneren Einkehr.
Was ging da ab in jener Subkultur der „Klassik"? Wie fanden die bloß zueinander? Zu toter Musik zumal.
Würden wie Geister umherspukende Komponisten sich spätestens ins Grab stürzen, wenn sie den alljährlichen Aufzug deutschester Mumien vor dem Bayreuther Walhall sähen, dem kleinen Woodstock der parfümierten Eitelkeiten, wo die gepuderten Kinder in bunter Kostümierung sich alljährlich den Schmuddel „ihrer" Phantasie-Welt ansahen.
Jene bösartigst comichafte Sammlung aus Archetypen und Parabeln mit destillierten und plastinierten Emotionen?

Umgedreht nur mal auf das Publikum jener retrospektiven, teils dürftig entstaubten Darbietungen geblickt, blieben auch nach Jahrhunderten noch und erst recht Fragen über Fragen.
Was bloß empfand beispielsweise die durch und durch gehemmte Angela Merkel (immerhin anfänglich als „Mädchen" für „Frauen"-Themen ins Kabinett des Kanzler-Paten Helmut Kohl (CDU) adoptiert), als sie vor der „live"-Aufführung des „Nibelungen Ringes" im dekolletierten Abendkleid zutiefste Einblicke in ihre Seele freigab?
So als habe sie sich verspätet „Eyes wide shut" angesehen und wollte fortan anrüchig statt kreuzbrav auftreten.

Oder, noch sub-kultureller kontextualisiert oder journalistisch zusammengeklebt: Was ging wohl in ihr vor, als sie in einem ihrer üblichen monochromen übergroßen Schrat-Jacketts zu „Angie“ von den *Rolling Stones* nebst Karnevalsgeklatsche „ihres“ Parteitags zu „Versammlungen“ einzog.
Oder, noch deutscher abgefeiert, was denn, als sie sich nach einem „Wahlsieg“ zu „An Tage wie diesen“ von den *Toten Hosen* ebenso bewegte wie ein *Duracell*-Hase unter dem selbstgefälligen Feixen ihrer Kameradschaft?

Mit den Jahren wurde „unser“ anfänglich bitterer „Subkultur“-Blick auf diese gepamperte, nostalgisch verpisste Minderheit der selbsterklärten „Hochkultur“ wegen der auffälligen Ähnlichkeiten der unsererseits beschissenen, ihrerseits vergoldeten Umstände keineswegs mitleidiger.
Wer es nötig hatte, mit ergatterten Eintrittskarten zu den aus Steuermitteln abgezwackten Festival-Zentren zu pilgern wie dem *Grünen Hügel* (mal unter Kaiser oder Nazigrößen und mal inmitten „der Spitzen deutscher Politik“ und „Finanziers“ von Kanzlern und Ministern vorbei am Fiskus und den trotteligen Steuerzahlern gepflegten „schwarzer Kassen“ für Politikerkauf), der war als selbstherrliche, sich selbst bestens und bräsig bedienende Clique menschlich nur zu bedauern.
Allein deren verächtliche, absurd abschätzige Rede von der „populären Musik“ – so als wäre dies nicht bereits der Schlager gewesen, der den Krieg und den Kapitalismus mit abgeknickten Ohren durchhalten ließ.
Als wäre alles, was „populär“ war, zu unwürdig für Solchesgleichen, die nach eigener Popularität lechzten?
So offenbarte sich allerdings wenig dezent deren anti-demokratische Weltsicht: Da wurde mitnichten von oder mit gleichberechtigten Bürger geredet, sondern von „den Menschen“, die etwas so „wollten“, wie die gerade Amtierenden von CDU/CSU, SPD/FDP oder Grünen es sich dachten – aber nie so „demagogisch“, wie es „Populisten“ behaupteten, die vor „Hoch-Kultur“ auf die Knie fielen.
Minderheit, „Subkultur“ – das waren immer die anderen!

Aber was rede ich denn? Die „Gegen-Kultur", die so etwas kaum je laut vernehmlich ansprach, war passé.
Auf einer Tagung der *Evangelischen Akademie Loccum* setzte sich 1999 Peter Konwitschny zu mir an den Kaffeetisch, weil er mein mürrisches, ungläubiges Kopfschütteln während seines vorangegangenen Vortrages bemerkt hatte. Ob ich ihm nun denn beim Kirschkuchen widersprechen möge ohne mit Kernen zu spucken?
Ich beschloss, mich lieber weiterhin still am Torten-Büfett gütlich zu tun statt dem netten Mann auch noch den Appetit zu verderben. Der Worte seien genug gewechselt. Er möge sich mal Jimi Hendrix′ „Electric Ladyland" anhören, um auf meinen Stand der Dinge zu kommen. Müsste aber auch nicht sein! Niemand müsse „mich" verstehen oder interpretieren. Kein Kopfschütteln mehr, keine großen Worte. Ich hatte ja auch keinen Ehrgeiz, zu wissen, warum er sich mit solchem „klassischen" Klang-Quark befasse.
Nicht so wesentlich, was er beispielsweise glaube, dass Carl Maria von Webers Werk „Der Freischütz" essentiell den heutigen „Menschen" noch was zu bieten habe – oder damaligen wenigen Hörern bot, wenn überhaupt.
Unsereins mümmelte daheim halt bloß weg, was die Bäckerei des Hauses oder der NDR akustisch hergaben.
Erstaunlich andererseits, zu welcher gastronomischen Üppigkeit die Zysterzienser-Erben dem profanen Heimfelder Bäckerei-Alltag gegenüber fähig waren. Seit Bäckermeister Helmut tot war – ein paar Jugendliche hatten die physikalische Wirkung eines tonnenschweren Wagens unterschätzt, als sie in eine unübersichtliche Kurve rasten und den aus seiner Ausfahrt kommenden Mann zu spät sahen. Ich hob die Kaffeetasse auf sein Andenken. „Seid ihr eigentlich Rocker?," hatte er mich mal gefragt. Nein. Wir seien – obschon im Prinzip Preußen – freundlich gegenüber Bayern gesonnen, die wo da stets a Lederhosen trügen. So wie „wir" nun.
Peter Konwitschny lud mich kurzum in die Generalprobe zu seinem „Freischütz" ein. Ganz tolles Stück, gewiss, aber nur in seiner Version mit Ingo Metzmacher am Pult.

In der Kantine unter dem Hamburger Operhaus lauerte schon Hans M. mit seinen Opern-Interpretationen auf, die uns keine Luft zum Weiteratmen oder für Würstchen mit Kartoffelsalat ließen. Weber war eben nicht Wagner. Und Hans war eben nicht der leichtfüßige Hans im Glück.
Scheißdrauf. Arme Irene, armer Jörn, den sie geheiratet hatte. Ich riet immer: vorsicht bei der Wahl der Nachbarn. Das hatte nun wirklich jeder in der Hand.
Oder auch nicht. Ich sah mich in dem überdrehten Opern-Pausen-Treiben um, vermisste plötzlich Dosenbier und den Geruch grundfeuchter Teppiche und wurde eigenartig sentimental: „Unsere“ Zukunft war längst „Vergangenheit“, aber sowas von.

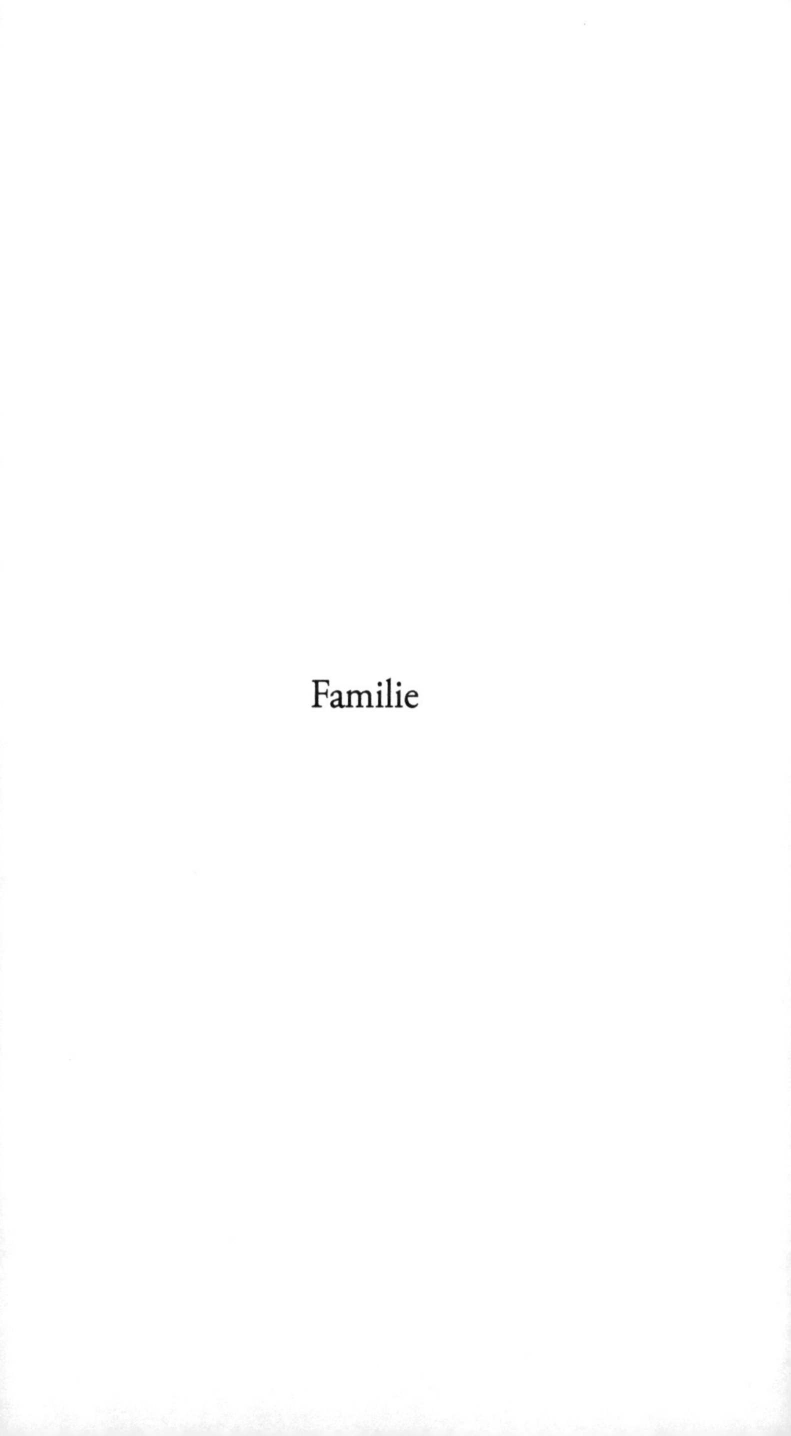

Familie

Andere hätten jedenfalls keinen Zutritt zu „meinem" Museum. Ohnehin könnten sie „meine" wunderliche Sammlung nicht sehen. Weil es sie nicht gab. Es wäre wie ein Supermarkt-Museum mit leeren Regalen, ausgeräumten Schubladen, umherfliegenden Kassenbons.

Was? Die Klampfe hat bloß zweihundert Mark gekostet, billiger als eine japanische?

Aber wäre das nicht bloß ein weiteres Illusionstheater aus Selbstvergessenheit? Was ja nichts Ungewöhnliches wäre in Deutschland, sondern der Regelfall.

In der Flut der Museen könnte der fortreißende Strom der Nicht-Geschichte allenfalls durch ein Museum, das Geschichtchen erzählte, in ein wenig Gischt zerstäubt werden, die vielleicht ein prismisches Farbenspiel erlaubte, in dem Fliegende Fische sprängen und Worte reden könnten.

Doch, doch, die „Sub-Kulturen" aller Länder und aller Generationen der Welt würden sich noch ihr „eigenes" Museum aufmachen – oder sich in der *Elbphilharmonie* einmieten, einem ehemals zum Erbrechen stinkenden Kaffeespeicher!

Aber Typen darin, die mal Instant-Kaffee abgefüllt und an der Elbe in einem Rettungsschwimmer-Häuschen aufgetreten waren? Undenkbar.
Mancheiner würde vielleicht allenfalls fragen: Wo ist denn, bitte, hier in der „Elphi" nun die „Pop-Musik" ausgestellt? Welche Abteilung? Wo bloß?
Die „deutsche" zumal, egal, ob die aus dem Westen oder die „staatsgelenkte" aus dem Osten?
Gibt's da auch „was mit Disco" oder ein paar schunkelige Schlager-Moves?
Kein Gefühl, ob das je was wird. Nur so blaue Augen. Man braucht wohl ein eigenes Haus der Stille dafür.
Ich würde, wenn Teenager aus dem Sauerland mich denn überhaupt jemals fragten, nur die Achseln zucken: Leere Regale, wo vorher ein *Marquardt* war?
Wo ist denn, bitteschön, überdies die „Stadt" inzwischen hin, in der ich „groß" wurde? In der diese „Pop-Musik" mal ab und an, hier und da einen Ton „angegeben" hatte, im „Stadtpark", in der zum Gymnasium gehörenden kommunalen *Friedrich-Ebert-Halle*?
Viele Parkplätze nun statt Parks und Plätze. „Umsonst" und draußen das Auto für Stunden oder Tage stehen lassen, wo früher gelebt wurde. Kilometerweit ringsum aber keine bezahlbaren Wohnhäuser. „Autogerechte Stadt" in Harburg, Bochum, Herne. Aber menschengerechte?
Man wird ja wohl noch fahren dürfen! Aber sich keine Wohnung mehr „leisten" können. Die Zerstörung der Gesellschaft war gründlicher als „wir" sie je befürchtet hatten.
Stattdessen massenhaft *Hartz IV* in Heimfeld oder Neu-Wiedenthal. Am Horizont einige „Hilfen" für „Solo-Selbständige". So endete die sozialdemokratische „Vision" von „Sanierung" und „Wohlfahrtsstaat" in Harburg: Der Horizont war zugebaut worden mit Giften und Zerstörung.
Wozu war „unsere" von Älteren deklarierte „Gegen-Kultur" also gut gewesen? Die erst nach und nach die Ökologie „entdeckte" wie „Neuland" – wo es im eigenen Leben nicht mal für „Natur" gereicht hatte?

Wofür hatte denn die viele ältere, überdauernde sozialdemokratische „Gegen-Kultur“ – mal als verfolgte, mal als belächelte – „Arbeiterbewegung“ gereicht?
Wohin führte eine „Anti-Parteien-Partei“ wie die „Grünen“, die schon nach wenigen Jahren den ersten deutschen Kriegseinsatz im Ausland mitanordneten, die eine „soziale Sicherung“ mit den „Hartz-IV-Gesetzen“ zum knickrigen Gnadenakt machte und Kohlestaubdreckschleudern wie das Groß-„Kraftwerk“ in Moorburg ebenso durchwinkten wie die „Elbvertiefung“ und andere Umweltzerstörungen?
Wer Typen in Turnschuhen und mit Taxifahrerjacke (welche später im Museum landeten) für „Gegen-Kultur“ hielt, dem war nicht mehr zu helfen. Ein Josef machte noch keine „Revolution“, sondern jener sich heilig als „Arschloch, mit Verlaub“.
Die SPD hielt tapfer, aber verlacht zumindest die Fahnen hoch und gab sich noch als „historisch“ bedeutsam aus. Mit prächtigsten Museen, die den verwirrten Verbliebenen zeigten, wie grässlich idyllisch es vor den doch – nur gut gemeinten – Abrissen, Umsiedlungen und Umdeutungen war. Beispielsweise sogar in einem der vielen „Fußgängertunnel“ unter dem „Harburger Innenstadtring“, auf dem uneinsichtige Bürger umgefahren wurden: Da konnten ein paar Jahre lang – hinter Schaufenstern, in Querschnitten – die eiszeitlichen Gesteins- und Geschiebemergelschichten bestaunt werden. Die hatten wohl eher die glaziale Gegend über Jahrtausende geprägt als jene paar Spiel-Figuretten in Fellen, die sich unter dem Asphalt um ein Lagerfeuer scharten und nicht wie sozialdemokratische „Stadtplaner“ aussahen.

Oft zeigten nur noch solche gut verschraubten und luftdicht geschlossenen Vitrinen die Welt.
Derlei Musealisierungen siegten nach der Zerteilung von „Kultur“ in lauter Sub- und Subst-Kulturen in einer unbegreifbaren Miniaturisierung: Kein Stück der „Welt“ schien zu klein, um es nicht noch zum nachträglichen Anschauen zu verkleinern.

Ach, so war das also? Niedlich. Wir haben das gar nicht so gewusst. „Muss“ man das denn „wissen“?

Nur „wir“ von der kurzzeitig so gut wie amtlichen „Sub-Kultur“ fühlten uns so klein, dass wir von Anfang an in ein eigenes, superkleines Museum gehört hätten, am besten im Taschen- oder Rucksackformat. Wir passten nicht dazu – nicht zu einer „Kultur“, so wie Harburg. Und überall.

War das nicht geradezu das Wesen der Museen, so wie ein Stacheldrahtzaun im dauernden Regen allenfalls rostiges Gras gebar? Ich hatte zuvor nie darüber nachgedacht.

Aber wenn ich mich umsah, war meine Welt bereits voller „populärer“ Museen, die ich kaum kannte.

Das *Museum für Frühgeschichte* zu Harburg beispielsweise präsentierte einige Artefakte nicht aus meiner Trödel-Gitarren-Sammlung. sondern aus Zeiten skytischer Völkerwanderung, viel Glanz mit ausgebuddeltem Plünderer-Gold.

Na bitte, das war doch mal was! War das etwa unterm Ruß der Jahrzehnte in Harburg gefunden worden?

Warum nicht. Aber warum?

Heimatliche Fachwerkhäuser, die der Zerstörung britischer Bomber entgangen waren, wurden ab den Siebzigerjahren mit Baggern von Planern platt gemacht und in dem *Freilicht-Museum Kiekeberg* wieder aufgebaut: im „Landkreis“ bei Vahrendorf – dort, wo „Jugendliche“ einst die „Besatzer“ angriffen, um ihre „Kultur“ zu bewahren. Ein „Endsieg“.

Dafür wurde, wo früher mal die „Bücherhalle“ Harburger Kindern wie Joachim kurzzeitig eine Heimat gegeben hatte, vom Frühgeschichte-Museum eine Donald-Duck-Ausstellung (Titel: „Duckomenta“) als letzter Gegenwartsbezug aufgeboten, laut Pressetext im Frühjahr 2018:

> „Über 200 Werke und große Persönlichkeiten sind in einer frechen Neuinterpretation zu sehen, darunter die „Duckfretete“, „Dötzi“ und „Che Duckevara“. In der Schau sind wichtige Namen der Geschichte wie Luther, Bach, Napoleon und Goethe im Federkleid vereint, aber auch vor den Ikone 20. Jahrhunderts wie Picasso, Andy Warhol und Marilyn Monroe macht die Verfremdung nicht Halt.“

Ansonsten in Harburg der übliche Zivilisations-Tand, so wie im *Altonaer Museum* am gegenüberliegenden Norder-Elbufer – hier nur ohne den hinweg und fort musealisierten Altenwerder Kramladen, der ehedem nicht nur administrativ zu Harburg gehörte.

In der *Phoenix-Fabrik* wurden inzwischen eine Mall und ein Museum für zeitgenössische Kunst stilvoll untergebracht. Keine Reifen mehr für die „Mobilität" des kleinen Mannes, keine Turnschuhe, die nicht mehr modisch genug waren, um damit bloß zu laufen.

Was in den stinkenden, giftigen Gummifabriken in Harburg zur Fertigung benötigt wurde, jenen einstigen Kathedralen des Kautschuks, kam stattdessen klinisch rein ins *Museum der Arbeit* nach Barmbek.

Dorthin, wo man um die Ecke notfalls einen „Flüchtlingsausweis" beantragen konnte.

Bis September 2018 wurde in Harburg zudem eine Sonderausstellung „Zwei Millionen Jahre Migration" geboten,

> „mit Blick in unsere früheste menschliche Entwicklungsgeschichte, dass Mobilität und Migration selbstverständliche Bestandteile des Menschseins und kein modernes Phänomen sind."

Das *Museum für Hamburgische Geschichte* stellte auf 1.200 Metern mit einer Modell-Eisenbahn, Maßstab 1:32, die Gleisanlagen am Harburger Bahnhof entlang der Gummifabriken aus. Dass ab den Neunzigerjahren noch *ICE*-Züge halten sollten, versprach der frühere Lehrer Volker R. – leider folgenlos, ebenso wie seine groß angekündigte „Somalia-Mission" als damaliger Bundesverteidigungsminister.

Fritz Hermanns schrieb eine Postkarte von einer Reise aus dem Norden nach Hause, mit einem der typisch abgewanzten *Intercity*-Züge für verachtete Fahr-„Gäste".

Endlich wieder in der Gaisbergstraße in Heidelberg.

Sein Zug habe unerwartet einen längeren Aufenthalt in Hamburg-Harburg gehabt. Keine Durchsage ins Abteil zum Anlass, nur Schnarren aus den Lautsprechern. Nicht ein Fenster war zu öffnen.

Er habe vom Zug-Gang aus auf die *Phoenix* gesehen. Da also stand nun die einst fauchende Höllenmaschine, reglos, ohne einen Ton. Wenig Dampf noch. Aber brenzliger Geruch sogar bis in den abgekapselten Raum.
Aus der Tiefe sei ihm jedoch wie eine Rückkopplung ein beiläufiger Satz in den Sinn gekommen. Somit danke er mir nun für diesen: Es sei beglückender, Dantes „Inferno" in dessen „Göttlicher Komödie" zu lesen als solcherart in einem Vorort zu leben. Wie wahr, wie profan, wie zeitgemäß.
Fritz stieg auch im folgenden Jahr nicht aus, als er in die Gegenrichtung fuhr. Bald darauf starb auch er, ohne in Dantes wie eine Oper aktualisierter Gegenwart wenigstens mal Tagliatelle mit Gambas gegessen oder wenigstens einen schönen Rotwein getrunken zu haben und sich zu wundern, wer eigentlich dieser nett erzählende Detlef war und all diese Knetgummifiguren, von denen die Rede war...

Platz

Auf dem Appellplatz hinter dem gusseisernen Tor mit der Schmiede-Inschrift „Jedem das Seine“ stehe ich starr neben Tamara und ringe, irgendwas auszusprechen. Irgendetwas, das nicht schon tausendmal gesagt war.
Wir blicken eine Senke hinab auf eine steile Mauer aus Marmor. Sie gibt vor, die vom Weg abfallende, teils mit Kalkschotter aus dem nahen Steinbruch gefüllte Grube nach hinten zu sichern. Auf dieser gesamten, scheinbar eingestürzten Fläche habe die jüdische Baracke gestanden, sagt Volkhard.
Aus Olivenholz-Keilen, kaum erkennbar, ist die Partitur zu „A survivor from Warsaw“ in die Rückwand eingelassen. Die Notation von Arnold Schönberg ist mir so fremd wie alles an diesem Tag. Ich wünschte, diese Musik würde in meinem Kopf erklingen. Aber ich kann leider keine Noten lesen.
Es nieselt. Wir frösteln. Keine weiteren „Besucher“.
Tamara flüstert, sie sei als Jugendliche mit der Schule „einige Male in KZs gewandert“. Es war in der DDR gewissermaßen eine „Pionier-Pflicht“. Aber so einen Eindruck wie heute habe sie nie „mitgenommen“.

Eher das gruselige Denken an die gewaltigen Mahnmale, an das hohle Pathos ihrer Lehrer, zudem albernde Mitschüler. Volkhard zuckt die Achseln:

„Erinnerung ist heute noch so ein heiliges Wort."

Ich schäme mich, mit fast vierzig Jahren nie zuvor in einer Gedenkstätte gewesen zu sein. Es gehörte wohl nicht zum damaligen Lehrplan eines humanistischen Gymnasiums im Westen, das erst in den Achtzigerjahren dem „großen" Sozialdemokraten Friedrich Ebert gewidmet wurde.

So, wie der in 2020 mit Milliardenverschwendung „fertig" gestellte *Willy-Brandt-Airport* an die Subkultur-SPD erinnerte: Ein Flugplatz für Pauschal-Touristen und Business-Hopper – als Gedenken an einen Geflohenen?

Später im Leben hatte ich kaum „die Zeit dafür", für Erinnerung an das, was meine Eltern geleugnet hatten.

Wer hat schon Zeit, wenn er nicht dazu „verpflichtet" wird oder die Familie die „Schuld" sowieso immer bei anderen sucht?

Wer „muss" etwas „wissen", dass er nicht „wissen möchte" und nicht „gebrauchen" kann? Daumen hoch? Oder Daumen wisch?

Wer? Welche „Generation"? Angsthasen wie „wir"?

Mit meinen Eltern hatte ich gestritten, ob „man" vielleicht doch nicht „von nichts gewusst" habe. Meine Mutter wollte nämlich „sogar mal einem ausgemergelten Mann" bei einem Halt auf der Strecke nach Osten ein Stück Brot in den Vieh-Waggon geworfen haben. Ich tobte über so viel „Feigheit", die sie als Mitgefühl verstand.

Aber ich hatte nicht mal in der Schule den Mund aufgekriegt, wenn „Kameraden" mal wieder über den Geschichtslehrer Uwe Lohalm witzelten:

„Der! Mit seinen „verbissenen Juden-Schuldkomplex".

Und in der Uni bog ich lieber ab zu *Kraftwerk* und *Ton Steine Scherben*, als ich die zweite Chance in meinem Leben hatte, ihm offen zuzuhören. Ihm, einem von vier Lehrern im Nirwana, die wirklich etwas erzählten. Weil sie wussten.

Die „Gnade der späten Geburt“ habe uns von „Schuld“ absolutiert, meinte 1983 der Kanzler Helmut Kohl zu sich selbst, gerecht und gebildet wie stets. So einer wie er brauchte sich nicht erst auf seine Eltern herauszureden aus seiner eigenen Verantwortung – seine „geistig-moralische Wende“ zurück zum Irrsinn der Alles-“Leugner“.

Volkhard sieht mich fragend an. Als ob ich ihm um den Hals fallen und beurteilen müsse, wie „sein“ Museum auf mich wirkt. „Weinen bildet nicht“, sagt er.
Dabei will ich mich nur noch verstecken hinter Tamara.
Am Nachmittag hatte ein Bereitschaftspolizist kurz seine Hundertschaft verlassen, die in Weimar einen Prozess gegen Jugendliche bewachte – jene hätten die Gedenkstätte Buchenwald „geschändet“, so die Anklage.
Der Mann in Camouflage-Kampf-Uniform fragt die Frau mit der auffälligen Blondmähne nach einem Autogramm.
Sie lächelt ratlos. Hatte der ihre Musik mit *Familie Silly* gehört? Die Mannschaftswagen haben immerhin Nummernschilder aus Niedersachsen.
Warum nicht? Sie gibt ein Foto von sich. Mit Unterschrift. So gut wie amtlich.
Nicht den Funken einer Ahnung hatte ich. *Silly*? Ich kannte gerade mal die *Bonzos*.
Dann mit Tamara und Volkhard der gespenstisch endlose Weg von Weimar, auf dem früher Polizisten vor aller Augen Menschen „ab ins Lager“ knüppelten, zur heutigen „Gedenkstätte“.
Plötzlich kommt auf dem kahlen Platz vor der Grube von Ferne eine Melodie wie ein Windhauch in mein Ohr.

„Kannstu Dich an Julie Driscoll erinnern?“

Volkhard nickt. Ich entspanne.

„Wie hieß der Titel noch gleich? In dem sie einfach die Namen aller Konzentrationslager sang? Nichts weiter. Nur Namen.“

Wir stehen an der Grube und lauschen in uns.

„Ja, das war unglaublich“,

sagt Volkhard.

Für eine Minute ist er verschwunden, nicht mehr nur seine Stimme.
Tamara sieht mich fragend an. Julie?
Ihm steht Sehnsucht im Gesicht, als hätte er etwas vor vielen Jahrzehnten verloren und es gerade erst bemerkt.

„Sollten wir sie einladen, hier zu singen?",
frage ich. Volkhard nickt ein letztes Mal.

In fünfundzwanzig Jahren – bis zu seiner Pensionierung 2020 – haben wir es nicht versucht, das Lied an einem der ohne weiteren Text besungenen Orte zu Gehör zu bringen. Von „Jools" gesungen. Julie Driscoll, die er und ich in unserer Jugend mal zu kennen glaubten.
Ein Jahr nach den Dreharbeiten in Weimar zu meiner NDR-Reportage „Drei Gänge" starb Tamara an Krebs.
Zehn Jahre später spielte die aus- und eingebildete Musical-Sängerin Anna Loos sie auf der Bühne.
Ab da habe ich nicht mehr hingehört.

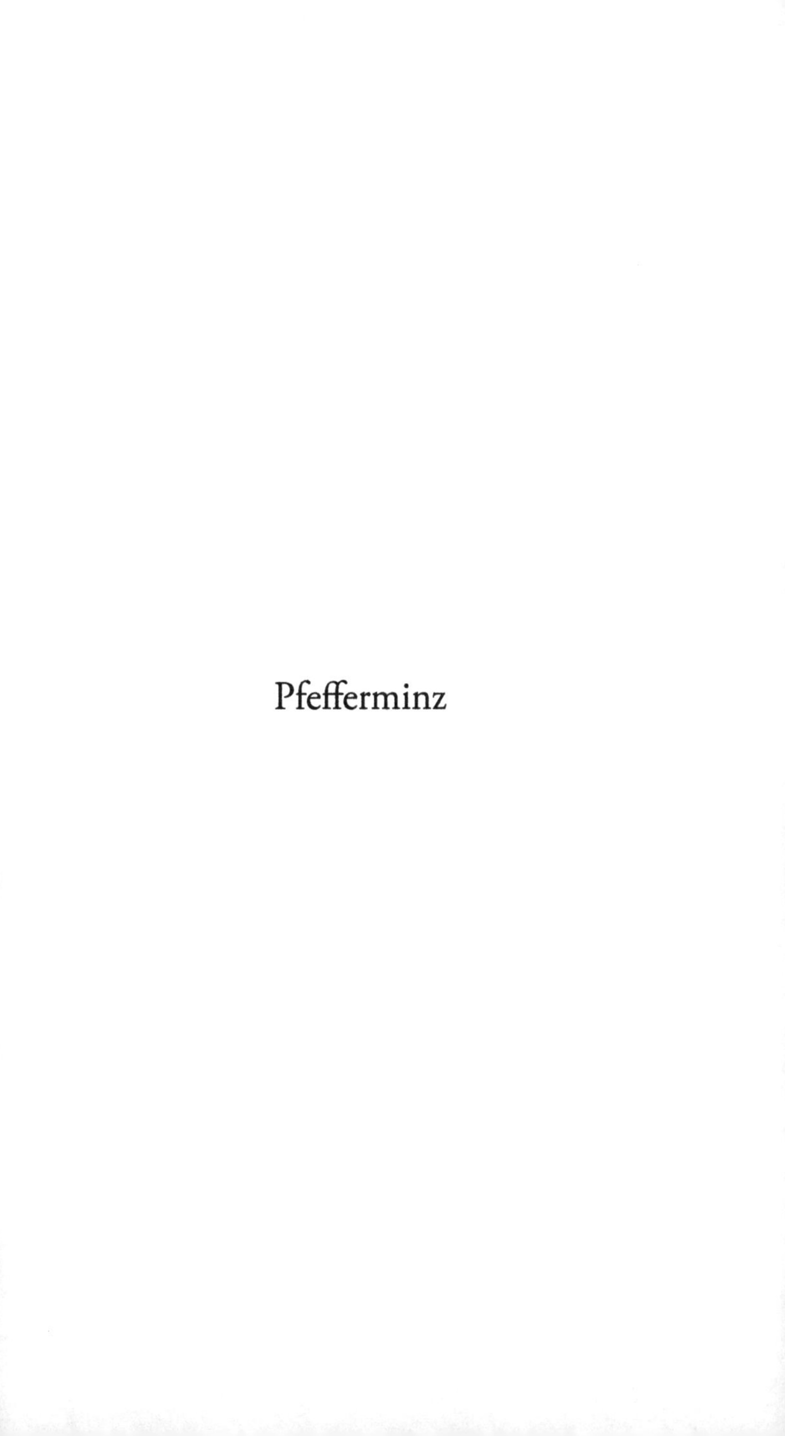

Pfefferminz

Es müsste „für mich“ ein Museum geben, ja, da war ich sicher wie selten. Dann wäre endlich wieder mehr Platz in meiner Wohnung.

Ich saß da und sortierte *mp3* auf einer Festplatte. Ein Anfang, sicherlich. Oder auch nicht. Es waren in kurzer Zeit sinnlos viele Musiken in der wilden „Sammlung“, aber „keine Ordnung“, wie es in Deutschland gartenzaun-technisch notwendig ist, um sich möglichst ohne Ecken und Kanten abzugrenzen.

Vielleicht war es das, was ich suchte: Lauter kurios geformte Puzzle-Teile, die zwar kein Bild mehr ergaben. Aber die wertvollen Rand- und Mittel-Teile waren zumindest noch da. Alle zusammen vielleicht sogar wesentlicher als das Ganze.

Man könnte sie zwar auch zu einander stecken. Nur müsste man dabei höllisch aufpassen, dass sich den vielen „Zu-zu-zu“ nicht gefährliche „So-wies“ hinzugesellten – so, wie falsche Bezüge, so wie an den alten Platz zurecht- oder daneben gerückte Baubuden. Ein „Relativieren“, das keine eigentliche Relation mehr hatte. So, wie ’s nie war.

Das würde, ohne Argwohn, einen „neuen“ und damit keinen Sinn ergeben. Man lebte einfach mit solchen Mißlichkeiten: Nahtstellen rissen auf und mussten nicht geflickt werden, wenn Jeans und nicht bloß ihr Träger sitzen sollten.
So wie in der *Filiale für Erinnerung auf Zeit* die Monitorwand medial zerbrach, was sie an scheinbarer Fülle anbot, um Gespräche und Personen unkontrolliert erst vom Publikum kombinieren und „zusammensetzen“ zu lassen.
Nur für jeden Einzelnen war etwas „richtig“ und wichtig.
Was der Absender meinte und gar anders ausdrückte, war zwar nicht beliebig, aber auch nicht mehr so wichtig wie es gesagt oder gedacht worden war.
Hauptsache, die Postkarte vom Meer kam nach fünfzig Jahren noch an.
„Selfies“ würden versanden und in keinem Museum als „Jugenderinnerung“ hergezeigt werden.
Das war der fatale, Teenager irreleitende Unsinn in der legendären Weissagung von Meschede.
Da war auch noch das assistierende Thermometer von „Dr. Sommer“: Es schlüge bei Unsinn aus. „Was viele nicht zu singen wagten“, würde auf dem *Sony-Walkman* dazu erklingen, roh wie vom Band, leicht ruckelnd beim Start.

Viele Missverständnisse ließen sich gewiss „beizeiten“ leichter „aufklären“ als „seinerzeit“, obwohl dies vor Jahrzehnten bereits möglich gewesen wäre.
Aber wer las, hörte oder dachte schon über seine Zeitgrenzen hinaus, während er darin festhing. Der angebliche „Zukunftsroman“ mit dem Titel „1984“ offenbarte in einem Zahlenspiel mit dem Erscheinungsjahres 1948, weniger, was kommen würde als das, was längst ab den Zwanzigerjahren geschehen war. Wahrscheinlich war das Buch eher ein didaktischer Museumsführer als eine Dystopie. Denn die nahezu klassische, geradezu opernhafte Tragödie von Liebe und Verrat enthielt 1948 einen eigenartigen, stilistischen Bruch: In der Mitte des Romans lag dem Leser scheinbar ein überlanges, gleichwohl komplett zitiertes „Dokument“ vor.

Darin wurde beschrieben, wie die Ausdünnung und Umdeutung von Sprache zu jenem Regime führte, das uns in der Schule späterhin als „typisch totalitär“ eingeredet wurde.
George Orwell hatte sich aber schlicht über eine während der Zwanzigerjahre geplante, unscheinbare Sprachreform in England so sehr erregt, dass er deren vorgebliche „Vereinfachungen“ und die damit einhergehenden oder verdrehenden Sinnentleerungen satirisch zu einem „New Speak“ zu Ende dachte.
Er setzte der vermeintlich unwesentlichen Veränderung des gesellschaftlichen Zusammenlebens ein Denkmal. Vielleicht baute er mit der erfundenen Handlung sogar ein „Museum“, in dem es drei Jahrzehnte später in unserer Harburger „Deutschstunde“ ismusisch spukte.
Leider blieb Orwells Vision mitnichten eine sozial-psychologische Fiktion. Die DDR, die sich gegen Tüddelchen um ihren Staatsnamen wehrte, verhängte hohe Haftstrafen für die Lektüre des Romans.

Ich weiß vielleicht nicht mehr, wann genau ich jene Pop-Musik verlor, mit der ich Ende der Sechzigerjahre aufwuchs.
Aber ich konnte anderen, die sie und die Klänge der nachfolgenden Jahrzehnte kaum kennenlernten, gelegentlich in Reportagen oder Features kleine Anekdoten erzählen, damit sie vielleicht irgendwann einmal etwas darin zu hörten, was sie in ihrer „Generation“ oder bloß einer „Blase“ so noch nicht oder nicht mehr kannten.
Dabei half mir keine noch so sinnvolle Systematisierung wie es beispielsweise eine präzisierende, übersichtliche Chronologie gewesen wäre – sondern ich schrieb bloß einige lose „Kalender“-Blätter. Die darauf verkürzten Anekdoten ließen – zumal im Nachhinein – eben nicht etwas als „Weg“ oder Abwege erscheinen.
War solch Brikolage schon „Gegen“- oder „Pop-Kultur“ genug, um nach der Unkultur der Nazi-Herrschaft und der konservativen Restauration in Deutschland, in der 2020

„neue“ Nazis von Kommentatoren und Parteipolitikern schon wieder als die „Mitte der Gesellschaft“ umgewidmet wurden, entspannt zu sein?
Es half kein Leugnen. Und Abwägen schon gar nicht: Gewiss war ich bei aller hier beispielhaft ausgebreiteten Selbststilisierung kein „Museum“ und würde mit all der notierten Flüchtigkeit nie eines werden – im Unterschied zu jenen, die sich im Schatten ihres Publikums sonnten. Ein Glück für mich! Welch ein Glück, so eines, als würde ein Vorstadt-Journalist ein zufälliges Gespräch mit Jack Bruce gehabt haben.
Andererseits: Kein Museum war auch kein Konzept. Keine Erinnerung war keine Garantie für eine kreative Zukunft oder zumindest Freude an der Gegenwart zu erinnern. Die glaubten, in den Achtzigerjahren dabei gewesen zu sein, können das bestätigen.
Und je gegenwärtiger alles noch in vorgegaukelter „Echtzeit“ würde, desto schlimmer: Die kommende Streaming-Demenz kennte kein Kino, keine Bands, keine Zusammenhänge, keine Geschichte, keine Titel, keine Stile, keine Stille, sondern bloß noch den „Account“ in der „Cloud“ weit hinterm eigenen Horizont, in der alles pickepacke voll mit Nichts wäre, kein Archiv, keine Erinnerung. Also genau das, was gerade erst mein Alptraum wurde. Oder schon früher. Wann?

Als ich kein Geld mehr für den „Nach-Kauf“ von verschollenen Alben aufwenden wollte, legte ich mir stattdessen Tagebuch-Einträge anderer zu.
Ich hörte noch weniger. Aber ich las viel mehr. Wie stets öffneten sich in der Seele kurzzeitig Räume, die mir bis dahin verschlossen waren. So als ich beispielsweise in den Sechzigerjahren „Billard um halbzehn“, „Ansichten eines Clowns“ und „Ende einer Dienstfahrt“ von Heinrich Böll las.
Warum bloß hatten wir uns in der Schule so lange mit der Fiktion „1984“ verbracht, wenn in Deutschland die Nazis gar nicht anders gewütet hatten? Immerhin hatte Orwell genau diese Erfahrungen und deren Praktiken als trauriges Anschauungsmaterial für seine Vision verarbeitet.

Es wunderte mich dann kaum, dass ich in den Siebzigern auf russische Truppen in der Meyerstraße oder Pimpfe beim Bäcker stieß. Später ab den Neunzigern gehörten saufende Skinheads zum Stadtbild, während der Nullerjahre traumatisierte Tschetschenen. Warum nervte uns der CDU-Funktionär Volker R. mit dem sowjetischen „Archipel Gulag", während wir keinen einzigen Bericht aus einem nationalsozialistischen Konzentrationslager lasen – und seine Partei durchsetzt mit verbrecherischen Nazis war, die sich angeblich längst zu „lupenreinen Demokraten" verwandelt hatten.
Es „war" einmal? Was „war" denn, das angeblich nicht mehr weiter andauerte? Was?
Walter Kempowski begann in den Achtzigerjahren „biografische" Materialien (Tagebücher, Briefwechsel, Lebensaufzeichnungen und Fotografien) zu sammeln. Hunderttausende Fotos und Millionen Blatt Papier umfasste sein *Archiv für unpublizierte Autobiographien*.
Daraus collagierte er elf Bände „Das Echolot", das deutsche Geschichte plötzlich aus den Tiefen mit anderen, ungewohnten Stimmen und in eindringlicher Tonlage spiegelte, aber alles andere als eine womöglich verklärende Oral History oder ein abschließender Ablageort wie ein „Museum" war. Es tauchte wie ein Fliegender Fisch auf.

Was und wie aber ließe sich musical history sammeln? So systematisch, wie in der US-amerikanischen „National Library of Congress"?
Entsprechend als eine Sonderabteilung ausgerechnet des Kanzleramtes, das in den vergangen Jahrzehnte immer wieder ein peinliches Feigenblatt mit unpoppigen Prestigeprojekten und wagnerianischer Achillesferse war?
Vielleicht gab es ja noch irgendwo Magnetbandaufnahmen aus Übungsräumen oder Sampler und Singles.
Beispielsweise gaben die *Harburger Anzeigen und Nachrichten*, einst die älteste Lokalzeitung Deutschlands, sporadisch von Beat-Bands im Landkreis und der ehemaligen „Stadt Harburg" heraus.

Leser konnte das Schützenbruder-Blatt damit nicht gewinnen. Aber warum sollte es denn nicht überall Dachboden-Stöberer geben, die auf Vinyl stießen?
Ausgerechnet das New Yorker Musiklabel „Minimal Wave" erlebte mittels Online-Recherche und -vernetzung die Überraschung, dass sich frühe elektronische Musik der Achtzigerjahre erfolgreich kompilieren ließ, die sowohl „New Wave" als auch „Techno" und „Electro Pop" beeinflusst hatte. Gründerin Veronica Vasicka entdeckte dabei zahlreiche deutsche (Hobby-)Musiker, die ihr längst vergessene oder unbekannte Aufnahmen zuschickten.
Ob diese Funde überkommene, an der klassischen Musik orientierte oder nachträglich an die „populären Musik" angepasste, musikwissenschaftliche Kriterien erfüllten, war für Veronica Vasicka unerheblich.
Das war gewiss typisch „deutsch": Am besten zuvor eine Reichskultur-Kammer entscheiden lassen, was in eine Sammlung aufzunehmen sei, die „kulturell wertvoll" sei und das Wesen der Nation widerspiegele.

In der S-Bahn von der Reeperbahn nach Altona zur Fünften Pop-Dekadentagung las ich 2019 rasch noch einige, zu vorbereitenden Stichwörtern ausgedruckte Webseiten.
Eine besonders eindrucksvolle aus dem größten Schrebergartenverein Europas, dem Place-to-be schlechthin, Berlin.
Das selbstverständlich „international ausgerichtete" Festival mit dem schlichten Namen *Pop-Kultur* annoncierte für seine „fünfte Edition" gleich ganze „drei Säulen", auf welchem Fundament und in welchem Stil auch immer:

> „[...] 'Pop-Kultur' steht auf:
> 1. ‚Live & Commissioned Works'. (Musik, Gespräche, Lesungen, Ausstellungen und Filme)
> 2. ‚Nachwuchs'.
> 3. ‚Netzwerk'.
> ‚Pop-Kultur' gibt der Popkultur, insbesondere der Popmusik, einen diskursiven Raum, in dem diese reflektiert, kontextualisiert und gefeiert wird.

Wir stehen für einen interdisziplinären Austausch, der auch wissenschaftliche Diskurse einschließt. Die ‚Pop-Kultur Commissioned Works' tragen der Tatsache Geltung, dass es in der Popmusik an diskursiven Räumen mangelt, über die sie in ihrer Aufführungspraxis schwer verfügt: Möglichkeiten zur Reflexion, wie sie im kulturindustriell geprägten Alltag kaum existieren, gibt es zu wenig. Shows, die mehr sind als einfacher Frontalunterricht, lassen sich aus finanziellen Gründen nur für die Superstars der Branche umsetzen."

Mit solchen Grund-Sätzen aus der ehemaligen „Freak-City" war auch ein großer Flughafen ohne nennenswerte Luftbewegungen in einer „Metropole" gebaut worden.

Warum bloß wurde der *BER* nicht gleich zum Luftfahrt-Museum umgewidmet? Mit dem eigenen, noch immer nicht fertigen Terminal der Bundesregierung.

Nebst einer schmuddeligen Sonderabteilung zur *Berliner S-Bahn*, die es so in dieser Rohheit und Unzuverlässigkeit in keinem anderen Land der Welt mit unfähiger, aber umfangreichlicher „Verwaltung" gab.

Ein weiterer, auf die Fahrt mitgenommener Zettel enthielt einen Hinweis auf eine Platten-Verlosung des *Rolling Stone*-Magazins.

Seit der Jahrhundertwende verbreitete ausgerechnet der *Axel-Springer-Verlag*, der in den Sechziger- und Siebzigerjahren mit national gesinnter Hetze gegen Studenten und Langhaarige ungeniert Kasse machte, die deutsche Ausgabe.

Marius Müller-Westernhagen kehre nach vier Jahrzehnten „zu seinem ersten Erfolg zurück", so darin der unumwundene Promotion-Text. Er habe „Mit Pfefferminz bin ich dein Prinz" vom Oktober 1979 noch mal aufgenommen, „akustisch", höchstdaselbst in einem „Studio bei Woodstock".

Woodstock? War da mal was?

Außer dass der Name des vergessenen Örtchens fälschlich als Etikett für eine *Aquarian Exposition* entliehen wurde.

Das so einen Unspirituellen wie „Herrn Müller" nie eingeladen hätte, selbst wenn er das *Seepferdchen* gemacht hatte.

Einige Monate später nahm Howard Carpendale (ein Südafrikaner ohne Tirolerhut, aber mit einem besonders rollenden Rrrr statt eines Timbres) seine wichtigsten Songs mit dem *Royal Philharmonic Orchestra* in den *Abbey-Road-Studios* auch noch einmal auf. Dort hatten einst die *Beatles* und ihre „Sgt. Pepper Lonely Hearts Club Band“ manche „Erfolgsalben“ und Singles wie „She loves you“ aufgenommen.
„Howie“ hatte sich als Beat-Sänger und Elvis-Imitator versucht, bevor er 1966 erst nach England, dann nach Deutschland übersiedelte. Er coverte 1969 erfolgreich „Ob-La-Di, Ob-La-Da“ von den *Beatles* bevor er seine eigenen Songs „auf Deutsch“ durchsetzen konnte, beispielsweise „Ti amo“ (1977) und „Hello Again“ (1984). Er wurde damit zu einem der erfolgreichsten „deutschen“ Musiker populärer Musik, mit 25 Millionen verkauften Tonträgern.
So war die wechselvolle „Pop-Geschichte“ wohl. Vergebliche Versuche ohne Ende – da hätten *Deep Purple* auch gleich „Smoke on the water“ mit Geigern verstreichen lassen können.
Hätte „Howie“ nicht späterhin mal John Lennon ersetzen können? Wohl kaum. Dazu war die deutsche Variante der „populären Musik“ immer schon zu nationalistisch.
Es gab kein Zurück hinter seine Eindeutschung. Er hatte seine Karriere bloß in diesem Land gemacht, das nur „Stars“ wie Gus Backus, Billy Mo oder Bill Ramsey mochte, wenn sie demütig wenigstens ein wenig radebrechten. Singen zee nich fue einen Doitschen, wenn zee mueden sind.
Dafür entschuldigte „Howie“ sich vor den Aufnahmen indirekt beim Orchester: dass ihn wohl niemand hier kenne. Was wäre aus den Beatles geworden, wenn sie weiterhin unter der *Friedrich-Ebert-Halle* solche Songs wie „Sie liebt Dich“ abgesondert hätten, um zu gefallen?
Der seinerzeit einflussreiche Radiomoderator Camillo Felgen von *Radio Luxemburg* hatte die „deutsche“ Version geliefert, die am 29. Januar 1964 in den *Pathé Marconi Studios* in Paris aufgenommen wurden.
Das war deutsche Vita.

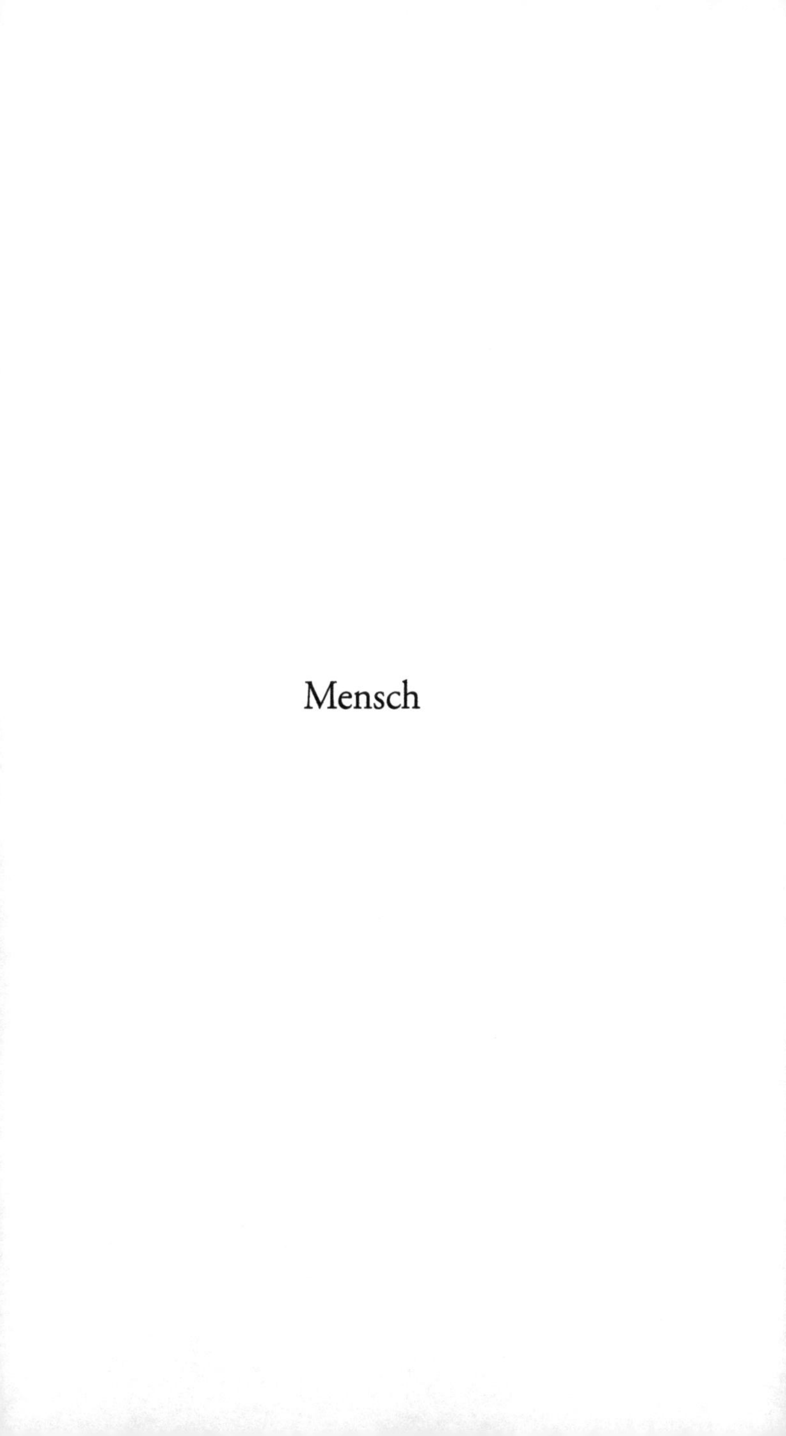

Mensch

Eine andere Notiz kündigte eine „Premiere“ im Oktober 2019 an: „Rio Reiser – Mein Name ist Mensch“ werde künftig in der *Komödie am Kurfürstendamm* geboten – „Spieldauer: ca. 2 Stunden, 20 Minuten, eine Pause“.
Es brauchte kein Audimax mehr oder zweifelnde, Instant-Kaffee verpackende Politologie-Studierende.
Flyertext:

> „Berlin 1970. Hausbesetzungen, Kommune 1, LSD, die Gründung der RAF – West-Berlin ist das Zentrum des subversiven Untergrunds. In dieser Zeit des Aufbruchs und der Rebellion schließt sich um Rio Reiser die legendäre Band ‚Ton Steine Scherben‘ zusammen. Sie liefert fortan den Soundtrack einer Generation. Als die Band auseinanderfällt, startet Rio Reiser eine Solo-Karriere. Das Stück erzählt die Geschichte des Musikers anhand seiner Lieder, die politisch, persönlich und emotional bewegen.“

Vielleicht kam die Musicalisierung unweigerlich. Als letzte Zuckung des Lebens vor einer ansonsten unvermeidlichen Musealisierung, der finalen Zuckerung?
Wenn alles schon rechtzeitig zu spät war.

Solcherlei Inszenierungen lockten immerhin Touristen und damit Stadtkämmerer.
Das Lebens-Musical „Hinterm Horizont" beispielsweise war vom Januar 2011 im *Theater am Potsdamer Platz* ganze fünf Jahre lang nachzusehen. Ein „Hit" nach dem anderen. Ein Reisebus nach dem anderen. Gelegentlich kam „Lindi" sogar höchstselbst in eine Vorstellung, um sich beschauen.
Zwischen 2016 und 2017 wurden „er" und „sein Ding" dann im *Hamburger Operettenhaus* aufgeführt.
Man brauchte also nicht erst nach Gronau zu reisen, in seine „Geburtsstadt". Udo Lindenberg war dort zum „Ehrenbürger" ernannt worden. Mit eigenem Museum.
Fast so gut wie der Ritterschlag für Mick Jagger.
Gronau hat alles, was eine Stadt im 21st Century für seine Menschen haben muss: Parfümerien mit *Paco Rabanne*, Fußgängerzonen und sogar eine Ehrenstätte für Pop-Musik.

Ich erinnerte mich plötzlich völlig daneben, „Selbstmusealisierung" und Musealisierung des Selbst kamen mir schrecklich durcheinander: Jan Plewka beispielsweise stieg 1997 aus, nicht von „Zuhause" in Ahrensburg, sondern bei der erfolgreichen Band *Selig*.
Ab 2005 kehrte er zurück „auf die Bühne", erst auf die des *Hamburger Schauspielhauses*, später in ganz Deutschland. Er inszenierte sich als Sänger, sogar als sich selbst, aber nach außen ausgerechnet als Rio Reiser, der Jahrzehnte zuvor seine erfolgreiche Band *Ton Steine Scherben* verlassen hatte:

„Land in Sicht,/ singt der Wind in mein Herz.
Die lange Reise/ ist vorbei.
Morgenlicht/ weckt meine Seele auf.
Ich lebe wieder/ und bin frei.
[Refrain:] Und die Tränen von gestern/
wird die Sonne trocknen,/
Die Spuren der Verzweiflung/ wird der Wind verweh'n.
Die durstigen Lippen/ wird der Regen trösten.
Und die längst verlor'n Geglaubten/
werden von den Toten/ aufersteh'n."

Das war sogar mal fürs Fernsehen schön aufgenommen worden, a la Frankenstein: wie da ein Rock-Zombie zu Reiser-Songs durch das Bühnenhaus und den Schnürboden eines Staatstheaters geisterte. Hübsch gruselig.
Leider traten keine schaulustigen Zuschauer in dieser Filiale für Erinnerungslosigkeit hinzu. Sie waren an die Sitzreihen und die „Vergangenheit" gefesselt. Keine Platzwahl. Kein Chance, die Vergangenheit noch irgendwie zu ändern oder wenigstens die Erinnerungen daran.

Rio war von seinen Freunden keineswegs „verlor'n geglaubt", wie er einst in der Song-Metapher sich selbst Mut machend gesungen hatte.
Sie pilgerten vielmehr viele Jahre zu seinem Grab beim Bauernhof wie zu *Yasgur's Farm.*
Bis er 2011 dann von seinen Erben „umgebettet" wurde, weil Immobilienkäufer das Grundstück in Fresenhagen erwarben, die keine Scherben kannten.
Eine ganz andere Grabruhe sodann: Im Herbst 2011 feierte *Die Bundestagsfraktion der Grünen* ihr alljährliches „Kulturfest" in der *Bar jeder Vernunft*, einem Spiegelzelt. Es war auf einem Parkhausdeck im Hinterhof der *Berliner Festspiele* errichtet, ein Provisorium auf Dauer, wie in Berlin üblich .
Viele Ansprachen, viel abgespulte funktionale Texte. Keine Bilanz beispielsweise von Jahrzehnten offenbar verpasster „Kulturpolitik" der *Grünen.*
Kein Wort mehr beispielsweise über die „Grüne Raupe", mit der 1983 die frisch gegründete Partei mit reichlich Schmetterlingen im Bauch ihren Wahlkampf beflügelte: Mit Udo Lindenberg, Wolf Biermann, Heinz Rudolf Kunze, *Spliff, Kraan*, Konstantin Wecker und Wolfgang Ambros.
Die damals noch borstigen *Ton Steine Scherben* waren lediglich von den *Grünen* im Ortsverein Kiel gewünscht worden, als „regionaler Beitrag".
Schade, das „Mr. Burn" nie Bass spielte, um bei ihnen nur für ein paar Sets einzusteigen und damit Applaus der schon seinerzeit verlogenen Genossen zu erwecken.

Nun, drei Jahrzehnte später, wieder in Berlin, hockten *Scherben* im Dunkeln, in einer Ecke gleich neben dem Ausgang der „Bar", wo Cem Özdemir noch auf endlich wichtigere Gäste wartete. Zu spät.
Gitarrist „Lanrue" sprach bar jeder Vernunft dem Rotwein zu, sonst niemandem. Kaum gemeinsame Erinnerungen. Abseits, pleite und perspektivlos.
Wer wohl hatte die eingeladen?
Waren denn die *Bonzos* an diesem Abend nicht frei? Oder besser *Deep Purple*? Mit denen oder den *Toten Hosen* schmückten sich Politiker in Berlin doch so gern.
Als an diesem vernieselten Herbstabend die geladenen Gäste wie Annette Humpe längst gegangen waren, tanzte Claudia Roth, die sich bei der Geschäftsführung der *Grünen* bei deren Gründung gleich als „Managerin" von *Ton Steine Scherben* vorgestellt hatte, zusammen mit dem holländischen Fotografen Franklin eine Weile noch zur Saturday-Night-Disko. Hin und zurück zwischen den Spiegeln.
Am Ende war nur noch Franklin auf der, nach dem Dinner eigens freigeräumten, Tanzfläche.
Er hatte Anfang der Achtzigerjahre Marius Müller-Westerhagen auf dessen großer „Pfefferminz"-Tournee in riesigen Hallen fotografierend begleitet. 1983, im Jahr der Raupe, kam er dann mit mir zu einer „Homestory" auf den Bauernhof der *Scherben* und lichtete Claudia, Rio und die anderen am Küchentisch ab.
Es gab Pellkartoffel, Gartengemüse und panierte Schweineschnitzel.

Nichts war geblieben, außer den paar familiären Bildern. Und außerdem mein Artikel „Fluchtpunkt Fresenhagen" 1983 im *Musikexpreß*, den der *Axel-Springer-Verlag* (ohne um Erlaubnis zu fragen) 2012 in sein Online-Bezahlarchiv *Rewind* hochlud.
Verlagswerbung der nicht Dabeigewesenen und für die immer wieder zu spät kommenden Tanzschüler:

„45 Jahre Rock- und Popgeschichte auf einen Klick".

Aussteiger

Nach der Fünften Pop-Dekadentagung Ende September 2019 kam ich nur noch selten in die Heimfelder Straße. Auch nicht in die Heimhuder.

Mein Zuhause, sogar Hamburg, war mir fern. Nena hatte 2010 um die Ecke im Studio von Peter Heppner, der in den Neunzigerjahren mit *Wolfsheim* bekannt wurde, ein eigenartig esoterisches „Remake" ihres ursprünglichen Spielhallen-Songs „Haus der drei Sonnen" vom Juli 1985 aufgenommen. Im Café *WatteAcht* dudelte Köchin Lavinia das Demo.

Ian Cussick, der ein paar hundert Meter die Heimfelder Straße rauf wohnte, krempelte die Ärmel hoch und machte sich an Neuaufnahmen aller *Beatles*-Titel.

Sonst gab es gar nichts mehr „Neues".

Nichts jedenfalls, was mich noch gehalten hätte. Ich hatte um fünf Uhr morgens den Zettel geschrieben, den ich auf den Küchentisch legte. Mutter und Vater würden ihn nicht mehr finden:

Wir waren dann mal die Pop-Kultur.

Elly und Bruno hätten es ohnehin nicht verstanden.

Ab und zu noch wanderte ich in den „Schwarzen Bergen", einem von der Autobahn nach Hamburg von Sozialdemokraten „stadtplanerisch" zersägten Forst. Der Wald war inzwischen „privatisiert" und wurde geplündert.

Mein Gang führt vorbei auch an den dutzenden überwucherten Bombentrichtern. Britische Maschinen hatten sie in einem Teppich drohend bis an den Rand der Raffinerie ausgerollt. Der Brand wurde dort gesät, wo Menschen lebten, nicht dort, wo Kriegsgewinn gemacht wurde.

Im Schutz jener Spuren „in der Natur" tranken „wir", als wir noch die „Gegen-Kultur" waren, nachts und stundenlang nach unseren wenigen, kurzen Auftritten viel Dosenbier, billigen Sekt und Weinbrand.

Bis der Morgen kam, und der Weizenernte-Jürgen zum Abschied in den Alltag ein wenig Blues von Robert Johnson zupfte. Mit Hin-, aber ohne Zugabe.

Manchmal hatte ich am kleinen Lagerfeuer auch „Theme for an imaginary Western" im Ohr:

„When the wagons/ leave the city/
for the forest/ and further on/
painted wagons/ of the morning.
Dusty roads/ where they´ve/ gone.
Sometimes travellin´/ through the darkness.
At the summer coming home/
Forcing faces/ by the wayside
look as if/ they didn´t known.
All the sad/ was in their eyes/
and the desert/ that´s dry./
In the country/ town
Where the map/ was found.
Oh the dancing/ and the singin´/
oh the music/ when they play/
oh the fire/ that they saw there/
on the grave/ of no return.
Sometimes they found it/
sometimes they kept it/
often lost in on the way."

Wann war da bloß was alles noch weggekommen? Was war noch da – und dort? Und vielleicht sogar anderswo: im ganzen Land?
In Deutschland beruft man am besten zuerst immer mal eine Kommission ein, um „sowas" herauszufinden.
Himmlische Experten gäbe es genug, beispielsweise Horst, den Professoren-Dieter, Joachim, „Roger", Detlev oder „Zabba". Irdische und unterirdische gäbe es wohl sofort, wenn man nur einen der üblichen Partei-Pöstchenschieber fragte.
Kontrollfrage: Was hätte wohl Rio Reiser dazu gesagt? Nüschte. Barfuß und „auf dem Sprung".
Denn „wir" glaubten ja nicht an ein „Danach". Das „Uns" war verschwunden. Nicht die Musik, mit der ich aufwuchs und der wurde, der ich nicht mehr bin.

Vielleicht genügte es „zu Beginn", falls es denn einen gab oder gibt, gewissermaßen bloß zur Inspiration François Truffauts Verfilmung „Fahrenheit 451" von 1966 anzusehen – aber, bitteschön, mit jener Naivität und Begeisterungsfähigkeit, die „wir" Steppkes einst bei unserer freudvollen Begegnung mit „Godzilla" (und nicht mit einem „Tamagotchi") hatten.
Mit Zwölf hatte ich diesen mich zutiefst verschreckenden Film gesehn. Ich konnte „Fahrenheit 451" nicht glauben.
Aber jene phantasierte Welt ging mir eigenartig nahe: Wie da jene völlig abgestumpften Menschen in einer geschichtslosen „Stadt" lebten, die ich gleichwohl irgendwie gut zu kennen schien.
Hatte ich „die" oder solche Vorgärten nicht gerade auf „meinem Gang" in Joachims Spur irgendwo gesehn?
Allerdings war es für sehr viele meiner Zeitgenossen „nicht vorstellbar", was da auf die Leinwand gemalt worden war: Dass Tag und Nacht wie in einem Circus maximus rohe Fernsehshows über Video-Screens gesehen würden, an denen sich die Zuschauer „beteiligen" könnten.
Sie nähmen erst bei völliger Erschöpfung zu viele Schlafpillen, um nicht von ihrem Leben zu träumen.

Jugendliche „sahen" sich Morde „aus Spaß" an; es gab tödliche Hetzjagden auf andere, die beispielsweise vorschriftswidrig „zu langsam" fuhren.
Kein verführerisches Ansehen von Kunst war erlaubt, kein Musikhören und kein heimliches Lesen.
Was war das denn bloß für eine „Kultur"?
Nein, das konnte sich wohl niemand ernstlich vorstellen, der nicht „dabei" gewesen war.
Aber „wir" hatten doch von allem gewusst. Es half kein vorsorgliches Leugnen. Wir sahen es zwar nicht selbst, nicht so jedenfalls, wie „Zeitzeugen" es dereinst irrig schildern würden.
Aber wir sahen beizeiten in und um uns. Ob es uns gefiel oder nicht.
Das war genial. Für wenige vergangene Momente. Manchmal erkannten wir die Zukunft wieder.

Es gab immerhin eine „Sub-Kultur", selbst in jener völlig unrealistischen, wahren Fiktion „Fahrenheit 451": Eine Gruppe von „Dissidenten" sammelte sich nahe einem Fluss in den Wäldern außerhalb der staubigen Stadt.
Sie memorierten Bücher, die sie einst gelesen hatten, um sie so in sich vor dem Vergessen zu retten, dem eigenen und dem anderer.
Vielleicht waren sogar „1984" und „Archipel Gulag" darunter. „Tadellöser & Wolff" jedenfalls nicht. Auch nicht „Ende einer Dienstfahrt", schade.
Je mehr „Aussteiger" dorthin in ein Bauwagenlager in einen Birkenhain flüchteten, desto mehr „Bücher-Menschen" lebten immer weitere Texte fort – ohne nach deren Wörtern leben zu müssen.
Ob diese Bücher jemals von anderen erinnert werden würden, bleibt in dem Roman von Ray Bradbury offen.
Ein lebendes Museum zwar, aber keines im klassischen Sinn. Mit den Menschen, die das lieben, was sonst entschwinden könnte. Die selber ihre Bücher sind. Sie mussten sie nicht erst selber schreiben können.

So ein „Museum“, in dem mir Pop-Musik-Menschen helfen könnten, mich mehr noch an gerade Vergangenes zu erinnern und es – so wie die Songs – nach und nach und im Miteinander verstehen zu lernen.
Das wäre ein Anfang. Nach fünfzig verschwendeten Jahren, in denen die Pop-Musik in Deutschland nicht ankam, aber sie reif wurde – wenn nicht für ‘s Museum, so doch für ‘s Musical.
Muss man sich sowas anhören?

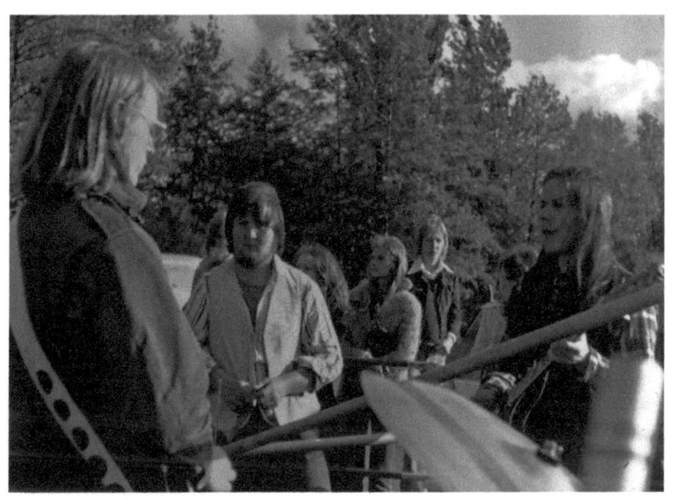

Mitte: Minky, rechts: Rainer

Rainer Jogschies
ist Journalist und Politologe.

Ab Beginn der Siebzigerjahre erlebte der damals Sechzehnjährige das Entstehen einer „deutschen“ Popkultur.

Nach fünf Dekaden mit kuriosen „Generationen“-Zuordnungen, in denen er deren Entwicklung mit bilanzierenden Tagungen und unterschiedlichsten Perspektiven begleitete, sieht er mit 66 Jahren nicht so sehr die Professionalisierung der Szenen oder die Normalisierung von der „Subkultur“ zum „Mainstream“ als abgeschlossen an, sondern die früh diagnostizierte „Gegenkultur“ gerade erst in ihren Anfängen.

Der Autor initiierte und leitete die *Pop-Dekadentagungen* von 1979 bis 2019. Eine kurze Geschichte dieser Diskurs-Reihe findet sich unter https://www.pop-dekadentagung.info.

Die kleinen, zitierten Geschichten aus dem Alltag in „seinem" Stadtteil Hamburg-Harburg, beispielsweise über die Karriere von *Clowns & Helden*, die soziale Entstehung von Widerstand, sei es vom in der Kirche angeketteten Kriegsdienstverweigerer Andreas oder „den Drogi", der nur „Rabe" genannt wurde, sind ausführlich nachzulesen in einigen seit den Achtzigerjahren im „Sonntagsblatt", „stern" und „vorwärts" erschienenen Reportagen, die unter der früheren Postleitzahl „21 Hamburg 90" adressiert wurden (Berlin 2013, ISBN: 978-3-937550-22-0). Der Bezug dieser „Normalität" zur größeren Geschichte einer Erosion der Demokratie wurde geknüpft in: „Nirwana der Nichts. Ortskunde" (Berlin 2005, ISBN: 978-3-937550-02-2).

Einige der hier geschilderten Episoden „spielten" am Rande der Features „Drei Gänge durch Deutschland" (1994) u. a. mit Tamara Danz, Volkhard Knigge und Detlef Hoffmann und „Fünfzig Meter Große Freiheit" (1995) u. a. mit Carsten Pape und Clemens-Maria Haas. Beide Filme wurde lediglich jeweils ein Mal vom produzierenden Sender NDR ausgestrahlt und sind insoweit als einmalig zu bezeichnen.

Das kurz erwähnte Beispiel eines „Zapfenstreichs" mit „Gegen-Kultur" ist nachzulesen in dem medien-kritischen Essay: Rainer Jogschies: Guttenberg goes Purple – „Zapfenstreich" des Bundesverteidigungsministers am 11. März 2011 sowie andere Vereinnahmungen der „Pop-Geschichte", (Kleine Krautologie, 2, Hamburg 2021, ISBN: 978-3-937550-33-6)

Die *Fünfte Pop-Dekadentagung* im September 2019 in Hamburg beschäftigte sich mit einer denkbaren „Musealisierung" der deutschen Pop-Musik. Eine Dokumentation von und zu der Fachtagung enthält Beiträge von Detlef Diederichsen, Diedrich Diederichsen, Thomas Hecke, Christoph Jacke, Gabriele Rohmann, Günter Zint u. v. a. m.: Rainer Jogschies (Hg.): Gehört „deutsche" Pop-Musik ins Museum? (Hamburg 2021, ISBN: 978-3-937550-29-9).

Kleine Krautologie, 1

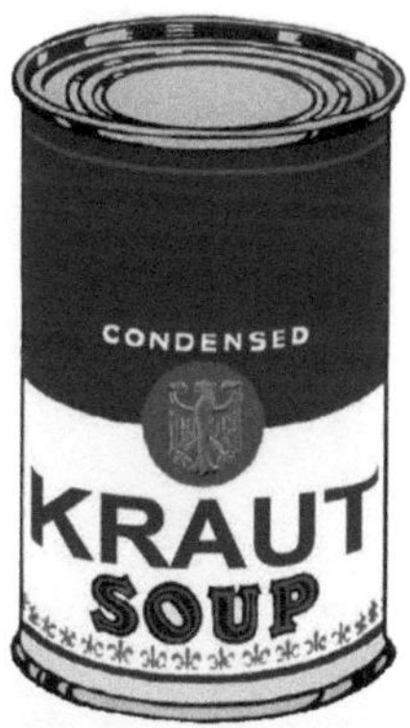